Theory and Methods for

学校現場で役立つ

教育
相談

教師をめざす人のために

藤原和政/谷口弘一［編著］

藤原健志/本田真大/村上達也/桝本俊哉/福住紀明
西村多久磨/粕谷貴志/山田圭介/石井　僚　　［著］
川俣理恵/金山元春/田邊昭雄/内田香奈子

Educational Counseling

北大路書房

まえがき

　社会の変化に伴って，家庭や地域環境など，子どもを取り巻く環境が大きく変化しています。例えば，高度情報化により，電子黒板やタブレットなどICTを活用した授業や，SNS等で常に他者とつながることができるなど，学習や対人関係のあり方も大きく変化しています。このような物質的な豊かさや便利さは，環境の変化によってもたらされたメリットの一例といえるでしょう。その一方で，環境の変化に伴い，子どもや学校が抱える問題はますます深刻化・複雑化しています。子どもの不登校やいじめ被害などの問題は近年増加傾向にあり，その背景には家庭の教育力の低下や地域社会の希薄化，特別な配慮を要する子どもの増加など，さまざまな要因が複雑に絡み合っているため，教師には，保護者や地域，さまざまな領域の専門家との連携など，組織的な対応が求められています。また，子どもたちの抱える問題は，インターネットを介したいじめなどの新たな様態，ゲーム依存や性別違和の問題など，多様な広がりを見せています。そのような子どもたち一人ひとりが抱える悩みや課題に対して，教師は，適切な指導や援助を計画・実施し，子どもたちの適応や発達を支えていくことが求められているのです。

　本書は，目の前にいる子どもの抱える問題を理解するための背景となる理論や最新の研究知見と，具体的な対応のあり方の両面を網羅した内容になっています。子どもを理解し効果的な対応を行う際に，これまでの実践や研究などによって蓄積されてきた心理学やカウンセリングの基礎的知識に基づく対応方法と，最新の研究知見を組み合わせて学ぶことで，子どもが抱える多様で複雑な問題や課題への理解が深まり，なぜその対応が必要なのかを理解したうえで具体的な対応を導き出せるようになると考えられるためです。また，実際に学校で実践された内容についても合わせて紹介することで，具体的な対応のあり方について，研究知見と実際の対応をより結びつけて考えやすくなるのではないかと思います。学校教育現場をフィールドにした研究活動を継続して行ってい

る方や，学校現場での臨床経験が豊富な方が執筆していますので，今日の学校現場が抱えている問題への対応に役立つ知見が多く含まれていると思います。

　このような特徴を持つ本書は，大きく分けて3つの内容から構成されています。第1章から第5章が教育相談の意義と課題，カウンセリングやアセスメントなど，教育相談に関する総論ともいえる内容，第6章から第11章は子どもの発達課題や問題行動などの具体的な問題状況に注目した内容，第12章から第15章は関係機関との連携のあり方や教育相談を担う教師自身についての内容となっています。教職課程を受講している大学生には第1章から順番に読んでいただくことで，「教育相談」という教育活動やその内容についての理解を深めることができるかと思います。また，現在，教師として勤務されている方には，ご自身の興味関心のある章から読んでいただくことで，日々の実践に役立てていただけるのではないかと思っています。

　文部科学省の調査によれば，ほぼ全員の教師が子どもや保護者との教育相談を行う場面があり，子どもが何かしらの問題を抱えてしまった際に教師を頼りにしていることが報告されています。そのため，教師という職業を担ううえでの資質として，教育相談に関する知識や援助スキルを学習し身につけることの重要性が増しているといえるでしょう。このような現状において，本書が，教育相談に関する知識と実践を結びつけるうえでの一助になることができましたら幸いです。

　最後になりましたが，今回執筆の機会をくださった谷口弘一先生，各章をご執筆いただいた先生方，および北大路書房編集部の若森乾也氏には本書の企画段階から編集までのすべてにわたり，多大なるご支援をいただきました。心より感謝申し上げます。

2020年6月吉日

藤原和政

目　次

第9章
不登校問題の理解と対応 ……………………………………………141

第10章
虐待・非行問題の理解と対応 ……………………………………159

学校における教育相談の必要性と意義

1 児童生徒が抱える問題

　学校には様々な特徴を持った子どもがいる。良好な友人関係を形成している，授業や学級活動などにも意欲的に取り組んでいるなど，学校生活に適応している子どももいれば，友人関係でトラブルを抱えている，学習に苦戦している，学級の中で浮いてしまっているなど，学校生活になじめていない子どももいるだろう。教師はこのような中で，日々教育活動を実践しているが，見過ごすことができない課題として，近年，学校生活を過ごすうえで何かしらの問題を抱えている子どもが増えているということである。

　文部科学省は，いじめや不登校など児童生徒が抱える問題を把握するために，「児童生徒の問題行動・不登校等生徒指導上の諸課題に関する調査」を毎年実施している。この調査は，調査項目や調査対象については随時追加・見直しが行われているものの，いじめや不登校などの状況について，小・中・高等学校といった学校段階ごとの割合の違いといった横断的な視点と，10年前と発生割合を比較するなど縦断的な視点でも，その実態を把握することができる。そして，2018年度の調査結果（文部科学省，2019）について，まず，横断的な視点で概観すると，いじめの認知件数は小学校，中学校，高等学校の順に，不登校児童生徒数の割合は中学校，高等学校，小学校の順に，それぞれ数値が高いことが報告されている。次に，縦断的な視点で調査結果を概観すると，いじめの認知件数，不登校児童生徒数の割合はいずれにおいても，小学校・中学校・

高等学校において増加傾向にあることが明らかにされている。横断的，縦断的な視点でこの調査結果を解釈するならば，学校段階ごとに子どもが抱える問題には特徴がある反面，すべての学校段階においてこれらの問題への対応が，年々求められるようになっているといえるだろう。この他にも，発達障害を含む障害やその可能性のある子どもへの教育支援，学校内外における暴力行為，虐待や貧困なども対応が必要な問題であると指摘されている。

　そして，これらの問題は複雑に関連し合いその状況が深刻化する可能性もある。例えば，学校でのいじめ被害が理由で不登校になってしまった場合に，その一背景に発達障害に起因する言動の特徴が関連していることもある，ということである。この一例は学校現場でよく耳にすることであるが，言動などの表面上の問題状況だけに注目してしまうと，根本の原因を的確に理解することができず，問題解決に向けた適切な援助が行われにくくなる可能性があることを示唆している。つまり，子どもは一人ひとり，単一もしくは複合的な教育・援助ニーズを抱えて学校生活を過ごしているが，そのニーズが顕在化している場合もあれば，潜在化している場合もある。そのため，顕在化，潜在化しているニーズを的確にとらえ，教育・援助することが求められているだろう。

　以上のことや，いじめ被害や不登校は誰にでも起こり得る，という文部科学省の見解を踏まえるならば，まず，すべての子どもは何かしらの問題を抱えて学校生活を過ごしている可能性がある，ということを念頭に置く必要があると指摘できるだろう。そのうえで，教師はある一側面の情報のみで子どもを理解しようとするのではなく，多面的な視点に基づいた子ども理解が求められる。

2　教育相談の変遷

　子どもが抱える問題が複雑化・深刻化している今日において，教育相談の重要性が高まっている。教育相談の重要性はこれまでにも指摘されてきたが，その内容については子どもの実態に応じて変化している。そこで，以下では，教育相談の変遷の概略について紹介する。

　文部科学省（当時は文部省）が 1965 年に公刊し，1981 年に改訂した「生徒指導の手引き」において，生徒指導の 1 つの方法として教育相談が位置づけられ，1990 年の「学校における教育相談の考え方・進め方」において，より効果的な教育相談のあり方について紹介されている。そして，「21 世紀を展望した我が国の教育の在り方について」（中央教育審議会，1996）では，いじめや不登校などの問題を最も解決に向けた取り組みが求められる課題の 1 つとし，学校内の教育相談体制の充実の必要性を指摘している。これらを受け，2001年度からスクールカウンセラー（SC）の配置が補助事業となり（現在では全公立小・中学校への配置計画が進められている），2008 年度からはスクールソーシャルワーカー（SSW）の配置が始まるなど，教育相談体制の充実が進められたのである。このような変遷については，「生徒指導上の諸問題の推移とこれからの生徒指導」（国立教育政策研究所生徒指導研究センター，2009）や佐藤（2007）も参考になるため，参照していただきたい。とりわけ，後者では，これまでの変遷が萌芽期（1950 年代：自主的に研修を受けた教師が学校でカウンセリングを行っていた），停滞期（1950 〜 60 年代：カウンセリングはすべての子どもを対象にするべき，との考えのもと行われていた），反省期（1970年代〜 90 年代前半：教育指導と治療機能を分化するのか，もしくは，学校の教育機能〈生徒指導〉の中にカウンセリングを位置づけ統合するのかが論じられた），分化期（1995 年以降：学校におけるカウンセリングはスクールカウンセラーなどの専門家と教師カウンセラーが協力し担うものとされた）の 4 つに分類・整理されている。そして，近年における教育相談の変遷は次のとおりとなっている。

　教育相談等に関する調査研究協力者会議（文部科学省，2007）は，学校不適応問題が深刻化する状況を鑑みて，教育相談のより一層の充実を目指し報告書を発表している。それによれば，様々な悩みを抱える児童生徒一人ひとりに対して，きめ細かく対応するために，学校と多様な専門家の支援による相談体制を構築することが重要であり，教育相談を組織的に行うために，校内体制を整備するとともに，教育相談に対する教員一人ひとりの意識を高めることが必要であるとしている。さらに，児童生徒の抱える課題や効果的な指導・対応に関

する教育相談にあたる教師の姿勢と意識が大切であり，様々な校務分掌に教育相談の機能を活かしていく発想や，教育相談に関する教員研修の充実が必要であると指摘している。これらのことは，これまでの教育相談の充実に関する提言などとその方向性は一致するものであり，教師個人としての対応もさることながら，学校組織としての対応の必要性を改めて示唆するものであった。その後，学校組織として教職員間の連携はもとより，スクールカウンセラーやスクールソーシャルワーカー，地域とも連携した対応，つまり，チームとしての学校（図 1-1）の重要性について提言がなされている（中央教育審議会，2015a）。この提言の背景の 1 つに，近年，いじめや不登校，特別支援教育，貧困や虐待問題への対応など，学校に求められる役割が拡大している状況に対応するための体制整備であることが指摘されている。この体制整備については，その後の教育相談等に関する調査研究協力者会議（文部科学省，2017a）にも引き継がれ

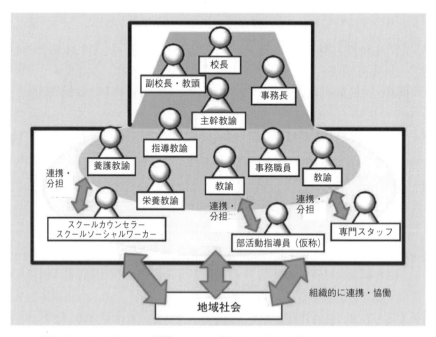

図 1-1　チームとしての学校のイメージ図（中央教育審議会，2015a から引用）

ており，改めてその重要性が指摘されている。

　ここまで学校における教育相談の変遷の概略について紹介したが，子どもが抱える問題の実態に応じて，教育相談のあり方も変化していることがうかがえる。そして，以前は，カウンセリングなどいわゆる「個」への援助に焦点が当てられていたが，近年の文部科学省などの提言では，「個」への援助の重要性もさることながら，教師一人が抱え込むのではなく，教職員，スクールカウンセラーやスクールソーシャルワーカー，関係機関や地域と連携して対応する必要があることがくり返し指摘されている。このことは，現在の子どもが抱える問題が複雑化，かつ，深刻化していることを意味しているだろう。

3　学校における教育相談

　上記したような変遷をたどっている教育相談ではあるが，今日，どのようなことが求められているのだろうか。このことについて，以下では，①期待される役割，②利点と課題点，という2つの観点から紹介する。

■■■ 1. 期待される役割

　教育相談とはどのようなものだと思いますか？　という問いに対して，「困ったことがあったら話を聞いてくれる」「学校生活に何らかの困難さを持った人が相談する」「養護教諭やスクールカウンセラーなどがやっていること」といったイメージをすることが多いのではないだろうか。それらのイメージは間違いではないが，文部科学省が指摘する教育相談とはもっと幅が広い教育活動である。そこで，以下に文部科学省が指摘する教育相談の役割を紹介する。

　まずは生徒指導提要（文部科学省，2010）[*1]であり，第5章に教育相談の意義などが記載されている。その内容を抜粋するならば，「教育相談は主に個に焦点を当て，面接や演習を通して個の内面の変容を図ろうとしており，児童生徒の問題行動に対する指導を受けた児童生徒にそのことを自分の課題として受け止めさせ，問題がどこにあるのか，今後どのように行動すべきかを主体的

に考え，行動につなげるようにするには，教育相談における面接の技法や心理学の諸理論などが，指導の効果を高めるうえでも重要な役割を果たし得る」ということである。また，教育相談は生徒指導の１つの方法とされていたが，これらの相違点として，教育相談は上記のような特徴があるのに対して，生徒指導は主に集団に焦点を当て，行事や特別活動において，集団としての成果や変容を目指し，その結果として個の変容を目指している，と説明されている。つまり，教育相談と生徒指導は子どもへのアプローチの方法に違いはあるものの，最終的に目指すべき目的は同一であるといえるだろう。

次に学習指導要領についてである。小学校，中学校学習指導要領総則（文部科学省，2017b, 2017c）において，「学校生活への適応や人間関係の形成（※進路の選択）などについては，主に集団の場面で必要な指導や援助を行うガイダンスと，個々の児童（※生徒）の多様な実態を踏まえ，一人一人が抱える課題に個別に対応した指導を行うカウンセリング（教育相談を含む）の双方の趣旨を踏まえて指導を行うこと」（カッコ内の※は中学校版における表記である）とされている。そして，ガイダンスとカウンセリングは，課題解決のための指導・援助の両輪であり，関わり方の違いはあっても，いずれも児童生徒の発達の支援のためのものであるため，双方の趣旨を踏まえて，相互に関連して計画的に行う必要がある（文部科学省，2017d）と指摘している。

これらの内容を踏まえると，学校で行われる教育相談では，心理学の諸理論やカウンセリングの技法などを活用し，子どもの話をしっかりと聞き，困っていることへの理解を深めるということが前提であると指摘できる。このような対応を通して，子どもとの良好な人間関係を育成し，学校生活によく適応させ，自己理解を深めることなどへの援助をすることが期待されている役割であろう。

＊1　生徒指導提要とは，「生徒指導の実践に際し，教員間や学校間で教職員の共通理解を図り，組織的・体系的な生徒指導の取組を進めることができるよう，生徒指導に関する学校・教職員向けの基本書として，小学校段階から高等学校段階までの生徒指導の理論・考え方や実際の指導方法等を，時代の変化に即して網羅的にまとめたもの」（文部科学省，2010）である。

■■■ 2. 利点と課題点

　学校で行われる教育相談の利点と課題点について，生徒指導提要（文部科学省，2010）において，次のようにあげられている。

　まず利点として，①早期発見・早期対応が可能，②援助資源が豊富，③連携が取りやすい，があげられている。①について，教師はホームルーム，授業，休み時間，放課後など，子どもと接する時間が長いため，子どもの小さな変化にも気がつきやすいため，問題状況が深刻化する前に対応することができる，とされている。②について，学校には担任・副担任教師，部活動の顧問教師，養護教諭，スクールカウンセラーなど，子どもから見れば様々な役割を担った教職員がいる。そのため，例えば，担任教師には相談しにくいが部活動の顧問教師には話しやすいなど，その子どもとマッチングがよい教職員が話を聞き，その情報を関係者と共有するといったこともできるなど，様々な立場からの援助を実施することができるとしている。③については，②でも紹介したように学校内の教職員との連携があげられる。さらに，深刻な事案（犯罪行為，虐待など）についても，学校という立場は外部の専門機関（相談機関，医療機関，児童相談所などの福祉機関，刑事司法関係の機関など）と連携がとりやすいとされている。

　次に課題点として，①実施者と相談者が同じ場にいる，②学級担任が教育相談を行う場合の葛藤，があげられている。①について，教育相談という場面（面接）においても，普段の子どもとの人間関係などが反映してしまう（子どもに対する認知，もしくは，教師に対する子どもの認知）ため，中立的に話を聞くことができない，話ができない，などが生じてしまう可能性があるということである。②について，学級担任は子どもの逸脱行動などに対して指導的な関わりを担わなければならない場面と，教育相談の実施者という役割を担う場面があるなど，一見矛盾した役割を同時に担うことが求められることがあるために生じる葛藤である。この他にも，日々の教育実践や校務分掌などで多忙な日々の中，教育相談を実施する時間を確保することも課題の1つであるとされている。

学校で教育相談を実施する際には，利点を活かしつつ課題点を改善すること
が求められている。特に課題点について，例えば，教師としては場面場面に応
じて役割や立ち居振る舞いを変えているつもりであっても，子どもがその言動
の変化をくみ取れないことがある。このような状況に対して，どのように改善
していけばよいのか悩む場面が多いように思われる。その際には，同僚や管理
職の教師，スクールカウンセラーといった援助資源を活用することで，改善の
糸口が見えてくるのではないだろうか。つまり，教師が教育相談を行ううえで
困ったことがあった際に，その困難さを解決するために学校内の誰かに相談し
やすい環境があるという利点を活かしつつ，教師自身の言動をどのように変え
ればよいのかなどの課題を改善することができるであろう。そして，このよう
なプロセスを踏むことにより，子どもにとっても教師にとってもよりよい教育
相談の実施につながるといえる。

4　教育相談において身につけることが求められる資質能力

　現在教師には教科指導，生徒指導，学級経営などの職務を的確に実践できる
力が求められており，このことは，たとえ初任者であっても同様であると指摘
されている（中央教育審議会，2015b）。そのため，大学の教職課程において
共通的に修得すべき資質能力を示すためにコアカリキュラムが作成され，その
内容に沿った授業が実施されている（教職課程コアカリキュラムの詳細につい
ては，文部科学省，2017e を参照のこと）。教育相談のコアカリキュラムにつ
いては，表1-1 に示したような目標と学習内容となっている。
　特筆すべき点としては，教育相談に関する理論や概念などを学びつつ，具体
的なカウンセリングの技法や教育相談の進め方なども身につけるといった，理
論などの知識を実際に活用できるようになることを目的にしているところであ
ろう。つまり，知っていることとできることは違う，という前提に立ち，理論
と実践を往還することを通して実践的指導力の育成が目標にされているのであ
る。さらに，「(3) 教育相談の展開」では，学校における組織対応や関係機関

表 1-1　**教育相談のコアカリキュラムの内容**（文部科学省，2017e を参考に作成）

教育相談（カウンセリングに関する基礎的な知識を含む）の理論及び方法
全体目標：　教育相談は，幼児，児童及び生徒が自己理解を深めたり好ましい人間関係を築いたりしながら，集団の中で適応的に生活する力を育み，個性の伸長や人格の成長を支援する教育活動である。 幼児，児童及び生徒の発達の状況に即しつつ，個々の心理的特質や教育的課題を適切に捉え，支援するために必要な基礎的知識（カウンセリングの意義，理論や技法に関する基礎的知識を含む）を身に付ける。

（1）教育相談の意義と理論

一般目標：　学校における教育相談の意義と理論を理解する。

到達目標：　1）学校における教育相談の意義と課題を理解している。
　　　　　　2）教育相談に関わる心理学の基礎的な理論・概念を理解している。

（2）教育相談の方法

一般目標：　教育相談を進める際に必要な基礎的知識（カウンセリングに関する基礎的事柄を含む）を理解する。

到達目標：　1）幼児，児童及び生徒の不適応や問題行動の意味並びに幼児，児童及び生徒の発するシグナルに気づき把握する方法を理解している。
　　　　　　2）学校教育におけるカウンセリングマインドの必要性を理解している。
　　　　　　3）受容・傾聴・共感的理解等のカウンセリングの基礎的な姿勢や技法を理解している。

（3）教育相談の展開

一般目標：　教育相談の具体的な進め方やそのポイント，組織的な取組みや連携の必要性を理解する。

到達目標：　1）職種や校務分掌に応じて，幼児，児童及び生徒並びに保護者に対する教育相談を行う際の目標の立て方や進め方を例示することができる。
　　　　　　2）いじめ，不登校・不登園，虐待，非行等の課題に対する，幼児，児童及び生徒の発達段階や発達課題に応じた教育相談の進め方を理解している。
　　　　　　3）教育相談の計画の作成や必要な校内体制の整備など，組織的な取組みの必要性を理解している。
　　　　　　4）地域の医療・福祉・心理等の専門機関との連携の意義や必要性を理解している。

との連携のあり方についての内容となっている。このことは，問題を抱えた子どもに対応する場合，教師一人で抱え込むのではなくチーム学校として対応することの重要性や，福祉，医療，刑事，司法などどちらかと言えば教師の守備

範囲を超えた問題に対しては，専門機関と連携することの必要性を示唆するものであろう。学校組織としての対応や専門機関との連携は，多様な援助資源を活用することでより有効な援助の実施につながると考えられるが，別の見方をするならば，現代の子どもが抱えている問題への対応は，それだけ難しく，なおかつ，専門的な知識などが必要になっているということを意味しているといえる。

　したがって，教育相談では個別対応と学校組織としての集団対応に関する理論や技法を学びつつ，これらを組み合わせてより効果的な対応が実践できるような資質能力の育成が求められているといえるだろう。

5 これからの教育相談のあり方

■■■ 1. 教育相談の必要性と意義

　子どもの育ちが変化していることが指摘されて久しい。このことについて，基本的な生活習慣や態度が身についていない，他者との関わりが苦手，自制心や規範意識が十分に育っていない，学習に集中できないなどが指摘されており，その背景として地域社会力や家庭の教育力の低下などがあげられている（中央教育審議会，2004）。

　この指摘から一定の時間が経過したが，子どもを取り巻く環境は加速度的に変化しており，文部科学省などが発表している資料を見る限り，現在の子どもが抱える問題はますます深刻化・複雑化しているように思われる。そして，学校での経験は子どもの心身の発達に影響を与えるが，忘れてはならないのが，どのような経験をしたかでその影響はポジティブにもネガティブにもなり得るということである。例えば，いじめ被害は長期的にネガティブな影響を与える（坂西，1995；三島，2008；水谷・雨宮，2015）が，良好な友人関係を形成し学習にも積極的に関与している子どもは，その後の学校生活でも満足感を得やすい（Anderson et al., 2004；Osterman, 2000）ことが報告されている。これ

らの研究知見を踏まえるならば，子どもが学校での様々な教育活動に意欲的に参加し，良好な友人関係を形成するなど，適応的な学校生活を送れることが重要であり，このような学校生活を送れるようにすることを目的とした教師の関わりが求められる。また，何かしらのネガティブな経験をしたとしても，それに対してしっかりと援助をすることでネガティブな影響を最小限に抑えることにもつながるだろう。つまり，学校で行われる教育相談は，何かしらの問題を抱え困っている子どもへの「今現在」の対応としても重要であるが，その子どもの「将来」にも関わってくるものであるといえよう。

　前述したように，近年，様々な理由により問題を抱えてしまった子どもが多くなっている。助けを求めている子どもに対して適切な援助を行うためには，なぜ問題を抱えてしまっているのか，問題を抱えるきっかけや原因は何か，どのような援助が有効なのか，といったことを把握するための知識と具体的な援助行動が行えることが求められる。そして，このようなことを検討する際に教育相談は有益な示唆を与えてくれるものであり，これらのことに，教育相談の必要性と意義があるといえよう。

■■■ 2．本書の構成

　くり返しになるが，今日，教育相談を学ぶ際に，様々な理論や知識と実際の援助行動などの実践を結びつけられるようになることが求められている。このことを達成するために，本書は，大きく分けて 3 つの内容から構成されている。第 1 章から第 5 章が教育相談の総論ともいえる内容，第 6 章から第 11 章は具体的な問題状況に注目した内容，第 12 章から第 15 章は連携のあり方や教育相談を担う教師自身についての内容となっている。各章の概略は次のとおりである。

　第 1 章から第 5 章は，「教育相談」を学ぶうえで理解することが求められる基礎的な知識や技法について紹介する内容となっている。第 1 章は先述したとおりであり，第 2 章では，教育現場において起こり得る様々な問題（とりわけ心理的問題）とその対応を学ぶうえで必要となる心理学の諸理論について，第

3章では，学校心理学の理論に注目したうえで，問題状況を見立てる，つまり，アセスメントする目的と対象者に合わせた様々な方法などについて紹介する。そして，第4章では，心理検査（WISCやK-ABCなど）について紹介したうえで，心理検査を用いる際の留意点や学校現場における心理検査を用いない形でのアセスメントについて，第5章では，教育相談を進めるうえで重要となってくる，傾聴，受容，共感などのカウンセリングの基本技法について紹介する。

　第6章から第11章は，現在の学校現場で対応が求められることが多くなっている具体的な問題状況を取り上げ，それぞれに合わせた教育相談のあり方について紹介する内容となっている。第6章は幼児期・児童期，第7章は青年期といった，子どもの発達課題に応じた教育相談のあり方について紹介する。第8章はいじめ問題，第9章は不登校問題について，これらの問題が生じる理由やその援助方法について解説する。第10章は虐待・非行問題の現状やこの問題の理解を深めるための理論や援助について，第11章は特別な支援が必要な子どもの特徴について説明したうえで，具体的な援助のあり方について紹介する。

　第12章から第15章では，より効果的な教育相談を進めていくうえで必要な連携のあり方，および，教育相談を担う教師自身のメンタルヘルスについて紹介する内容となっている。第12章は，家庭と連携し保護者との協力関係の形成のあり方や保護者自身の支援について，第13章は，学校組織として諸問題に対応するうえでの組織体制のあり方，つまり，チームとしての学校について，第14章では，相談機関，医療機関，児童相談所などの福祉機関，刑事司法関係の機関といった，専門機関との連携のあり方について紹介する。そして第15章では，よりよい教育相談を実施するためには教師自身のメンタルヘルスが重要であるが，メンタルヘルスが悪化してしまう要因やその対処方法などについて紹介する。

　このような構成になっている本書は，表1-1に示した教職課程コアカリキュラムに対応していることはもとより，教育相談とはどういったものなのかを理解し，そのうえで具体的な問題状況への対応や，問題状況を教師一人が抱え込むことのリスクと，そうならないようにするための連携の重要性について学べ

ることが特徴であるといえよう。そして，大学での授業や研修会などでの学び
や，様々な書籍を読むことで知識は増えていくと思われるが，その知識を実際
の問題場面で活用へと結びつけることは難しいのではないだろうか。この点に
ついて，本書では例えばある問題に対して，なぜ問題が生じたのかの理解を深
めるための理論などを紹介したうえで，それではどのような援助が有効なのか，
ということを紹介している。そのため，読者が教師になった際にすぐに対応で
きる力の育成につながると思われる。また，すでに教師として子どもと接して
いる方にも，自身の実践をふり返ったり，援助を行ううえでの新たな視点の発
見にもつながるのではないかと考えている。

　最後に，小・中学校教師を対象とした調査において，教育相談の従事率は約
90％であった（文部科学省，2015）ことや，問題を抱えた子どもは学級担任
に相談している割合が高いことが報告されている（文部科学省，2019）。これ
らのことは，ほぼ全員の教師が子どもや保護者との教育相談を行う場面がある
ことと，子どもが何かしらの問題を抱えてしまった際に教師を頼りにしている，
ということを意味しているだろう。そのため，授業力の向上を目的に教材研究
などに取り組むことと同じように，教育相談に関する知識や援助スキルを学習
し身につけることは，教師という職業を担ううえで重要なことではないだろう
か。本書が，教育相談に関する知識と実践を結びつけるうえでの一助になるこ
とを切に願っている。

第 **2** 章

教育相談を支える心理学の理論

1 理論を学ぶということ

■■■ 1．理論を学ぶことの必要性

まずは読者に，「自分が目指すべき理想の教師」をイメージしてもらいたい。多くの場合，教師を志す方々が思い浮かべるのは，児童生徒との関わりや授業，学校行事，部活動など，子どもたちから見える部分における教師の関わりであろう。それゆえ，理論を学ぶということは，教職課程に在籍する学生にとっては退屈で，益の少ない行為であると思われがちである。

もし，教師として仕事を始めることができたとして，児童生徒や保護者との対応で困ったことが起きたとき，私たちはその解決策を，いわゆる"ハウツー本"に求めがちである。もちろん，ピンチを乗り切るためには必要かつ有用なことであり，それ自体を否定するものではない。しかし一方で，ハウツーばかりに頼っていると，小手先の対処法に終始し，本質的に重要な点に気づかないままであり，応用が難しい。そのハウツーがどのように作られ，蓄積されていくのかについて知ることもまた，教師としての成長にとっては重要である。

教育現場で生き抜くためには，理論の学習が不可欠であり，不可避である。臨床心理の領域では，それはしばしば，地図に例えられる（Wampold, 2019）。地図は様々な種類が存在し，用途によって用いる地図が異なる。いずれも現実世界をそのまま写したものではないが，現実世界を歩くために，今自分がどこ

にいて，どの方向に向かうべきか，ルート上にどのような障害があり，それを
どのように通過していくかということを教えてくれる。

　教育相談においても同様である。学校現場においてどのような問題が存在す
るのか（現在地），その解決策（ゴール）はどこにあるのか，ゴールに向かっ
て進むときに，どのルートが（教師である自分自身と援助の対象となる児童生
徒などにとって）最も適切なのかを選択し，実際に歩んでいく。時にはルート
から外れたり，迷子になることもある。改めて地図（理論）を見返し，現在地
と目的地，進むべき方法を確認するのである。本章では，教師にとって必要な
理論という地図を数種類取り上げてこれを解説するとともに，その使用法につ
いても紹介する。

■■■ **2. 教育相談を支える心理学の諸理論**

　教育相談を支える"地図"の多くは，教育学や心理学の理論をベースに作ら
れていることが多いが，ここでは心理学の理論にのみ焦点を当てる。心理学は
端的に言うと，「心の科学」であり，「心」を「科学的」に解明していくことが
心理学の目的である。そのため，心理学を語るためには，心はどこにあり，ど
のような働きをするのかということが議論され，また「科学とは何か？」とい
う問いについてもクローズアップする必要がある。その詳細は心理学の専門書
に譲り，ここでは心理学の学問領域について少し触れたい。

　図 2-1 には，2018 年に制定された心理援助職の国家資格である「公認心理師」
について，その受験資格を得るために大学在学中に履修すべき 25 科目をあげた。

　本書では，図 2-1 の主に網かけの科目で扱われる概念を中心に紹介すること
になる。心を理解するための方法論と心理学的アセスメント（第 3 章と第 4 章），
幼児期から青年期にかけての発達理論（第 6 章と第 7 章），発達障害や精神疾
患のメカニズムと支援法（第 11 章）のように，心理学の理論に基づいた理解
と援助の方法について学ぶ。読者が持つ，カウンセリングに関するイメージと
一致するであろうか。

　一方，図 2-1 の白色の科目は，一見すると心理学とは無関係でありそうな科

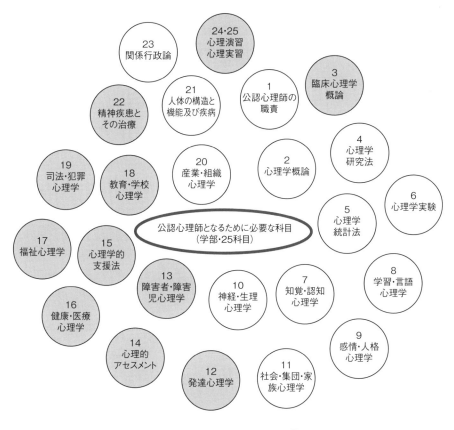

⬤：網かけは，本書と関連の深い科目

図 2-1　公認心理師となるために必要な科目（公認心理師法施行規則第 1 条）

目が並んでいる。心理学は「科学」であるから，心を科学的に解き明かすために研究法や統計法を学ぶ必要がある。最近では「錯視図形」という言葉もトリックアートなどで有名になったが，これは知覚・認知心理学という内容で扱う。教師は学級という集団において教育活動に従事するが，集団は社会心理学という領域の中心的テーマの 1 つである。科目の中には「・」で結ばれているものがあるが，本来これらは「学習心理学」と「言語心理学」のように，別々の学問領域として存在する内容を統合した科目である。このように，心理学が

カバーする領域は多岐にわたっており，各心理学の領域において様々な理論が提唱されている。

　網かけの科目以外でも，例えば学級経営におけるリーダーシップ理論においては社会心理学の知見が有益であるし，教育効果の測定においては心理統計の知識も非常に有用である。本書の範囲を超える内容であるため，関連書籍からの学習を勧めるが，こうした内容は一例にすぎず，心理学の理論は学校内のあらゆる現象と結びついており，その学びは教職を志す諸氏にとって大変有益である。

2 教育相談を支える心理学の理論

■■■ 1. 精神分析

　精神分析とは，フロイト（Freud, S.）が創始した，人間理解の理論と心理療法の方法論を指す。人間理解とは，パーソナリティ（性格）の形成や様々な心の問題に関する理解の方法である。また，問題に対する治療としての心理療法の方法についても提唱している。

　フロイトは，彼自身の人生や様々なクライエントとの出会いを通じて，精神分析理論を提唱するとともに，その理論を少しずつ変化・展開させていった。前田（1985）は，フロイトの理論を，①局所論（構造論），②経済論，③力動論，④発達論，⑤適応論の観点から整理している。

(1) フロイトの提唱した理論

❶ 局所論（構造論）

　局所論では，心を意識，前意識，無意識の3つから構成される構造としてとらえる（表2-1）。水に浮いた氷（氷山）を思い浮かべてほしい。水の上に出ている部分はほんのわずかで，氷は大部分が水の下に沈んでいる。心も同じように，見える部分はごくわずかであり，目に見えない部分はとても大きい。私た

表 2-1　局所論（構造論）における心の構造（前田，1985 をもとに作成）

意識	いま気がついている心の部分
前意識	いま気がついていないが，努力によって意識化できる心の部分
無意識	抑圧されていて意識化できにくい心の部分

ちが意識している部分は心のほんの一部にすぎず，時々自分の意識されないものを努力して思い出すことがある（前意識）。さらに，日々の生活では意識されないものの，私たちを形づくっているものが心の奥底に秘められており，これを無意識と呼ぶ。

　無意識は心の奥底に抑圧されているとされ，「〜したい」や「〜が欲しい」などの欲求（快楽原則）が含まれている。こうした抑圧されたものがたまっている領域を「イド（エス）」と呼ぶ。

　一方，私たちは「〜してはいけない」や「〜であるべきだ」など，不適切な事柄を禁止されたり，理想追求を求められる。こうした，幼少期に与えられた大人からのしつけが心の中に内在化されている領域を「超自我（スーパーエゴ）」と呼ぶ。ただし，私たちは無意識から湧き上がる欲求どおりに生活できるわけではなく，同時にいつでも禁欲的に生きていくことができるわけでもない。日々現実的な状況判断（現実原則）を行いながら生活している。こうした現実的な判断を行う心の働きの領域を「自我（エゴ）」と呼ぶ。局所論（構造論）では，私たちの心が，こうした 3 つの領域から成り立っていると想定している。

❷ 経済論

　不登校の事例では，しばしば子どものエネルギー不足が指摘される（神村，2019）。経済論では，エスから湧き上がってくる心のエネルギーをリビドーと呼び，エス・自我・超自我のどの領域で心のエネルギーが強いあるいは弱いのかということを通じて，個人のパーソナリティ理解を試みている（表 2-2）。エスが強すぎれば，欲求が前面に現れ，わがままで幼く感じられるかもしれない。一方で超自我が強すぎれば，高い理想を叶えるために自分を責め，欲求を過度に抑えるかもしれない。あるいは自我が強ければ，現実に即した合理的な判断

表 2-2　経済論におけるパーソナリティ理解（前田，1985 をもとに作成）

エスの強さ	衝動的・感情的・幼児的行動や性格
超自我の強さ	良心的・自己懲罰的・抑圧的・理想主義的・完全欲的な行動や性格
自我の強さ	理性的・合理的・現実主義的な行動や性格

により行動するかもしれない。これらはいずれも一長一短であり，バランスの
とれた成長・発達が必要であろう。

❸ 力動論

　ここまで紹介した構造論と経済論では，心の構造と各所の強さによって，心
の働きを明らかにしてきた。力動論では，エスと超自我を調整する自我の働き
を重視し，外界から得られる情報に対し，どのように対処していくのかについ
て検討されている。例えば，「来週に試験を控えている」という状況において，
「ゲームをしたい」（エス）と「勉強しなければならない」（超自我）という 2
つの気持ちで揺れ動いているとする。このとき私たちは，自身の内面から生じ
る欲求と，「勉強せねばならない」という考えの間で葛藤が生じる。この葛藤
を解決するのが自我の役割であり，「1 時間だけゲームをしてから勉強に戻ろ
う」あるいは「ゲームは試験が終わるまで我慢する」といった方略を選択する。
このように，外界の様々な出来事をきっかけに，心の中に起こる様々なせめぎ
あいを理解していく立場を力動論と呼ぶ。

❹ 発達論

　フロイトは，人間の青年期までの発達を 5 つの段階に分けて考察した（表
2-3）。生まれてから 1 歳頃の赤ちゃんは，母乳やミルクを口に含み，吸ったり
飲み込んだり，あるいは吐き出したりする。またモノを手に取って何でも口に
入れる。この時期の乳児は，口や唇を使って外界とつながりを持つために，口
や唇にエネルギー（リビドー）を注ぐ。この時期をフロイトは口唇期と呼んだ。

　1 歳を過ぎ，2 歳から 3 歳頃にはおむつを取るためのトレーニングを行う。
トイレで用を足すことができるようになるためには，尿意や便意を我慢するこ
とを身につけなければならない。つまり，貯めることと排出することを通じて，

表 2-3　フロイトの心理・性的発達段階説（前田，1985 をもとに作成）

発達段階	年　齢	内　容
口唇期	0 ～ 1 歳頃	口唇の活動により外界を理解する時期
肛門期	1 ～ 3 歳頃	肛門括約筋の緊張／弛緩により，自身の排泄欲求を満たす時期
男根期	3 ～ 6 歳頃	男女の違いに気づき，父親・母親との三者関係の中で葛藤する時期 エディプス・コンプレックス：母親に対する独占欲と父親からの去勢不安
潜伏期	6 ～ 12 歳頃	男根期の性的欲求が潜伏し，学業や社会性形成に従事する時期
性器期	12 歳頃～	一旦潜伏した性的欲求が再び現れ，身体的・性的発達と統合される時期

　自分をコントロールすることを学ぶ時期にあたる。この時期を肛門期と呼ぶ。

　3 歳を過ぎると，幼児は男女の違いを理解するようになる。「男の子」と「女の子」の違い，あるいは「父親」と「母親」の違いがわかるようになってくる。この時期男の子は，母親との間に独占的な関係を築こうと試み，そこに割って入ってくる父親に対して戦いを挑む。しかしながら，体格や知識などにおいて圧倒的な力の差を感じ，自分自身が去勢されるのではないかという不安を生じる。これをエディプス・コンプレックスという。

　父親にかなわないことを理解すると，次第に自分自身を父親と同一化し（「お父さんと同じような人間になれば，母親から愛される」という理解），こうした欲求はいったん収まる（潜伏する）。ちょうど小学校入学の時期と重なり，児童は学習や他者との関わりについて時間とエネルギーを割くことになる。思春期を迎えると，いったん収まっていた欲求が再び意識されるようになり，第二次性徴の身体的成熟と相まって，他者を愛することにつながっていく。これが性器期への移行である。

❺ 適応論

　適応論では，不安の役割を重視する。私たちは日々の生活の中で，様々な不安を抱く。この不安に対処し，自らを守るために行われる様々な心のメカニズムを防衛機制（あるいは適応機制）といい，その内容は多岐にわたる（一例として，表 2-4 参照）。私たちが日常的に用いるものもあれば，通常であれば使

表 2-4　主な防衛機制の種類と内容（前田，1985 を参考に，藤原，2018 が作成）

抑圧	苦痛な感情や欲求，記憶を意識から締め出す 　例）臭いものにはふたをする。
退行	早期の発達段階へ戻る 　例）指しゃぶり・夜尿
転移	特定の人へ向かう感情を，よく似た人へ向ける 　例）父親のことを嫌いな中学生が，父親と同世代の男性教師のことを無視する。
昇華	反社会的な欲求や感情を，社会的に受け入れられる方向へ置き換える 　例）部活動の試合で負けて引退後，そのエネルギーを学業に注ぐ。
転換	不満や葛藤を身体症状へ置き換える 　例）ヒステリー（器質的異常がないのに腕や脚などが動かない，意識を失う，など）
反動形成	本心と裏腹なことを言ったり，したりする 　例）好きな人にちょっかいを出す。
投影	相手に向かう感情や欲求を，他人が自分へ向けていると思う 　例）本当は自分が相手を嫌いなのに，「あの人は私のことを嫌いなんだ」と思う。
解離	人格の統合が分離する 　例）多重人格

用することがほとんどないような，あまり適切とはいえない方法もある。ただいずれにしても，不安から心を守るために私たちが身につけた方法であるといえる。転換や解離など，日常生活において過度に問題を引き起こすものでなければ，私たちが頻繁に用いている防衛機制もたくさん存在する。ただし，同じ方法ばかりをくり返し使っていると，対人関係においてうまくいかないことも多くなる可能性がある。様々な方法を適度に用いながら，不安にうまく対処する術を身につけることが必要となる。

(2) 精神分析を用いた心理療法

❶ 治療の実際

　古典的な精神分析では，1 週間に 4 ～ 5 日程度，カウチと呼ばれる寝椅子に座り，頭に思い浮かんだことをセラピスト（分析家）に語っていく，自由連想法に基づく治療が行われる。しかし一方で，今日の社会状況（仕事や家庭の状

況）などを考えると，ほぼ毎日のように治療に通い続けるのは現実的に難しい。現在では，週1日程度，1回1時間の面接を行うことが一般的であり，これを精神分析的心理療法と呼んで区別する。

　精神分析に限らず，心理療法では初めに治療に関する契約を行う。1回あたりの料金や時間，心理療法で扱う内容や守秘義務とその限界について説明し，クライエントに同意を得る。原則として，自殺や他者を傷つけるリスクがある場合や法律に則り証言の義務が生じるなどの場合などを除き，守秘義務は守られる。

❷ 治療に用いる様々な技法

　精神分析（的心理療法）においては，無意識にあることを意識させるために様々な技法を用いる。治療が進展すると，セラピストとクライエントの間に様々なことが起こりうる。クライエントの側に，「今日は行きたくない」あるいは「もっとたくさん，カウンセラーに話を聴いてほしい」といった感情が意識的・無意識的に生じ，それが様々な行動となって表現される。遅刻や治療費の滞納，面接中の沈黙や重要な話題の回避などがそれに当たる。こうした，治療の進行を妨げようとするクライエント側の努力を抵抗と呼ぶ。

　また，先にあげた防衛機制の1つに転移がある。転移は，（広義には）心理療法において治療者に向けられる様々な感情を表し，しばしば過去の対人関係を象徴的に表現していることがある。例えば，幼少期から抱いていた父親に対する敵意を，治療が進展するにつれて，男性セラピストへ向けることがある。治療者は治療の進展において必要と感じた場合，適切なタイミングでこの転移を解釈し，来談者に伝えることがある。先の例で言えば，「私は最近，あなたとの面接の中で，私に向けられる強い怒りを感じています。この気持ちは，あなたがかつてお父様に抱いていた怒りに通じるものがあるように思いますが，いかがでしょうか」などと水を向けることがある。こうした転移や抵抗を治療における材料としながら，クライエントが経験してきた過去の事柄に触れつつ，治療が進展していくこととなる。

■■■ 2. 認知行動理論

　心理療法におけるもう1つの重要な理論として，認知行動療法とその理論があげられる。これはもともと，行動療法と認知療法という2つの大きな理論的背景によって確立されたものであるが，今日ではその内容を複合的に治療に用いることが多く，「認知行動療法」と総称されることが多い。ここでは行動療法と認知療法のそれぞれについて，その理論的背景と複数の治療技法を紹介する。

(1) 行動療法

　行動療法とは，「学習理論に基づいて人間の行動を変容する方法のシステムあるいはプログラム」（内山，1988）と定義されている。ここでいう「学習」とは，経験をくり返すことによって新しい行動が身につく過程（内山，1988）を指す。また行動療法における「行動」とは，情動や認知（考え方），そして文字通り行為をも含んだ，広い意味での人間の行動を指す。

　行動療法では，様々な不適応は学習されていない，あるいは誤った行動が学習されていると理解し，再学習や学習された内容の修正を通じて適切な行動を（再度）獲得させることを目標とする。例えば，クラスメイトを叩くことを問題として相談に来ている子どもであれば，他の子どもに適切に関わる方法を知らないのかもしれないし（未学習），あるいは叩くことによって，他の子どもと関わることができているのかもしれない（誤学習）。適切な関わりを知らないのであれば，「友達と遊びたいときは『あーそーぼー』と声をかけるんだよ」と教える必要がある。また「叩けば友達が振り返ってくれる」という誤った学習を行っている場合には，叩いても友達は遊んでくれないこと，叩くことに代わる仲間入りの方法を改めて学ぶことが必要となる。以下では，行動療法における代表的な2つの理論と，これを応用した治療的アプローチを紹介する。

❶ 古典的条件づけ

　古典的条件づけ（レスポンデント条件づけ）はしばしば，パブロフの犬と呼ばれる現象で説明される。犬を含めて私たち動物は，食べ物を見る（無条件刺激）

とだ液を分泌する（無条件反応）。最初，犬にとってベルの音は何の意味も持たない，ただの音でしかない（中性刺激）。しかしながら，食べ物を見せつつベルの音を聞かせる（対提示）ことをくり返すと，次第にベルの音を鳴らす（条件刺激）だけでだ液が出るようになる（条件反応）。同様に，ヘビやクマなどの野生動物を見る（無条件刺激）と私たちは恐怖を感じて逃げ出すが（無条件反応），特定の場所でこういった野生動物に何度も出くわすと（対提示），私たちはその場所に出かけたりすることや，その場所をイメージする（条件刺激）だけでも恐怖を感じるようになる（条件反応）。このように，本来は無関係であったはずの刺激が，無条件刺激と同時に提示されることがくり返されることによって，結果として条件反応を引き起こす条件づけを古典的条件づけと呼ぶ（図 2-2）。古典的条件づけは，不安や怒りなどの情動，内分泌や内臓など自律神経系の活動に関連している（内山，1988）。

　古典的条件づけを応用した技法として，リラクセーション法や系統的脱感作法などが知られている。例えば，学校に対して不安や恐怖を抱いて登校できない子どもに対しては，まずリラックスできる方法（呼吸法やイメージ法，漸進的筋弛緩法，自律訓練法など）を練習してもらう。ある程度できるようになったら，まずは緊張度の低い場所から（不登校であれば，通学路，校門，昇降口，廊下，教室の前，教室の中などの順），身につけたリラクセーション法を試し，その場所での緊張感を徐々に解いていく（脱感作）。これをくり返すことにより，緊張感を緩和させる方法を，系統的脱感作法という。あるいは反対に，初めから最も不安や緊張感を強く感じる場所や行為に従事させる方法もある（フラッディング）。

❷ 道具的条件づけ

　一方，個体の自発的な活動に基づき，その行動が結果に応じて強められたり弱められたりする条件づけを，道具的条件づけ（オペラント条件づけ）という。スキナー（Skinner, B. F.）は，マウスの巣箱の中にレバーを設置し，これを押したときにエサが出るような装置を作った（スキナー箱と呼ばれる）。レバーを押すことでエサをもらえることを学習させたあと，今度はランプを設置し，これが点灯しているときのみ，レバーを押すとエサがもらえるような改良を

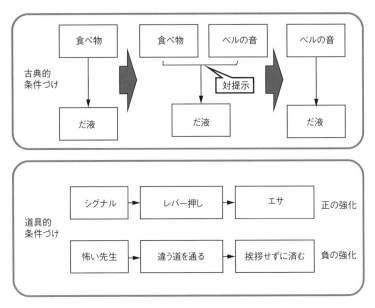

図 2-2　２つの条件づけ

行った。やはりマウスはこれを学習し，ランプの点灯時（先行刺激）において，自身でレバーを押し（オペラント行動），エサを得る（結果）ことができた（三項随伴性）。このように，個体にとって良い結果を得られた場合，その後のレバー押しの行動は増える。これを正の強化と呼ぶ。他方，図 2-2 に示すように，個体にとって不快な刺激を回避することもまた，その後の行動（違う道を通る）の頻度を増やすことにつながる。これを負の強化と呼ぶ。

　オペラント条件づけを応用した技法としては，トークン・エコノミー法やシェイピング法などがあげられる。トークン・エコノミー法とは，行動の結果，報酬としてトークンが得られ，これを一定程度貯めることによって新たな報酬が得られるものである。例えば，適切な行動が行われた際にシールが 1 枚付与され，このシールを 10 枚集めると，ご褒美としてお菓子やおもちゃと交換できる，などである。このトークン・エコノミー法としばしば組み合わせて利用されるのがシェイピング法である。シェイピング法とは，目標となる行動に近づけるため，小さな目標を複数設定し（スモール・ステップ），負荷が軽度なものか

ら 1 つずつクリアしていく方法である。各ステップがクリアされるごとにトークンが得られるように計画を設定し，クライエントの行動を形成する。これらの技法は学校の中で広く活用され，様々な行動の獲得・形成において有効性が示されている。

(2) 認知療法

　認知療法とは，クライエントが持つ非機能的な思考と行動の修正を目指す心理療法であり（Beck, 1964），人間の認知すなわち考え方の変容を目的とした心理療法である。認知療法では，心や行動を理解するために認知モデルを用いる（図 2-3）。

　認知モデルでは，特定の状況で起こる様々な反応には，それを引き起こす自動思考（いわば，考え方の"クセ"）が関係していると考える。例えば，本書を読んでいて「この本は難しすぎてわからない」と考えれば，自分の無能を感じて悲しくなったり（感情），本を閉じたり（行動），あるいは胃が痛くなったり（身体的・生理的反応）するかもしれない[1]。ただし，「この本は難しすぎ

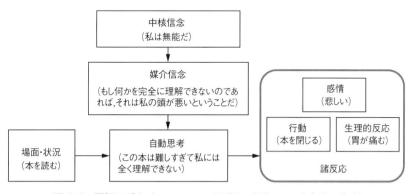

図 2-3　認知モデル（Beck, 1995 ／伊藤ら（訳）2004 を参考に作成）

＊1　もちろん，本書の読者がそう感じないように筆者も努力しているつもりである。

て理解できない」という考えは，じっくり考えて判断されたものというよりはむしろ半ば自動的に頭に浮かんでくるものである。認知療法では，この自動思考に対して検証を行うことを通じて，自動思考ならびにその後の諸反応の変容を試みる心理療法である。図2-3の例では，「全く理解できない」という自動思考に対し，「本当に"全く"理解できないのか」「理解できる部分はどこかにあるか」を検証する。この作業をくり返すことによって，諸反応がどの程度改善したかを探っていく＊2。また，自動思考の背景には，この自動思考を生み出す中核信念の存在が想定されており，最終的にはこの中核信念の変容に向かって治療が行われる。認知療法は，うつ病や不安に関連する様々な精神疾患に適用され，その有効性が示されている。

■■■ 3. 人間性中心主義（来談者中心主義）

　来談者中心療法とは，ロジャーズ（Rogers, C. R.）によって創始された心理療法である。来談者中心療法のベースとなっている考え方に，実現傾向がある。すなわち，私たち人間はもともと自らをよりよく実現していこうとする潜在的な力を有していて，適切な状況下において，私たちはこの傾向に従って成長していく。しかしながら，自己と環境双方から与えられるものが不一致であると，不適応に陥ると考えられている。

　そこで来談者中心療法に基づく心理療法では，クライエントに対する助言や指示，解釈などを行うよりも，むしろ受容や傾聴を通じ，クライエントの実現傾向を引き出すことを目的とする。この点で，来談者中心療法は非指示的心理療法とも呼ばれている。またロジャーズはクライエントが変化する際に重要となる条件を，表2-5のようにあげている。このうち，治療者にとって必要となる条件が，③真実性（自己一致），④無条件の肯定的関心，そして⑤共感的理解の3つであるとされており，この3つは来談者中心療法における重要概念で

＊2　例えば，「悲しい」感情が90%から50%に低減した，本を「閉じる」のではなく「5ページ読み進めた」など。

表 2-5　来談者中心療法における, パーソナリティ変化に必要にして十分な条件
（佐治・飯長, 2011 より作成）

①2人の人間が, 心理的な接触を持っていること	
②第一の人（クライエント）は, 不一致の状態にあり, 傷つきやすい, あるいは不安の状態にあること	
③第二の人（セラピスト）は, この関係の中で, 一致しており（congruent）, 統合され（integrated）ていること	**真実性（自己一致）**
④セラピストは, クライエントに対して無条件の肯定的関心（unconditioned positive regard）を経験していること	**無条件の肯定的関心**
⑤セラピストは, クライエントの内部的照合枠（internal frame of reference）に感情移入的な理解（empathetic understanding）を経験しており, そしてこの経験をクライエントに伝達するように努めていること	**共感的理解**
⑥セラピストの感情移入的理解と無条件の肯定的配慮をクライエントに伝達するということが, 最低限に達成されていること	

あるとともに, カウンセラーの基本的態度として重視されている（第5章参照）。

　日本で「カウンセリング」というと, この来談者中心主義に基づく態度を指す場合が多い。来談者中心主義によるカウンセリングは, ただ傾聴しているだけという批判を受けやすいが, ロジャーズ自身は心理療法の有効性の検証を追求した人物としても知られている。クライエントが変容するときに起こる体験に着目し, 変化が起こる際に身体に感じられる様々な感覚を「フェルトセンス」と呼んだ。ロジャーズの弟子であるジェンドリン（Gendlin, E. T.）は, フェルトセンスに着目し, それを適切に言葉や行為にすることによって治療を進めるフォーカシングという新たな心理療法の一分野を開拓している。

　なお, ロジャーズは晩年, 人々との出会いや関わりそのものについて造詣を深め, エンカウンター・グループに関心を寄せ, 各所でワークショップや講演を行った。この流れは日本にも広まり, 形を変えながら, 学校現場や企業研修などで広く取り入れられている。

先述した３つの心理療法の理論に加え，教育相談の現場では他にも様々な理論が活用されている。以下，簡単ではあるがその他の主要理論についても触れる。

❶ 家族療法

家族療法では，様々な問題は家族メンバーの特定の一人の問題というよりも，むしろ特定の誰かの症状や問題は，背景となる家族の問題の表現であると理解する。そのため，問題を呈する人（IP: identified patient）だけでなく，広く家族のメンバーをも治療対象とすることが特徴である。

❷ ゲシュタルト療法

パールス（Perls, F.）によって創始された心理療法である。精神分析のように過去を顧みるというよりも，「今，ここで」を重視する心理療法である。面接場面では，架空の人物を座らせて会話を試みる空の椅子（エンプティ・チェア）技法などが用いられる。面接場面で様々なワークを行うことを通じて，未完了の事柄（unfinished business）に対して取り組んでいく。

❸ 交流分析

バーン（Berne, E.）により創始された心理療法である。親と大人，子どもの３つの自我状態を想定して個人の心のありようを分析したり，この構造を用いて他者との交流におけるパターンを明らかにするなど，「精神分析の口語版」ともいわれる。交流分析の理論に基づいて作られたエゴグラムが有名であり，教育相談の場面で中学生や高校生，大学生を中心に実施されることが多い。

❹ 日本で生まれた心理療法

日本で生まれた心理療法も存在する。森田正馬によって創始された森田療法は，森田神経質（病気や死に対して気に病み，取り越し苦労をする心情）（奥野, 2005）と呼ばれる患者に対し，「あるがまま」を大切に，自らの生きるエネルギーを取り戻そうとする試みである。また吉本伊信によって創始された内観療法は，家族や身近な人々に対して「世話になったこと」「世話をして返したこと」「迷惑をかけたこと」の３点を内省し，治療者に報告する。

3　関連領域の学び

　本章では，教育相談を支える心理学の理論，特に心理療法に関する3つの理論について概観してきた。しかしながら，1節で述べたとおり，心理学の理論は心理療法の理論にとどまらない。関連領域についても，様々な理論や実践が提唱されている。

　例えば医学領域に関して，特に自律神経失調症や起立性調節障害など，心身症と呼ばれる，ストレスを原因とする心身の病気について理解を深めておくことは，思春期の子どもたちを支える教師にとって重要である。こうした問題は思春期以降，身体の急な成長や第二次性徴に伴うホルモンバランスの変化に対し，心が追いついていない状態において生じやすい。また，今日のインクルーシブ教育の潮流の中で，特別支援教育に関連し，発達障害児・者の心理や行動を理解し，適切な支援に結びつけるためには，背景となる理論や知識の習得が不可欠である。あるいは，教育相談の現場では，「他の子どもと比べてどこか幼い気がする」という教師の声をしばしば耳にする。ただ，どのような点が幼いのかについては，幼児・児童・青年期の発達を理解していないと，説明することは難しい。こうした関連領域の学びを進めることも，教師には求められる。

　とはいえ，教師も一人の人間である。すべての知識と技術を一人でカバーするのは限界がある。時には，養護教諭や特別支援教育コーディネーター，スクールカウンセラーなど，学校内外の様々な専門家との連携が必要となる。

　本章では教育相談を展開するにあたって基本となる理論と実践について，3つの主要理論を紹介した。教職志望者にとって，理論を学ぶことは窮屈に感じられることかもしれない。しかしながら，教職において行き詰まりや挫折を感じたときに立ち返ることのできる大事な場所である。また，理論という"地図"は日々アップデートされる。自己研鑽を積みつつ，学校内外の様々な専門家との連携を図りながら，広い視野を持った援助を学ぶ必要があるだろう。

第 **3** 章

教育相談におけるアセスメント

1 アセスメントの基本

■■■ 1. アセスメント

アセスメントとは，「臨床心理学的援助を必要とする事例（個人または事態）について，その人格や状況および規定因に関する情報を系統的に収集，分析し，その結果を総合して事例への介入方針を決定するための作業仮説を生成する過程」のことであり（下山，2003），学校教育においては，子どもの困難な状況に関する情報を収集・分析し，指導・援助の計画を立てる「過程（プロセス）」を意味する。アセスメントと混同しやすいものに「診断」がある。アセスメントの目的は事例への介入方針の決定であり，必ずしも診断を必要とはしない。しかし，診断があることによって事例への理解が進み，より適切な援助方針を立てることができる（石隈，1999）。

アセスメントは指導・援助の経過中に絶えず行われ対象者の理解が随時更新されていくが，特に必要になるのは「気づく」（援助ニーズの発見），「深める」（援助ニーズを含めた個人と環境の理解），「確かめる」（指導・援助の効果の評価）の3つの場面である（本田，2018a）。できるだけ早く学校生活で大きな困難を抱え始めた子どもに「気づく」と，困難な状況が大きくなる前に指導・援助を開始できるため，結果的に子どもへの負担が小さくなる。子どもの困難さに気づいた後に様々な情報を集めて子ども理解を「深める」ことによって，具

体的な指導・援助方法を考え選択することが可能となる。そして，指導・援助の結果や効果を知る（「確かめる」）ためには，指導・援助の前の状態と後の状態を比較できる情報（データ）を集める必要がある。言い換えれば，指導・援助の前に評価可能なデータを押さえることで指導・援助の結果を判断しやすくなる。そのため，教育相談を行う際にアセスメントは欠かせない。

以上のように，教育相談を進めるうえでアセスメントの重要性は高いとともに，教育相談の対象はすべての子どもであり，教育相談はあらゆる教育活動においてすべての子どもを対象に実施されるものであるため，すべての教師が教育相談の基本を理解し実践できるように研修を受けることが望まれる（文部科学省，2010）。

■■■ **2. 援助ニーズのアセスメント**

援助ニーズとは困難さを抱えており，援助が必要なところのことである。援助ニーズのアセスメントを行うときの留意点はそのとらえ方にある。子どもの困っている状況（問題状況）は子どものみの責任で生じているのではなく，個人（子ども）と環境（学校環境，周囲の子どもや教師など）の相互作用によって生じていると考えられる。言い換えれば，同じ子どもであっても環境が変われば生じる困難さも変わる（困難さが軽くなったり，反対により大きな困難さを抱えたりする）可能性がある。援助ニーズのアセスメントを行う際には常に個人と環境の相互作用によって問題状況が生じている点を意識する必要がある。

次に示す【事例 1】を考えてみよう。下線部②について，この事例の子どもの援助ニーズを「面倒なこと（宿題）をしない」「怠け癖がある」ととらえると，子どもに責任があるようなとらえ方になる。そうすると有効な指導・援助が考えにくくなり，結局は闇雲に苦手なことに我慢して取り組ませるような方法（「甘えさせない」「厳しくする」など），つまり子どもを一方的に変えようとする働きかけが思いつきやすくなるだろう。

ここで，下線部②から援助ニーズを「宿題を期日までに提出しないことをくり返す」ととらえると，「提出できない理由は何か？」と教師は考える。そう

【事例1】（創作事例）

　小学校4年生のA君は<u>クラスの人気者で誰とでも仲良くできる子どもである。</u>学級で
　　　　　　　　　　　　　　　　　　　　　　　　　　　　　①
は毎日のように宿題が出されている。担任は宿題を提出した子どもたちをよく褒めるこ
とと，忘れたら昼休みに宿題をしなければならないことの両面から宿題を出せるように
指導している。また，昼休みに宿題を行って提出した際にも意識的に褒めるようにして
いる。

　A君は最近，宿題をよく忘れてしまう。他にも忘れる子どもがいるが，A君は<u>ほぼ毎</u>
<u>日忘れてくる。</u>保護者に連絡して確認したところ，ひとり親家庭で母親が仕事から帰る
　　　　②
夜遅くまでA君は家に一人におり，母親は帰宅後に疲れてしまい宿題を丁寧に見てあげ
られていないとのことだった。<u>ここ2週間で宿題を提出できた2回はいずれも母親が早</u>
<u>く仕事から帰ることができ，宿題を見てあげた日であり，A君はとても嬉しそうにわか</u>
<u>らないことを聞きながら取り組んでいたという。</u>学校では，宿題を忘れた日は昼休みに
　　　　　　　　　　　　　③
宿題をするため，多くの子は1，2回忘れると「昼休み遊べなくなるのが嫌だ」と言っ
て家で取り組むようになる。しかし，A君は忘れることが多いままである。

すると，「宿題があることを忘れてしまうのではないか」「宿題自体は覚えてい
ても，家で他の楽しいことをしたいから後回しになっているのではないか」「学
校では教え合って勉強するから理解できるが，家で一人では問題が解けないの
ではないか」など，様々な子どもの困難さに思い至りやすくなる。さらに，「宿
題の量が多すぎるのではないか，減らしたらできるかもしれない」「宿題に取
り組みやすくなるように，宿題を出すときにヒントを出してみるとどうなるか」
と，教師側（環境側）の工夫や改善が必要な点にも気づきやすくなる。つまり，
子ども本人を教師の指導方法（昼休みに宿題をすること）に合わせるという1
つの方法にこだわるのではなく，子どもが取り組みやすい指導方法に変える（子
どもにとっての環境側である教師が変わる）という発想が生まれやすくなる。

　教育相談は複数の教職員によるチームで行うことも多く，子どもの援助ニー
ズのとらえ方が教職員間で異なっていると指導・援助の方針が揃いにくい。そ
こで，学校全体で援助ニーズのとらえ方を共有し，共通の方針の下で複数の教

職員がそれぞれの立場を踏まえた指導・援助を展開することが求められる。

■■■ 3. 強み（自助資源，援助資源）のアセスメント

　学校で教師は援助ニーズとともに，強みに関する情報収集を行う。強みには子ども本人が有する強みである自助資源と，本人の周囲の環境の強みである援助資源がある。学校心理学（石隈，1999）では子どもの援助ニーズと自助資源を5領域（学習面，心理面，社会面，進路面，健康面）から情報収集する（表3-1）。援助資源には本人の問題状況を理解しようとしてくれる人たちが該当し，家族，友人の他，学校内の様々な教職員（養護教諭，スクールカウンセラー，部活動顧問），習い事の先生，受診している医療機関などがあげられる。

　アセスメントにおいて自助資源と援助資源の情報収集を行うことは極めて重要である。【事例1】における子どもの自助資源は「クラスの誰とでも仲良くできる」（下線部①），「母親と関わることを楽しんでいる」（下線部③）などの社会面の良いところがあげられ，援助資源には母親とクラスの友人があげられる。子どもの指導・援助を行うときにこれらの自助資源の情報があると，「宿

表3-1　学校心理学の5領域からとらえた援助ニーズと自助資源の例

領　域	援助ニーズの例	自助資源の例
学習面	苦手な教科がある 聴覚からの理解が苦手である	得意な教科がある 勉強が好きである
心理面	イライラしやすい 心配なことがあると体が固まる	気分が安定している 表情が豊かである
社会面	友人とけんかすることが多い 自分の気持ちを他者に言えない	順番などの集団の規則を守れる 友人と話すことが好きである
進路面	自分の将来に希望を持てない 整理整頓が苦手である	好きなことがある 将来なりたい職業がある
健康面	遅刻・欠席が多い 身体の怪我・病気がある	生活リズムが安定している 体力がある

題を期日までに提出しやすくなるために，子どもの強み（自助資源，援助資源）を活かす工夫はないか」と考えるようになり，子どもが取り組みやすい具体的な指導・援助方法を考えやすくなるのである。

　自助資源とは子どもの良いところや既にできているところである。学校生活に困難さを抱えている子どもの自助資源にたくさん気づいておくと，教師は「上手くできない子ども」「周りの子についていけない子ども」という見方をせず，「良いところも困っているところもある子ども」という見方をしやすくなる。このような教師の見方の違いは，当該の子ども本人と接するときの態度や言葉遣いの違いに現れるであろう。そして，それを受け取る子どもとの信頼関係の形成にも影響を与えると思われる。子どもとの信頼関係を形成することで，困難さを抱えている子どもへの指導・援助がより有効に機能すると考えられ，ひいては子どものためになるであろう。

　援助資源のアセスメントを行うと，学校では緊張が高いまま過ごしている子どもであっても学校外では生き生きと好きなことに打ち込んでいることがわかるなど，子どもを支えている人々や環境（居場所）のことが見えてくる。子どもの生活が見えてくると，学校では発揮されにくい子どもの自助資源（「学童保育で年下の子どもにやさしい」「植物の世話が好き」など）にも気づきやすくなる。

　さらに，教師は経験を重ねることで自分なりのアセスメントの観点を持つようになるであろう。経験に根差した子ども理解の観点は重要であろうが，それのみでは子ども一人ひとりの内面の違いに細かく気づきにくくなる恐れがある。学校心理学の5領域のような理論的枠組みを持ってアセスメントを行うことで子どもの「教師の自分から見えやすい特徴」のみでなく，「教師としての自分が見落としやすい特徴」にも注意を払い，子どもの内面理解を深めることができる。このようにアセスメントにおいて理論や具体的な方法を学ぶことが不可欠である。

■■■ 4. アセスメント結果の統合

　子どもや保護者，学校・家庭環境に関する情報を収集するのみではアセスメントは不十分である。アセスメントとはこれらの情報を総合し，子どもの困難さに関する仮説を立て，指導・援助の計画を立てること，そして実践してその結果を評価しその後の指導・援助について計画することを含む。

　様々な情報を整理・統合する理論や方法として，学校心理学では子どもの問題状況や自助資源を5領域（学習面，心理面，社会面，進路面，健康面）からとらえ，各領域の良いところ（援助資源），援助が必要なところ（援助ニーズ），これまでの援助とその結果の3点から情報を共有・整理し，援助資源も把握しながら，今後の援助方針（子どもにどうなってほしいか）とそれに即した具体的な援助案（誰が何をいつからいつまで行うか）を立案する（石隈，1999；石隈・田村，2003）。

　また，本田（2017，2018a）は学校心理学（生活軸），発達心理学（時間軸），臨床心理学（健康軸）の3点から理解する多面的理解モデルを紹介している（図3-1）。このモデルでは学校心理学を生活軸（今の生活全体はどのような状況で

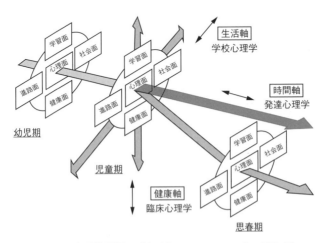

図3-1　多面的理解モデル（本田，2017, p.19を一部改変）

あるか，5領域からとらえる），発達心理学を時間軸（今までどのように育ってきたのか，今現在の状況は将来とどのようにつながり得るか），臨床心理学を健康軸（大きな心身の不調や心の病を抱えているか），としてとらえた情報を整理する枠組みである。学校の教育相談で多く行われる，ある一時点（今現在）の子どもを理解する際には，図3-1のモデルを参考に子どもの成長の過程やこれまでの生活，健康水準の情報も意識するとよい。

2　アセスメントの方法

　学校で実施しやすいアセスメントの方法には調査法，観察法，面接法などがある。これらの方法を状況に応じて使い分けたり組み合わせたりしながら，子どもの援助ニーズ，自助資源，援助資源を中心に情報を収集する。アセスメントには様々な方法があり，教師は各方法の特徴や限界を踏まえたうえでアセスメントを行いながら指導・援助し，子ども理解を更新していくことが求められる。さらに，一人の教師がアセスメントを行うよりも，他の教師や保護者と情報を持ち寄って子ども理解を深めることも重要である。なぜなら，複数の教師や保護者とともに子どもの情報を共有すると多面的に子どもを理解することにつながるだけでなく，その後の指導・援助も複数の教師・保護者で行いやすくなるためである。

■■■ 1. 調査法

　調査法とは子ども本人や関係者からの聞き取り（他者評価）として調査に回答することで情報を収集する方法である。学校で教師が直接関わる機会が多い調査法には，質問紙と知能検査がある。学級集団での実施に特化した質問紙であるhyper-QU（小学校1年生～高校3年生対象）は個人の学級の居心地のよさ，学校生活への意欲，ソーシャルスキルを測定し，かつ，学級集団全体の特徴を把握できる。学級集団に一斉に質問紙調査を行った場合には，教師が個々の子

どもの回答状況を観察しきれないため，たとえ子どもが回答していても，うその回答をしたり，質問を読み間違えて回答している可能性もある。そのため，子どもの実態をよく反映した回答なのかどうか，教師の日頃の観察や面接の情報と総合して吟味する必要も生じる（本田，2018b）。

　知能検査は医療機関などで実施され，保護者が結果を学校に開示して，教師に子どもへの適切な指導・援助を求めることがある。そのため，教師には検査結果や報告書（所見）を適切に読み取り，個に応じた具体的な指導・援助に活用できることが求められる。子どもを対象とした代表的な知能検査にはWISC-Ⅳ（適用年齢：5歳0か月～16歳11か月）や田中ビネー知能検査Ⅴ（適用年齢：2歳～成人）があり，認知スタイル（認知処理能力と基礎的学力）の測定にはKABC-Ⅱ（適用年齢：2歳6か月～18歳11か月）がある（詳細については第4章を参照のこと）。

■■■ 2. 観察法

　観察法とは複数の明確な視点をもって観察し情報収集する方法であり，観察の場面や目的に応じて対象者と直接関わりながら観察したり，第三者的立場から観察したりする（文部科学省，2010）。観察する対象には日常生活場面の行動（運動能力，自己表現など）や製作物（子どもの絵や作文），日記などがあげられる（石隈，1999；文部科学省，2010）。

　観察法では具体的な行動として記録することが重要である。例えば「よく勉強する」「礼儀正しい」「面倒見がよい」は具体的ではないため，人によってとらえ方が異なるだろう。それぞれを，「宿題に加えて，宿題以外の自習を毎日30分行う」「登下校時に地域の人に自分から挨拶する」「部活動内の下級生のトラブルをうまく解決できるように働きかける」などと表現すると，より具体的になる。具体的に記録することの利点は複数の教師間で情報共有しやすいことと，子どもの課題を具体的にとらえることで指導・援助の結果を評価しやすくなることである（先週も今週も毎日宿題を出しており，先週は宿題の提出は1回もなかったが，今週は2回提出された，など）。

　観察法によって把握できることは主に行動や製作物であることから，子ども
の内面理解のためには観察のみでは不十分である。そこで，より内面をとらえ
やすい調査法や面接法と組み合わせて観察法を行い，総合的に子どもを理解し
ていくことになる（本田，2018b）。

■■■ **3. 面接法**

　面接法には対象者への面接や他者（保護者など）への面接などがある（石隈，
1999）。面接法を用いる場合は落ち着いて話せる場所（相談室など）で面接の目
的や守秘義務について伝えること，ラポール（カウンセリングにおける信頼関
係）を形成するために傾聴すること，様々なカウンセリング技法を用いながら
面接を進めること，話された情報のみでなく言外の情報（話し方，表情，身振
りなど）にも注意を払うことなどに留意する必要がある（文部科学省，2010）。
　面接法の特徴は，質問への回答で不確定な点があればその場で詳しく尋ねる
ことができたり，時間をかけて丁寧に関わることで対象者の拒否的・防衛的態
度を観察したり緩和したりできる点にある。しかし，面接の目的を明確にして
おかないと要点を把握できないこと，一斉に複数の他者から情報を収集するこ
とが困難であること，得られた情報の分析や解釈に主観が入りやすいこと，面
接者の意図する方向へ回答を導いてしまう危険性が高いこと，などの難しさが
ある（西田・武藤（松尾），2008）。

■■■ **4. アセスメントのための信頼関係**

　学校でアセスメントを行をう場合，アセスメントと同時に信頼関係づくりの
場でもあることを意識することが重要である。例えば学校で作成したいじめに
関するアンケート（調査法）を実施し，ある子どもから「いじめられている」
という回答があった場合，それを調査結果としてまとめて終えるのみでなく，
いじめに対する指導・援助を複数の教職員で組織的に行う必要がある。子ども
が「教師の働きかけ（アセスメント）にどのように応えても自分は大切にされ

る」と実感できたとき，子どもは教師に心を開きやすくなるであろう。

　また，学校生活が心配な子どもに対しては自発的な相談を待つのみでなく，教師側からの呼び出し相談など多様な機会をとらえて行う必要がある（文部科学省，2010）。面接では教師が一方的に質問を重ねて必要とする情報を集めるのではなく，信頼関係を形成しよりよく話を聴くために，子どもの感情に共感したり心配していることについて見通しを伝えたりするなど，カウンセリング技法を用いることが不可欠である。

　反対に，教師と子どもの信頼関係がある程度形成されていなければ，その教師が実施する調査法に対して子どもは何も回答しなかったり，虚偽の回答をしたりするかもしれない。子どもがその教師の授業の提出物のみをわざと出さないなど，教師が指導・援助を変えてもその効果が観察しただけでは確認しにくくなることもあろう。面接をするために子どもを呼び出しても，下を向いて何も言わず黙っている子どももいるかもしれない。

　これらの反応を示した場合，教師はその子どもについて「アセスメントしたが情報が得られなかった」のではない。これらの子どもの反応の背景には，「教師との間に信頼関係を築けておらず反抗する意味で何も答えない」可能性がある。それ以外にも，「聞かれている内容が難しかったり抽象的すぎたりして答えられない」「聞かれている内容が自分の悩みや自己嫌悪を感じる部分に触れるものであり，答えたくない（直面化を避けたい）」など様々な理由が考えられる（本田，2018b）。これらの場合，教師はまず，「子どもが反応しない代わりに何をしていたか」をよく観察し，そこから子どもの心理を共感的に理解しようと努めることが信頼関係の形成において大切である。

3 予防的／開発的教育相談におけるアセスメント

■■■ 1. 予防的／開発的教育相談のアセスメント

　子どもを対象とした教育相談には，学校生活に関わる様々な能力の基礎部分

ともいえる心の成長を支えることを目的とした開発的（発達促進的）教育相談，問題状況を未然に防ぐ予防的教育相談，そして，既に生じている問題状況の解決を目指す問題解決的（治療的）教育相談に分けられる（文部科学省，2010）。どのような教育相談にせよアセスメントは不可欠である。

　子ども集団を対象に実施される予防的／開発的教育相談のアセスメントでは，教師は集団（全校，学年，学級）の多くの子どもが有する援助ニーズや今後直面するであろう困難さに関する「気づき」がある。この「気づき」から子ども集団の実態の理解を「深める」ために，より詳細な援助ニーズの把握を調査法，観察法，面接法などを用いて行う。その結果把握された子ども集団の援助ニーズに対して，教育の目標を設定し，具体的な予防的／開発的教育相談の方法の検討に入る。ここでは生徒指導提要（文部科学省，2010）に示されている8つの方法などが参考になる。実践後に，実践を評価することもアセスメントの一部である。なお，集団の中にいる子どもの援助ニーズの程度は様々であり，特に援助ニーズの高い子どもの中には予防的／開発的教育相談の実践自体に苦痛を感じる可能性もある。そのため，特に援助ニーズの高い子どもに配慮した計画を立てて実践するとともに，実践中から実践後の学校生活の情報収集を行い，必要に応じてスクールカウンセラーなどと連携した問題解決的教育相談へとつなげることも検討する（本田，2015b）。このように予防的／開発的教育相談の計画・実践・評価の過程（プロセス）すべてにおいてアセスメントをくり返していく。

■■■ **2．予防的／開発的教育相談の事例（創作事例）**

　【事例2】では学年全体に見られる課題を集団の援助ニーズととらえ（下線部④，⑤），目標を立てたうえで目標達成の予防的／開発的教育相談の方法を選択・実践し，その効果を検証している。事例から読み取れるように，実践全体にわたってアセスメントが行われている。そして，特に援助ニーズの高い子どもについては実践後の学校生活をよく観察し必要に応じてスクールカウンセラーなどと連携した問題解決的教育相談へとつなげている（下線部⑥）。反対

【事例2】（創作事例）

10月頃，B中学校の第2学年の学級の担任教師は，生徒の仲の良いグループができて笑いながら楽しそうに会話しているものの，何か息苦しい雰囲気を感じていた（「気づく」）。同じ学年団の教師にその話をすると，「仲の良いグループ以外の生徒を受け入れない雰囲気を感じる」など，似たような印象を持っている教師もいた。担任教師は4月からの人間関係の変化（いっしょにいる仲間の変化）を丁寧に書き出してみると，一部のおとなしい生徒（3名の女子，2名の男子）のグループは変化がないものの，ほとんどのグループはメンバーが変わっていた。そして，そのきっかけから，この学級には「表面的には仲が良いが，一度けんかすると仲直りできず居場所がなくなる」という課題（援助ニーズ）があり，そのために多くの生徒が今のグループでも仲間外れにされないように意識していると考えられた（「深める」）。この様子は程度の差はあれ第2学年の全学級の課題であると教師間で共有された。

そこで学年団で話し合い，学級の人間関係づくりの授業を1時間行うこととした。目標は「安心して自分を表現できるようになる」こととし，スクールカウンセラーの協力を得て実践方法を計画した。具体的には生徒指導提要（文部科学省，2010）で紹介されている8つの方法から，主に社会面の援助ニーズに対応するソーシャルスキルトレーニングが選択された。

授業実施の約1週間前に，第2学年の生徒全員に「みなさんがもっと安心して自分を表現して学校生活を送れるように，人間関係づくりの授業をします。その授業にあたって今の生徒のみなさんの気持ちを知りたいのでアンケートをします」と伝え，仲間関係の不安と自己表現のソーシャルスキルへの回答を求めた。ソーシャルスキルトレーニングの授業にはほとんどの生徒が楽しく参加できた様子であり，授業最後のワークシートにも「楽しかった」「こういう授業をまたやりたい」という感想が多く得られた。

授業の約1週間後，同じアンケートを実施した。その結果，すべての学級で仲間関係の不安が下がり，ソーシャルスキルが高まっていることが確認された。また，ソーシャルスキルトレーニング時にうまく取り組めていなかった数名の生徒は教師たちが日頃から気になっていた生徒でもあったため，生徒本人の希望を聞いたうえでスクールカウンセラーとの面接を予約した（「確かめる」）。

に，集団の援助ニーズを持っていない（【事例 2】では仲間関係の不安が低くソーシャルスキルも高い）生徒は予防的／開発的教育相談の授業時に自分の強みを自覚したり，他者に認められたり，他の生徒のモデルとなったりするように授業を組み立てられるとよい。要するに，予防的／開発的教育相談を実施する際には，援助ニーズの程度にかかわらずすべての生徒にとって良い体験となるように計画することが重要である。

4　問題解決的教育相談におけるアセスメント

■■■ 1. 問題解決的教育相談のアセスメント

　問題解決的教育相談は，不登校，いじめ被害，発達障害や精神障害と関連する学校生活上の困難さなどが生じている子どもを対象とする個別の援助である。問題解決的教育相談のアセスメントに関しても，「気づく」「深める」「確かめる」という 3 つの場面が考えられる。「気づく」ためには 5 領域（学習面，心理面，社会面，進路面，健康面）の援助ニーズの視点から子どもの変化を観察し教職員間で「気づき」を共有することが重要である。問題状況にいる子どもに気づいたあとには，その子どもに関する情報（援助ニーズ，自助資源，援助資源）を状況に応じた方法（調査法，観察法，面接法など）で収集・分析し，子どもの理解を「深める」。ここまでのアセスメントの結果および子ども本人の希望を踏まえて教育相談の目標を設定し，目標（援助方針）をもとに具体的な援助案を考え，「誰が，何を，いつからいつまで行うか」を明確にした計画を立てて援助を行う。援助方針は教育相談を通して目指す大きな方向性であり，援助案は各自（担任教師，養護教諭，スクールカウンセラー，保護者など）の特徴を踏まえた具体的な方法である。これらの援助が一定程度経過したあと，その結果を「確かめる」。子どもの学校生活上の変化を見定め，共有しながら教育相談の結果を確かめ，さらに必要な援助を展開したり，個別の教育相談を一旦終えたりする（本田，印刷中）。

【事例3】では子どもの強み（自助資源，援助資源）を活かす工夫を考える
ことで，子ども本人を教師の指導方法（反復練習）に合わせるのではなく，子

【事例3】（創作事例）

　小学校3年生のCさんはとても元気がよく，遅刻や欠席もなく楽しく学校に来ている。<u>勉強は苦手であるが</u>，隣の人やグループで話し合って活動する授業にはとても積極的に
　⑦
参加する。学習面で特に苦手なことは計算問題や漢字の書き取りなどの反復練習であり，
集中できずにすぐに隣の人に話しかけたり鉛筆や消しゴムで遊びだしたりする。担任教
師がその様子を見て近づいて注意すると，一旦は勉強するが，しばらくするとまた遊び
だす（「気づく」）。

　担任教師はCさんの援助ニーズを「計算問題や漢字の書き取りなどの反復練習に集中
できない」ととらえ，この2週間は授業時に行った計算と漢字の課題従事時間を記録
した（観察法）。その結果，クラスのほぼすべての子どもが時間いっぱいまで集中して
取り組む中，Cさんは算数の時間の計算問題（5分間）では平均1分，国語の時間の漢
字の書き取り（5分間）では平均2分であった。さらに，自助資源には「話し合って学
習することに積極的である」（学習面），「クラスの友達と関わることが好き」（社会面），
援助資源には「クラスの友人」があげられた（「深める」）。

　<u>教師は「子どもの強み（自助資源，援助資源）を活かす工夫はないか」と考え，学力
の定着を目的に行っている反復練習の仕方を変えて，「クラスの人に出す計算問題3問，
漢字問題3問を考え，自分で解いてくる」という宿題を出した。</u>翌日の算数，国語の授
　　　　　　　　　　　　　　　　　　　　⑧
業時に隣の人に問題を出し，答え合わせまで行った。<u>この方法を2週間のうち数日間実
施したところ，Cさんは宿題をしてきて問題を出し，隣の人が解けているかどうかを笑
顔で覗き込みながらも，授業時の課題従事時間が計算問題では3分，漢字の書き取りで
は5分間に伸びた</u>（「確かめる」）。<u>Cさん以外の学級の子どもたちは難しい問題（漢字
　　　　⑨
のクイズなど）を考えることや，相手が答えがわからないときにヒントを出したり教え
たりする関わりを楽しんでおり，「楽しい」「また宿題出して」と好評だったため，しば
らくこの宿題を続けることにした。</u>
　　　　　　　　⑩

どもが参加したくなる指導方法に変える（子どもにとっての環境側である教師が変わる）という発想が生み出されている（下線部⑧）。強みを活かした指導・援助は，子どもが自身の強みを発揮しながら苦手なこと（援助ニーズ）に挑戦できるため，子どもにとっても取り組みやすくなる。

　指導・援助の効果を「確かめる」ために，課題従事時間を測定し，教師の指導・援助を変える前後で比較している（下線部⑨）。もちろんこの事例の課題従事時間は教師の指導・援助以外の要因（寝不足である，直前に教師に叱られた，など）も影響していると考えられるが，教師の主観のみによる指導・援助の効果の判断よりは一定の効果を示す情報（データ）として適切であろう。

　問題解決的教育相談は個別の子どもへの指導・援助にとどまらず，【事例3】のように他の子どもたちにも影響を与えることがある。そのため，当該の子ども以外の子どもたちの様子を観察したり（観察法），直接聞いたり（面接法）することも欠かせない（下線部⑩）。援助ニーズの大きい子どもへの指導・援助が他の子どもたちにとってもよい指導・援助となることを目指したい。

　なお，この事例の課題として当該の子どもや学級の子どもたちの学力が向上したかどうかを把握していない点，すなわち「勉強が苦手」という援助ニーズ（下線部⑦）への指導・援助の効果の検証があげられよう。ある程度，指導・援助が継続したあとにテスト（調査法）などを用いて学力を確認することも検討できる。事例3のように複数の援助ニーズがあるときには，小さな援助ニーズのほうから取り組むことで変化が生じやすくなることがある。

⑤　援助要請の心理のアセスメント

　近年の実態調査を見ると，悩みを抱えていながらも自ら相談しない子どもは決して少なくない（ベネッセ教育総合研究所，2010）。誰にも気づかれないままに子どもの問題状況が大きくなってしまわないように，教師は子どもから相談されなくても援助ニーズに気づき，指導・援助することが求められる。とはいえ，教師が問題意識を持っていても子ども自身や保護者とその問題意識を共

有できない（教師は子どもの援助ニーズに気づいても，子どもと保護者は気づいていない）ときや，教師が問題解決的教育相談として指導・援助しようと申し出ても子ども本人や保護者から拒否されるときもある。このような場合に教師は指導・援助に行き詰まりを感じるであろう。言い換えれば，各々の援助ニーズ（いじめ被害など）に加えて「自分から相談しない（できない，ためらう）」という困難さが重なった事例である。

　悩みの相談に関する心理は援助要請と呼ばれ，援助ニーズがあっても相談しない心理の背景には「困っていない（から相談しない）」（本人に問題意識が乏しい），「助けてほしいと思わない（から相談しない）」（他者を頼ったり，力を借りたりしようとしない），「『助けて』と言えない（から相談しない）」（助けてほしいが言い出せない）という３つがある（本田，2015a）。教師は子どもの援助ニーズに気づくのみでなく，自発的な相談に至らない子どもと保護者の援助要請の心理をアセスメントし，相談しない心理に配慮した指導・援助も加えていくこと，そして，援助要請の心理に配慮して相談しやすい学校環境づくりに努めることが大切である。

第 **4** 章

心理検査とその応用

1 教師として心理検査を学ぶ意義

　本章では，アセスメントの1つである心理検査（psychological test）について学習していく。教育現場において，心理検査は子ども理解のための1つの方法であり，子どもの発達の様子や性格，行動などの背景にある心理的な特性をより深く理解するための手法である。

　もちろん子どもを理解するための方法は心理検査のみではない。むしろ教育現場においては，第3章で学んだ面接法や観察法，調査法といった方法は非常に重要な子ども理解のための方法である。それらが日常的に行われることが教育相談の基本でもあり，中核であるともいえる。しかしながら，面接法や観察法だけでは十分に子どもをとらえきることができず，うまく支援につなげられないときもある。そうした際に心理検査が活用されることになる。すなわち，心理検査の対象となるのはすべての子どもたちではなく，多くの場合，比較的援助ニーズの高い二次援助サービスの対象となる子どもの一部および三次援助サービスの対象となる子どもたちである（第14章参照）。私たちは，何らかの困難を感じている子どもたちに対して，心理的な観点からその子どもたちをより深く理解し，支援につなげていくために心理検査を活用するのである。

　また，生徒指導提要（文部科学省，2010）においても，教育相談担当教員の役割の1つとして，児童生徒理解に役立てるために，校外の教育相談専門機関（病院や児童相談所など）や校内のスタッフ（スクールカウンセラーなど）か

ら得られた心理検査結果の見方を校内へ情報提供することや自身が心理検査の技法を身につけ，必要に応じて実施することが求められている。ただし，実際に教師が心理検査を実施する機会はそれほど多くはないかもしれない。むしろ，「チームとしての学校」（中央教育審議会，2015）の重要性が強調されている現在においては，対象となる子どもに「どのような心理検査を実施することが有効なのか」と「その結果をどのように活用するか」をチームの一員である心理職などとともに考えることが重要になると考えられる。

　以上から，困難を感じている子どもたちを理解・支援するために心理検査がどのようなもので，それをどのように支援に活かすのかを学ぶ必要がある。

2　心理検査とは

　心理検査とは，専門的には「知能，心的能力（推論，理解，抽象的思考など），適性（機械作業への適性，手先の協調性，器用さなど），学業（読み，書き，計算など），態度，価値観，関心，パーソナリティとパーソナリティ障害，その他，心理学者が関心を寄せる特徴を測定する際に使用される標準化された手法のこと」と定義されている（VandenBos, 2006）。すなわち，様々な心理的な事象を標準化された手続きによって測定するものが心理検査である。

　様々な心理的な事象とは，教育現場で言えば，子どもの発達の状態や認知機能に代表される知的能力やその顕れの1つである学業達成，子どものパーソナリティ（性格）や対人関係能力や適性（職業適性など），さらには学級の状態など非常に広範囲にわたる。心理検査は各検査の総称であり，測定したい事象に応じて，様々な検査が開発されている（本章4節で後述する）。

　さて，心理検査が測定したい多くの事象は，実際には見ることができない（物理量が存在しない）ものがほとんどである。例えば，知能は実態が存在しないものであるし，性格というのも私たちは物理的に確認することができない。知能を測定する心理検査は，知能そのものを直接測定するのではなく，知能が高ければこのようなことができるであろうという行動を測定することによって知

能を間接測定している。性格を測定する心理検査も同様に，性格そのものを直接測定するのではなく，このような性格の人はこのような行動をするであろうという行動を測定することによって性格を間接測定している。このような間接測定を行う場合には，その測定の信頼性と妥当性を考えることが重要になる。

　信頼性（reliability）とは，同一の人に測定を複数回した場合，同じような結果が得られるかどうか，という程度のことを意味する。すなわち，測定結果の安定性を示すものである。測定をするたびに結果が変わってしまってはその結果を信頼することができない。また，妥当性（validity）とは，その測定で測定したい事象がきちんと測定できているかどうか，という程度のことを意味する。すなわち，測定の確実性の程度を示すものである。間接測定であるからこそ，ある行動を測定することが測定したいものを反映したものになっているかを確認する必要がある。心理検査はその作成手順において，検査の信頼性と妥当性が検証されており，一見するとこれで何がわかるのかという問題や質問があったとしても，きちんと測定したいものを測ることができるようになっている。

　また，定義に示されている標準化（standardization）とは，心理検査に関する厳密な規格を設定することである。標準化された心理検査は検査を実施する際の教示（質問）のやり方や問題の提示順序，問題の内容，回答の方法，検査時間などの検査の実施方法が厳格に定められており，また，回答を採点して算出された得点と特定の準拠集団に基づいて作成された基準得点とが比較できるようになっている。これらを実現するための一連の手続きを標準化という。

　標準化を行う理由は，第一に心理検査の信頼性の担保のためである。先述したとおり，心理検査の信頼性とは，同じ子どもに対して，（一定の訓練を受けた）誰が心理検査を行っても，同じような結果が得られるということであった。例えば，ある子どもに心理検査を2回実施して成長を把握したいとする。その際に，1回目の検査と2回目の検査で質問の仕方を変えてしまっては，そのたびに子どもは全く違った答えをするかもしれない。その場合，それは子どもの成長によるものなのか，質問の仕方を変えたことによるものなのかを区別することができなくなってしまう。また，同じような能力を持っている子どもは，同

じように質問されれば，同じように答えるはずであるが，質問の仕方を変えてしまえば，違った答えをするかもしれない。これらの例のように，やり方が厳密に定まっていないと，その心理検査の信頼性が損なわれてしまう。

第二の理由として，心理検査の妥当性の担保のためである。心理検査の妥当性とは，その検査が測定したいものをきちんと測定できているということであった。例えば，学力を測定する検査において，本来ならば，子どもが自分の力だけで解く能力を測定したいのに，ある検査者が「わからなかったら教科書を見ていいですよ」と教示をしたら，それは子どもが教科書を参照しながら問題を解く能力を測定することになってしまう。この例のように，やり方が厳密に定まっていないと，その心理検査の妥当性が損なわれてしまう。

第三の理由として，集団基準との比較の担保のためである。集団基準との比較とは，算出された得点とある集団の平均的な得点と比較する，という手続きである。これを行うことによって，その集団内での相対的な位置を明らかにすることができ，例えば，発達の遅速やその子どもの強みや弱みを把握することが可能になる。このためには，先述の信頼性や妥当性が担保されたうえで，ある集団における平均的な得点を確認しておく必要がある。

以上のような理由から信頼性と妥当性が検証され，標準化された心理検査を用いることが重要である。インターネット上などには様々な「心理テスト」を称する問題や質問などが存在するが，その多くは標準化手続きを経ていない。したがって，信頼性や妥当性，集団基準を持たないため心理検査とはいえず，その結果も科学的には信用できないものがほとんどである。私たちが子どもに対して心理検査を実施する際には，標準化手続きを受けており，信頼性および妥当性が検証された心理検査を選んで実施する必要がある。また同時に，その心理検査のマニュアルや手引きなどを参照して，検査実施手順や採点方法などを厳格に守る必要がある。

3　アセスメントにおける心理検査の位置づけ

　心理検査はアセスメントの1つであるが，第3章で学んだアセスメント方法である観察法や面接法とは一般に異なる特徴を持つ。標準化され数量的に結果を示すことができる心理検査はフォーマル・アセスメント（formal assessment）に分類される。一方で，標準化されていない観察法や面接法は，インフォーマル・アセスメント（informal assessment）に分類される。それぞれの特徴は表4-1に示したとおりである（黒田，2015）。

　フォーマル・アセスメントの長所としては，まず，一定の訓練を受けた検査者であれば誰でも手続きに従って同じような結果を得ることができ，数値での結果が得られるという客観性があげられる。そして，数値化することによって，標準データとの比較（個人間比較）が可能となり，その子どもの集団の中での相対的な位置が明確になるという問題の明確化があげられる。さらに，言語表現ではその内容の解釈に多義性があるが，数値化することによって，支援者間で共通の理解につながりやすいという情報の共有のしやすさがあげられる。そして，支援者間での共通理解が進むことによって，適切な援助の方法を実行することが可能になる。また，援助の有効性を検討するためにも，こうした数値

表4-1　フォーマル・アセスメントとインフォーマル・アセスメントの特徴
（黒田，2015を一部改変）

アセスメント	長　所	短　所
フォーマル	・客観的 ・数値で結果が出る ・標準化されていて個人間の比較ができる	・非日常的な場面 ・評価される能力やスキルに限界がある
インフォーマル	・自然な場面 ・能力やスキルだけでなく，興味や関心を把握できる	・主観的になりやすい ・過大評価や過小評価になりやすい ・見ていない人との共通理解が難しい場合がある

による子どもの状態の把握は不可欠である。検査を用いて子どもを数値化することについては一定の批判があるものの，こうした部分はフォーマル・アセスメントの大きな長所であると考えられている。

　ただし，心理検査によって得られた数値は子どものすべてを表しているのではない，ということには強く留意する必要がある。心理検査を実施する検査場面は，多くの検査において，検査者と子どもしかいない場面であり，検査中，検査者は子どもの行動を援助しない。つまり，心理検査は子どもの自力での能力や適性の発揮を測定しているが，それは非日常的な場面であり，日常での観察結果とは必ずしも一致しない可能性がある。また，心理検査で得られた数値は，その検査の内容に依存するものであり，評価される能力やスキルには限界がある。すなわち，心理検査によって得られた結果は子どもの特徴についての1つの仮説を提示しているに過ぎないのである（小笠原・松本, 2003）。そのため，心理検査で得られた結果（仮説）は面接や観察などのインフォーマル・アセスメントで得られた他の情報によって検証される必要がある。心理検査で得られた結果は1つの手がかりであり，様々な手段で得られた情報を集約することがその子どものきちんとした理解につながるのである。

4　様々な目的のための心理検査

　心理検査はただ実施すればよいというものではなく，目的に応じた使用をすることが重要である。また，心理検査を子ども支援に活かすためには，その検査が何を測定しているのかを把握することが重要である。そこで本節では，教育現場で使用頻度が高いと考えられる心理検査について，その目的と測定内容および各検査の特徴を説明する。

■■■ 1. 発達検査

　発達検査とは，主に乳幼児や児童を対象に実施される認知，言語，社会性，

運動などの発達の状態をとらえるための検査である。子どもの発達をアセスメントすることは，①その子どもの現在の発達の状況を理解することで，現在の子どもが示す行動や状態を理解して，その後の発達経過をある程度予測すること，②その発達の予測から今できうる適切な支援に結びつけること，の 2 つの目的がある（永田，2014）。発達検査の結果を活用するためには，前提として子どもの発達過程や発達理論の知識が必要になる（第 6 章，第 7 章参照）。教育現場では，発達検査は巡回相談や就学相談などで使用されることが多い。ここでは，遠城寺式乳幼児分析的発達検査法と新版 K 式発達検査 2001 について概説する。

(1)　遠城寺式乳幼児分析的発達検査法

　遠城寺式乳幼児分析的発達検査法は，乳幼児の発達に関する簡易検査法である。対象年齢は 0 歳から 4 歳 7 か月であり，身体発達をみる「移動運動」と物への探索行動や操作能力をみる「手の運動」からなる運動領域，身辺自立をみる「基本的習慣」と人との関係をみる「対人関係」からなる社会性領域，言葉の出現をみる「発語」と言語理解や概念獲得をみる「言語理解」からなる言語領域の 3 領域における発達の状態を把握する検査である。この検査は，加齢に応じて複数回実施することで，発達の進行状況を把握することができることが特徴である。なお，実際の検査の実施，解釈については遠城寺（2009）を参照してほしい。

(2)　新版 K 式発達検査 2001

　新版 K 式発達検査 2001 は，乳幼児から成人までの発達に関する個別式検査法である。対象年齢は 0 歳から成人までであるが，年齢によって使用する検査用紙が異なる（6 種類）。この検査では発達の状態を，身体発達や運動能力をみる「姿勢・運動」と認知能力や問題解決能力をみる「認知・適応」，言語理解や社会性をみる「言語・社会」の 3 領域で把握する。また，この検査では検査用紙に通過・不通過を記録することで個人の発達プロフィールが得られ，子どもの発達の遅速や偏りなどを視覚的に把握することができる。なお，本検査

の実施に関しては，京都国際社会福祉センターの講習を受けることが必須である。検査の解釈については，新版K式発達検査研究会（2008）などを参照してほしい。

■■■ 2. 知能検査

　知能検査とは，対象児あるいは対象者の知的学習能力や認知能力をとらえるための検査である。子どもの知能をアセスメントすることは，①その子どもの認知処理過程の特徴や知的発達水準を理解すること，②認知処理過程の特徴や知的発達水準から子どもに起こりうる困難を予測し，予防や支援に結びつけること，の2つの目的がある。知能検査の結果を活用するためには，前提として知能理論や認知心理学，教育心理学に関する知識が必要になる。教育現場では，知能検査は就学相談や特別支援教育の支援計画策定などで使用されることが多い。ここでは田中ビネー知能検査VとWISC-Ⅳ，KABC-Ⅱについて概説する。

(1) 田中ビネー知能検査V

　田中ビネー知能検査Vは幼児から成人までの知的側面の発達（一般知能）に関する個別式検査法である。対象年齢は2歳から成人までであり，1〜3歳級は各12問，4〜13歳級は各6問，成人級は17問の問題が難易度順に配置されている。また，1歳級の下に発達チェックという11項目が用意されており，1歳級の問題を実施して未発達な部分があると予測された対象者について発達の目安を簡便に確認できるようになっている。

　田中ビネー知能検査Vでは，基本的には知能を多側面でとらえるのではなく，知能を様々な能力の基礎となる心的能力を1つの総体（一般知能）としてとらえて測定している。2〜13歳までは精神年齢（MA: Mental Age）と生活年齢（CA: Chronological Age）から知能指数（IQ: Intelligence Quotient）を算出する。また，成人後は精神年齢の概念はあまり有用ではないという議論を受けて，14歳以降では偏差知能指数（DIQ: Deviation Intelligence Quotient）を算出する。さらに14歳以降では，一般知能だけでなく「結晶性領域」「流動性領域」「記

憶領域」「論理推論領域」という下位検査得点を算出することも可能である。

　この検査では各年齢の発達水準に基づく問題によって構成される「年齢尺度」が導入されているのが特徴であり，そのため検査の結果を年齢に基づく期待された発達水準に照らし合わせて，支援に活用することができる。なお，本検査の実施に関しては，田中教育研究所の講習を受けることが必須である。検査の解釈については，中村ら（2003）を参照してほしい。

(2)　WISC-Ⅳ

　WISC-Ⅳ（Wechsler Intelligence Scale for Children）は児童用の知能を測定する個別式検査法である。対象年齢は5歳から16歳11か月までであり，CHC理論（Cattell–Horn–Carroll theory）を踏まえた形で，この年齢の子どもの知能を多面的に測定する検査である。WISC-Ⅳは15の下位検査（10基本検査と5補助検査）から構成され，各検査の得点から，「全検査IQ」と「言語理解」「知覚推理」「ワーキングメモリ」「処理速度」の4つの指標得点を算出することができる。それぞれの測定内容については表4-2に示した。

　WISC-Ⅳの特徴は，検査結果を個人間差と個人内差の2つの観点から解釈することができることにある。個人間差の観点とは，同年齢集団における平均と，検査を受けた子どもとの間にどのような差があるかを明らかにすることである。一方，個人内差の観点とは，個人の得意不得意の特徴を明らかにすることである。検査結果の解釈は，①全検査IQの検討，②4つの指標得点の検討，③指標間の得点の差の検討，④下位検査における強い能力と弱い能力の評価，⑤下位検査の得点差，⑥下位検査のパターン評価の順で行う。特にこの③，④，⑤，⑥を行うことによって個人内差を検討することができ，それによって具体的な支援につなげることが可能である。なお，本検査の実施に関しては，日本文化社の講習を受けることが必須である。検査の解釈については，日本版WISC-Ⅳ刊行委員会（2010）を参照してほしい。

(3)　KABC-Ⅱ

　KABC-Ⅱ（Kaufman Assessment Battery for Children）は子ども用の認知

表 4-2 WISC-Ⅳにおける合成得点の解釈（大六，2019 を一部改変）

尺度名		主要な解釈
全検査 IQ（FSIQ）		全体的知的発達水準を示す。 境界域（70～79）より低い場合や，非常に高い場合は，知的発達水準に合わせた課題設定が必要。
指標得点	言語理解（VCI）	①言語の理解力および表現力の水準を示す。文法スキルやことばの流暢性などは得点に反映されにくい。 ②習得された知識や語彙力（ことばの概念）の水準を示す。日常生活や教育を通して身につく部分が大きく，それゆえ文化の影響が大きいと考えられている。
	知覚推理（PRI）	①流動性能力（非言語的な推理能力）の水準を示す。洞察力や基礎知識の応用力，直観的思考力などを含む。算数・数学の学力の基盤となることもある。 ②視覚認知の水準を示す。絵や図形の認知障害，視機能の問題などがあると低下する可能性がある。
	ワーキングメモリ（WMI）	①聴覚的ワーキングメモリの水準を示す。ワーキングメモリとは，課題遂行中や活動中に目標・目的を保持し，妨害等にあっても脱線せずにゴールに向かうための記憶力であるとともに，課題や活動が終わったらただちにリフレッシュされるものである。 ②音韻情報処理スキルの水準を示す。音韻情報処理スキルとは，ことばの音の側面をとらえる（音を正確に分析する）スキルであり，読み書きの基礎となる。
	処理速度（PSI）	①作業を手際よく速やかに進める力の水準を示す。 ②単調な反復作業において集中力や動機づけを安定して維持する力の水準を示す。多動衝動を示し，注意がそれやすい人では，この力が低いことが多い。 ③筆記スキルや視覚運動協応，視覚的短期記憶などの水準を示す。書字を苦手とする人は，この力が低いことが多い。

処理能力を測定する個別式検査法である。対象年齢は 2 歳 6 か月から 18 歳 11 か月までであり，ルリア（Luria, A. R.）の神経心理学の理論に基づいたカウフマンモデルまたは CHC 理論に基づいた CHC モデルによって，この年齢の子どもの認知処理能力を多面的に測定する検査である。

　KABC-Ⅱは 20 の下位検査（11 認知検査と 9 習得検査）から構成され，各

検査の得点から，カウフマンモデルでは「認知総合」および認知 4 尺度である「継時尺度」「同時尺度」「計画尺度」「学習尺度」と「習得総合」および習得 4 尺度である「語彙尺度」「算数尺度」「読み尺度」「書き尺度」の 10 個の尺度得点を算出することができる。また，CHC モデルでは，「CHC 総合」および「短期記憶」「視覚処理」「流動性推理」「長期貯蔵と検索」「結晶性知能」「量的知識」「読み書き」の 8 つの尺度得点を算出することができる。それぞれの測定内容については表 4-3 および表 4-4 に示した。

表 4-3　KABC- Ⅱ におけるカウフマンモデルによる標準得点の解釈（大六，2019 を一部改変）

尺度名		主要な解釈
認知尺度	認知総合	文化的知識の影響を受けにくい基礎的な認知能力の水準を示す。これは，言語や読み書き，数の学習の基礎となる能力であり，以下の 4 領域が含まれる。
	継時	視覚や聴覚を通して得られた情報を，時間軸に沿って順番にまとめ上げて処理する能力の水準を示す。作業手順について口頭で順を追って説明されるのを聞いたり，九九などを唱えながら暗記したり，テキストを音読したりする際に，この能力が必要になる。
	同時	視覚（や聴覚）を通して得られた断片的な情報をまとめ上げ，全体として統合的に処理する能力の水準を示す。ことばによる断片的な説明から全体像を思い浮かべたり，図形や地図などの全体像を認知したりする際に，この能力が必要となる。
	計画	時系列的あるいは空間的な文脈を読み取り，不足している情報を的確に補う能力の水準を示す。課題の解決法を模索する際に，この能力が必要となる。
	学習	物の名称（視覚刺激と音声刺激の対）を効率的に学習し保持する能力の水準を示す。実施される課題は名称の学習であるが，概念や解決法の学習とも関連すると考えられる。
習得尺度	習得総合	学校での学習の基礎となる語彙力，読み書き，計算スキルの水準を示す尺度で，以下の 4 領域が含まれる。
	語彙	表出語彙，理解語彙，およびそれらの概念の習得水準を示す。
	算数	算数の計算問題や文章題の習得水準を示す。
	読み	単語の音読，および短文の読解の習得水準を示す。
	書き	単語の書き取り，および短文の筆記の習得水準を示す。後者には若干の文法スキルや文構成スキルも含まれる。

表 4-4　KABC-Ⅱにおける CHC モデルによる標準得点の解釈（大六，2019 を一部改変）

尺度名	主要な解釈
CHC 総合	KABC-Ⅱ全体を1つにまとめた水準を示す。ウェクスラー式知能検査よりカバーする知能領域が多く，それゆえウェクスラー式知能検査で算出される全検査 IQ より IQ らしい尺度といえるかもしれない。
短期記憶	視覚や聴覚を通して得られた情報を一時的に保持し，必要な作業が終わったらその情報を消去する能力の水準を示す。ウェクスラー式知能検査のワーキングメモリと同様の能力を測定していると考えられる。
視覚処理	視覚刺激やパターンを知覚・認知し，必要に応じて心的回転する能力の水準を示す。ウェクスラー式知能検査における知覚推理の②の解釈と同様の能力を専門的に測定していると考えられる。
流動性推理	主として非言語的で新奇な問題を推理して解決する能力の水準を反映。応用力，洞察力，直観的思考力などにも関係する。ウェクスラー式知能検査の知覚推理の①の解釈と同様の能力を専門的に測定していると考えられる。
長期貯蔵と検索	学習した情報を保持し，必要に応じて検索する能力の水準を示す。
結晶性知能	語彙力や概念などの習得された言語的知識の水準を示す。ウェクスラー式知能検査における言語理解の②の解釈と同様の能力を測定してると考えられる。
量的知識	数学的知識および数学的推論の水準を示す。
読み書き	単語および文章の読み書き，および文法活用の水準を示す。

　KABC-Ⅱの特徴は，第一に，認知処理能力と習得度を分けて測定することができる点である。すなわち，認知処理能力とその能力を活用して獲得した知識や基礎学力を別個に測定することで，そのギャップを埋めるための具体的な支援につなげることが可能である。第二に，認知処理能力を継時処理と同時処理の2つの観点から把握することができる点である。それによって，子どもの認知処理特徴に即した指導（長所活用指導）（藤田ら，1998）が可能になる。

　検査結果の解釈は，まずカウフマンモデルで行ったあと，CHC モデルで行われる。カウフマンモデルでは，①認知総合と習得総合の個別および比較検討，②4認知尺度の個別および比較検討，③4習得尺度の個別および比較検討，④4認知尺度と4習得尺度の総合的な比較検討の順で行う。

　CHC モデルでは，① CHC 総合の検討，② CHC 総合以外の CHC7 尺度の検討，③ CHC7 尺度間の検討の順で行う。これによって WISC- Ⅳと同様に個人間差と個人内差を検討することができ，それによって具体的な支援につなげることが可能である。なお，本検査の実施に関しては，日本 K-ABC アセスメント学会の講習を受けることが必須である。検査の解釈については，日本版 KABC- Ⅱ制作委員会（2013）を参照してほしい。

■■■ 3．その他の心理検査

　先述の心理検査以外にも様々な心理検査が存在する。子どもの性格を把握するためには，人格（パーソナリティ）検査として，実のある木の絵を描いてもらうバウムテスト（樹木画テスト）や家と木と人の3つの課題を描いてもらう HTP（House-Tree-Person）法，意味を持たないインクのしみが描かれた10 枚の図版が何に見えるかを尋ねるロールシャッハ法，足し算を連続で行わせた結果である作業曲線から性格をみる内田クレペリン検査などがある。また，言語発達に関する心理検査として ITPA イリノイ式言語学習能力診断検査や PVT-R 絵画語い発達検査，視知覚機能に関する心理検査としてフロスティッグ視知覚発達検査，あるいは発達障害に関する心理検査として PEP-3，ADOS，Conners3，LDI-R などがあり，枚挙にいとまがない。

　これらのように複数の検査が開発されているのは，測定する内容が異なるためである。また測定する内容が同じであったとしても，各検査を作成する際のもとになっている理論や検査を作成する研究者の着眼点が異なるためである。一つひとつの検査は決して万能ではなく，それぞれの検査は固有の理論や着眼点に立って作成されたものであるということには留意されたい。

■■■ 4．テストバッテリー

　心理検査を用いたアセスメントには，テストバッテリー（test battery）という考え方がある。テストバッテリーとは，複数の心理検査を組み合わせ実施

することによって，各検査の欠点を補い，子どもを多面的にとらえることをいう。先述のとおり，心理検査はそれぞれ固有の理論や着眼点に沿って作成されたものであるため，複数の検査による多面的な子ども理解は確かに重要であろう。ただし，テストバッテリーは複数の検査を行うという意味でコストが非常に高い方法であることにも留意が必要である。

　学校現場で行われる子ども理解は，教員が主体である以上，他の業務との兼ね合いの中で行われるものであり，子どもに対して1つの心理検査を実施することすら難しい場合がほとんどであると考えられる。したがって，教師として重要なことは，スクールカウンセラーなどの心理専門職と相談し，何の目的のためにどの心理検査を用いるべきかを相談することである。全体的な発達の状態を知りたいのに知能検査を行うことは目的にふさわしくないであろうし，認知特徴を知りたいのに発達検査を行うこともまた目的にふさわしくない。それぞれの検査が何を測定しているのかを知ることで，適切な検査の選択に役立つと考えられる。

5　検査結果を活かすために

　心理検査の目的は，大きく2つの機能に大別することができる。それは，①判定的機能と，②支援提案的機能である。判定的機能とは，障害の診断や判断のための手段として心理検査を用いるということであり，支援提案的機能とは，良い支援を考えるための手段として心理検査を用いるということである。当然のことながら，医学的診断を行わない教育現場では，後者の機能が重要になる。したがって，心理検査の結果解釈は単にその子どもの状態を記述するだけではなく，その後の支援をも踏まえたものになっている必要がある。また，支援を考えるうえで，心理検査の結果は1つの判断材料にすぎないため，様々な情報を統合的に解釈する必要がある（図4-1）。

　検査の種類は様々存在するが，その結果を支援に活かすためには，検査が測定している内容が，子どもたちのどの側面に結びついているのかを理解するこ

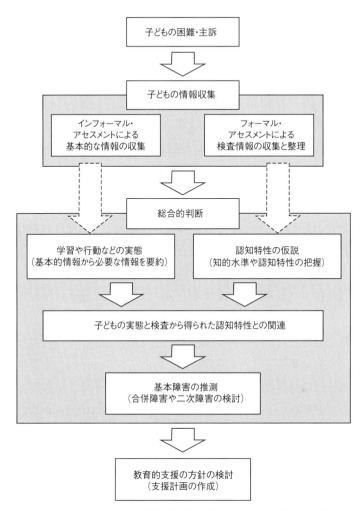

図 4-1　アセスメントの統合解釈の流れ（梅田・惠良，2018 を一部改変）

とが肝要である。検査の実施方法に習熟してもそれは子ども理解には決して結びつかない。例えば，「ワーキングメモリが弱い」ということは子どものどのような姿と結びついているのか，「視覚処理が強い」ということは子どものどのような姿と結びついているのか，そうした検査が測定している心理事象とそ

れが強いあるいは弱い子どもの姿を結びつけるように理解することによって，検査の活用が可能になる。したがって，心理検査の活用は教育心理学や発達心理学，認知心理学の理解が前提となる。

　そして，心理検査を受けた子どもの支援を考えるためには，専門職同士の連携が重要になる。すなわち，教員は教育の専門職として，巡回相談員やスクールカウンセラーは心理の専門職として，それぞれ連携・協働しつつ，子どもの支援計画を考えていく必要がある。なお，連携の際には個人情報の保護に留意する必要がある。検査結果は極めてプライバシーの高い情報であるため，専門職同士の連携においては，個人情報の保護に関して共通認識を持つことが求められる。教員が必ずしもすべてを行える必要はない。それぞれの専門性を活かして，子ども支援を考えることが今後の学校現場では必要不可欠なことである。

　ただし，心理検査は1つの判断材料にすぎない以上，教育現場において，心理検査の実施にこだわりすぎる必要もない。心理検査は確かに子ども理解の有用なツールの1つであり，実施することによるメリットもあるが，教育現場での実施が難しい場合には，面接や観察といったインフォーマル・アセスメントを活用して子ども理解を行うことが可能である。ただし，そのような場合であっても，心理検査の測定課題に精通することは子ども理解を深めるうえで極めて重要である。なぜなら，心理検査の測定課題は心理学の研究者が観察したい子どもの行動を人工的につくり出すものであるためである。すなわち，心理検査の中で行われる課題は心理学の研究者たちが精選した子どもをみるポイントそのものであり，測定課題に精通することによって，子どもの何をどのようにみればよいのかという視点を得ることができるのである。先述したように教師が心理検査を実施する機会はそれほど多くないかもしれないが，心理検査の測定課題を学ぶことは，インフォーマル・アセスメントをする際の教師としての資質能力の向上に大きく役立つと考えられる。

第5章

カウンセリングの基本技法
カウンセリングマインド，傾聴，受容，共感などについて

1 子どもの相談行動の背景にある思考や感情

■■■ 1. 子どもの主体的な思いに気づく

　以下に示す WORK ①は，相談者が被相談者に「相談する」または「話しかける」という行動の背景には，被相談者に対する相談者のどのような考えや感情があるかについて考える課題である。なお，本章ではこれ以降，学校での教育相談場面を想定し，相談者を「子ども」，被相談者を「先生」と表記する。

> **WORK ①**
>
> 子どもが先生に「相談する」という行動の背景には，どのような考えや感情があるでしょうか。また，「話しかける」という行動についてはどうでしょうか。思いついたものをそのままに，できるだけたくさんあげてください。

　この WORK ①の，「相談する」と「話しかける」の，それぞれの回答例を以下に示す。

■「相談する」への回答例
　　・困っていることを解決したい
　　・不安などの感情を何とかしたい

・話したいことがある・整理したい
・先生の意見が知りたい・考えたい
・アドバイスがほしい・認めてほしい
・聴いてほしい・わかってほしい
・楽になりたい・何とかしてほしい

■「話しかける」への回答例
・話したい・先生のことが知りたい
・仲良くなりたい・雰囲気を変えたい
・伝えたいことがある・手伝ってほしい
・聞いてほしい・わかってほしい
・誘いたい・誘ってほしい
・先生のことが心配・気になる
・褒められたい・遊びたい

　回答例に示したように「相談する」行動と「話しかける」行動の背景に共通する思考や感情として，「〜したい」や「〜してほしい」という，子どもが先生に期待する思いがあることがわかる。一方で「相談する」と「話しかける」では子どもが先生に期待する内容が異なっていることもわかる。いずれにせよ子どもには，「今」「この先生に」「このことについて」話したくなって主体的に行動している。しかし，先生にとって，子どもからの話の内容が「相談」なのか「話しかけた」程度なのかはわかりにくい。そして，先生が「子どもから相談相手として自分が選ばれており，自分に話すことを通して子どもから何かを期待されている」という意識を持つことは少ない。相談においてはこのような子どもと先生の意識の差が生まれるほうがむしろ自然である。そして，この意識の差がコミュニケーションのずれとなって相談を妨げる要因となることがある。したがって，まずは先生が「わけがあって相談したくなっている」「話したくなっている」子どもの気持ちに気づくことが求められる。

■■■ 2. 子どもの「話したくなっている」思いに寄り添う

　WORK ①の回答例に示したように，「相談する」や「話しかける」という行動の背景には様々な理由があると考えられる。このため，例えば子どもが「相談する」つもりで話したことについて，先生が「たまたま話しかけてきただけだろう」「それほど深刻な相談ではないだろう」と受け止めてしまうと，子どもの思いを理解できなかったり，子どもの中に隠された訴えや期待に気づくことができなかったりすることがある。そしてこの場合，子どもが「わかってもらえない」「せっかく相談したのに」「もうこの先生には相談したくない」と感じてお互いの関係に影響することもありうる。またこれとは逆に，子どもとしては「話しかける」つもりで，例えば愚痴などのように，ただ聞いてもらえればよい程度のことを話しているのに，先生が深刻な相談と勘違いして真剣に聴いて解決しようとすると，子どもは「そんなつもりではない」「何かしてほしいわけではない」と感じて，戸惑ってしまうこともありうる。

　したがって，先生は話の内容に耳を傾けつつも，話の内容よりは「子どもが今，ここで，自分に，話してきた理由は何か」「子どもの様子にいつもと異なる様子はあるか」など，子どもが今ここで「相談している」「話している」という行為そのものに注意を向けて考えてみることが大切になる。そしてこれが，子どもに寄り添い，子どもを思いやって話を聴くための第一歩になる。このように，先生が子どもの行動の背景にある思考や感情について多くの可能性を想像しながら話を聴いていくことで，子どもの思いに沿った聴き方になると考えられる。

■■■ 3. 教育相談での子どもの本音の引き出し方

　子どもから先生への相談の中には「深刻な相談をしようかどうか迷っている」「この先生に相談しても大丈夫かどうか確認したい」などの思いから，先生に「ちょっとした相談をする」場合もある。この場合，先生が「たいした相談ではない」と軽く聞き流してしまうこともありうるが，この聴き方では子どもの

本音を引き出すことは難しい。このような「ちょっとした相談」「ちょっとした思い」を受け止めてもらえることで，本当に相談したいことを話したくなる子どももいるのである。

　ふだん先生に話しかけることが少ない子どもが先生に話しかけるとき，子どもには先生に何をどこまで話すかについてのためらいがある。まだ本音を出せていない「話しかける」という相談の入り口で，子どもは本音を出しても大丈夫か考えている。例えるなら，体験したことがないテーマパークに入るかどうか子どもが迷っているような状態である。この入り口で先生が先生ではなくテーマパークの人のような「おもてなし」に配慮することで，子どもはテーマパークの中に入ってみたくなり，日常では表現できない本音が話しやすくなる。そして，テーマパークの中で子どもが自由に遊び，自由に表現するとき，先生が子どもに対して「きちんとしなさい」とは言わないであろう。このように日常と離れた限られた時間と空間の中でこそ，先生も先生の役割から解放される。先生ではなくテーマパークの人として子どもに会うことで，先生は子どもが話す様子を自然と微笑ましく見守っていられるようになり，子どもは本音で話しやすくなるのである。

　なお，子どもから主体的に相談する可能性は低いが，相談につなぐための配慮が必要となる事例を以下に示す。

・親や友達は困っているが，本人は困っていない。
・どうにかしようと思えるほどの元気がない。
・学校以外のことで困っていて，学校の先生に相談しようとは思えない。
・どうにもならないと思い込んで，あきらめている。
・相談につながってしまうと困る。隠したいことがある（虐待などの疑い）。

　これらの事例のような場合には子どもの「今最も切実なニーズ」をとらえて，この思いを満たすように関わることで，子どもの相談意欲が高まっていく。

2　相談の背景にある「問題」をとらえる

■■■■ 1．誰にとっての問題かについて考える

　次に示す WORK ②は，相談場面で子どもが話す内容のうち，先生がどのようなイメージを拾い，話を聴いていくかについて考える課題である。

WORK ②

以下の事例を読んで，「問題」と感じることをたくさんあげてください。

そして，あなたがこの相談を受けた場合に，どの「問題」から話すことが望ましいか考えてみてください。

【事例：中学 2 年生女子 A】

　なんか最近 B さん（同学年，隣のクラスの女子）が変なんです。1 年のときは同じクラスだったし，学校の行き帰りもずっといっしょで仲が良かったんです。でも，2 年になって違うクラスになって，B さんは他に友達ができたみたいで，あまり私と話さなくなっていって……。ちょっと前，B さんが話しているところに私が B さんと話そうと思って行くと，いやそうな顔をされたんです。それ以来なんか気まずくて，いっしょに帰ることもなくなって。私は何も悪いことをしていないのに，なんか B さんとうまくいかないんです。そう思っていたら，先週 B さんから「遊びに行こう」って誘われて，そのときは嬉しくて，楽しく遊べてよかったのに，今日学校に来たら B さんはいつもの調子で，そっけなくて。なんかもう，B さんのことがよくわからなくて。今まで，ずっと B さんのために他の子からの遊びの誘いを断ったりしてきたのに，もう B さんを見るだけでイライラしたりして，いやなんです。

　WORK ②について，次の例のように相談の中には大きく分けて 3 つの視点からの問題が指摘できる。

■相談を受けた先生が感じるＡさんの問題（例）
　・Ａさんの思い込みが強い。自己中心的。
　・ＡさんがＢさんを独占したい気持ちが強い。
　・ＡさんのＢさんへの思いやりが足りない。

■相談したＡさんが感じている問題（例）
　・Ｂさんとうまくいかなくなった。
　・Ｂさんと仲良くしたいけどできない。
　・Ｂさんのことがわからない。イライラする。

■Ａさんに関係する人の問題（例）
　・ＢさんがＡさんにいやそうな顔をすることがある。
　・ＢさんがＡさんに対してそっけない態度をとる。

　このように，相談には立場が異なる人のいろいろな「問題」が混在する。何が重要な問題なのかは立場によって異なるが，相談において重要なことは，まず「相談したＡさんが感じている問題」つまり子どもにとっての問題を話題として取り上げ，話を聴くことである。
　「相談を受けた先生が感じるＡさんの問題」の例で示したように，先生が日々の生活の中で子どもの話を聴くとき，ほとんど自動的に子どもを評価し，子どもの問題を感じ取っている。そして先生が感じた「子どもの問題点」について子どもに伝えたくなることがある。もし先生がＡさんに対して「Ａさんは思い込みが強いと思うよ」あるいは「Ａさんには自己中心的なところがあるんじゃないかな」と伝えたとするとＡさんはどう感じるだろうか。子どもは「自分が感じている問題」を一人では解決できない気持ちがあって，それでも何とかしようとして，自分の抱える問題を軽くしようとして，主体的に相談する。もし相談した先生から「自分が今感じている問題」以外の問題について伝えられたらどうだろう。「そうじゃない」「わかってもらえなかった」「問題を増やされた」と子どもが感じることもあると考えられる。このように，相談において

先生が感じた「問題」を子どもに伝えることは「わかってもらえなかった」「問題を増やされた」体験になり，子どもが問題に取り組む意欲を失うことがあるため注意が必要となる。

■■■ 2．子どもの思いをくみ取って相談意欲を引き出す

　相談を受けた先生が感じた問題はひとまず置いておき，まずは子どもが感じている問題を先生が受け止めることが重要である。そうすることで子どもは「相談したくなった自分の気持ちをわかってもらえた」と感じ，自分の問題に取り組む意欲が増していく。また，この相談を通して先生との信頼関係がより深まっていく。そしてこの問題が一段落したあとで先生の感じた「問題」をタイミングよく提示すると，すでに1つの問題から解放されている子どもに，新たに提示された問題もいっしょに抱えていけそうな見通しが生まれる。つまり，新たな問題解決のための意欲が生じるのである。

■■■ 3．関係者との連携が必要な問題

　先生が気づいた問題のうち，家族や医師，スクールカウンセラーなど他の関係者との連携が必要な問題についてはあらかじめ子どもに相談内容の選択肢の1つとして提示する必要がある。この場合，この問題がまず相談すべき大切なことであることについて先生から子どもに丁寧に説明しなければならない。場合によっては先生が子どもを説得し，子どもが問題を一人で抱え込まないように関係者につなぐ配慮も求められる。

　教育相談で問題として取り上げる必要がある「連携が必要な問題」は次のようなものがある。

・心や身体の健康に関すること（食欲や睡眠の不調など）
・自分や他人を傷つける恐れのあること（自傷行為や暴力行為など）
・法や人権に触れること（いじめ問題や虐待，非行の可能性など）

■■■ 4.「連携が必要な問題」を取り上げる

　次に示す WORK ③は，相談場面で子どもが話す内容のうち，「連携が必要な問題」は何か，そして子どもに確認する必要があることは何かについて考える課題である。

┌─ **WORK ③** ─

以下の事例を読んで，「連携が必要な問題」と感じることをあげてください。そして本人に確認する必要があることは何か，考えてください。

【事例：高校 2 年生女子 C】

　部活の先輩からいろいろないやがらせを受けて困っているんです。本当に些細なミスでもみんなに聞こえるような声で叱られるし，練習中にちょっと隣の人と話しただけで「怠けるな」と言われるし。私にだけひどくあたっているようにしか思えないんです。最近は部活に行くことを考えると憂うつで，夜も先輩に怒られたことを思い出してしまって，なかなか眠れないこともあります。部活を辞めることも考えたのですが，仲の良い友人もいるので，辞められずにいます。
　……あの，先輩が私につらくあたるのは，たぶん私のせいなんです。部活を始めた頃，先輩は私にとても優しくしてくれていて，私も先輩に頼っていた部分もあったんです。それでうまくいっていたし，何も問題なかったんです。それが，1 か月前くらいに先輩にカラオケに誘われたのですが，ちょっとしたことから言い合いになって，先輩が私にからんできたので，びっくりして，自分でもよくわからなくなって，先輩をそのままにして急いで帰ったんです。それ以来なんです，先輩が私につらくあたるようになったのは。だから，私が悪いんです。先輩にお詫びに行こうと何度も思ったんですが，まだ話せずにいます……。

　WORK ③について，C さんが感じている問題は「先輩からのいやがらせを受けて困っている」「部活を辞めたいが，辞められない」「私が悪い」「先輩にお詫びしたいが，話せない」などである。そして，これ以外に相談を受けた先

生が指摘する必要がある「連携が必要な問題」と「確認する必要があること」
については次のとおりである。

■連携が必要な問題（例）
　・心や身体の健康
　・いじめ問題の可能性
　・被害体験があった可能性（性暴力被害の可能性を含む）
　・相談の秘密について

■Ｃさんに確認する必要があること（例）
　・憂うつな気分の程度について
　・なかなか眠れないことについて
　・先輩のいやがらせの内容や周囲の人の様子と対応について
　・先輩が「からんできた」内容について
　・先輩の性別について
　・自分以外に誰に相談したかについて

　このＣさんの相談において，相談を受けた先生はＣさんの被害体験の存在
と程度について「性暴力被害の可能性も含めて，まさかはありうる」という視
点も持って話を聴いていく必要がある。なぜなら多くの場合，被害の程度が深
刻であればあるほど，被害の内容について被害者から自主的に直接的な言葉で
語られることはないからである。Ｃさんは「先輩がからんできた」と話してい
るが，もしかしたら「からんできた」という表現は，今Ｃさんにできる精一
杯の表現であったのかもしれない。そしてこの段階で先生は「どのような先輩
が，どのような感じでからんできたか」は，まだわかっていない。このため，
ここで先生が「からんできた程度か」とわかったつもりになって受け止めてし
まうと，この点について丁寧に聴こうとする姿勢が生まれず，Ｃさんが本当に
話したい体験について話しにくい状況を生んでしまうことにつながる可能性も
ある。したがって，Ｃさんが「からまれた」内容について語りやすくなるよう，

先生が「その日に何があったんだろうか」「Cさんが話したいことは何だろうか」「もっとCさんの話を聴きたい」と肯定的な関心を持って聴くことが求められる。

3 子どもの言葉の背景にある心の中のイメージ

■■■ 1. 肯定的な関心を持ち続けて聴く

Cさんの相談例では，「部活の先輩」が実際には男性なのか女性なのか，まだわかっていないのであるが,先生が部活の先輩のことを「男性」あるいは「女性」と思い込んでしまった場合について考えてみよう。もし，先生の思い込みが事実と異なっていたならば，先生のCさんの話の理解や受け止め方に影響が出ることになる。このように，先生が子どもの話したことについて子どもの言葉の背景にある心の中のイメージを確認しようとせずに「わかったつもり」になると，子どもの言葉の背景に注意が向かなくなり，話を聴く態度に影響する。その結果，子どもとしては自分の話したいことを先生にわかってもらえている感じがないままになり，話す意欲が低下することもあると考えられる。

■■■ 2. 心の中のイメージに関心を持つ

Cさんの相談例で「先輩がからんできた」という言葉の表現がある。Cさんには「先輩がからんできた」体験があって，この体験のイメージをCさんは「からんできた」という一言で表現している。しかし「からんできた」というCさんの言葉はCさんが体験した豊富なイメージのほんの一部分にすぎない。そしてCさんが相談でわかってほしいことは「からんできた」という言葉ではなく，言葉の背景にある体験のイメージとイメージに関連する気持ちである。

ここで先生がCさんの言葉を聴いたとき，先生は「からんできた」という言葉から自分のイメージを膨らませてCさんの言葉を受け止める。しかし，ここで先生が想像した「からんできた」イメージは，Cさんの体験のイメージ

とは異なるほうが自然である。そしてこの状態が，先生が子どもの話を「わかったつもりになっている」「まだ何もわかっていない」状態であり，このまま相談を進めると子どもが「わかってもらえなかった」と感じる可能性が生じる。

　したがって子どもが言葉にして表現したことの背景にどのような体験のイメージがあり，どのような気持ちになっているのかについて先生が関心を持つことが望ましい。子どもの言葉を受容するためには，先生が「まだわかっていないと感じるのでもっと聴きたい」という態度を示すことが必要である。

■■■ 3．心の動きに関心を持つ

　Cさんの相談例で「先輩が私にからんできた」と話したCさんの気持ちを考えてみよう。Cさんにとっては「からんできた」というイメージの内容についてわかってほしい気持ちがあることはもちろんであるが，これに加えて「このことを今ここで先生に話したくなっている」「話したくなっている気持ちについてもわかってほしい」気持ちもあることが想像できる。このように子どもが自主的に話していることについては話の内容だけではなく「そのことについて，今ここで話したくなっている」子どもの思いも含めて聴いていくことが望ましい。子どもの話を聴いたあとで，先生が「そういう体験があって，今そういう気持ちになっているので，今ここで先生に話したくなっているのね」ということを素直に子どもに伝えたくなるような話の聴き方が大切である。

4　傾聴における基本的技法と言葉の技術

■■■ 1．傾聴における基本的技法

　傾聴とは真摯な姿勢で相手の話を聴き，相手が話すことを促進するために必要なコミュニケーションのあり方である。傾聴には「ただひたすら聴こうとする」態度に加え，以下の基本的技法が含まれる。

❶ 簡単受容

自分が相手の話を受け止めていることを相手に伝える技法。

例：先生が「なるほど」「そうなんだね」と子どもの話すリズムに合わせる。

❷ 内容の再陳述

相手が話した内容をくり返して述べる技法。

例：子どもが「こういうことがあったんです」と話したあとで，先生から「そういうことがあったんだね」と応答する。

❸ 感情の反射

相手が話した感情をそのまま伝え返す技法。

例：子どもが「楽しかった」と話したあとで，先生から「楽しかったね」と伝え返す。

❹ 感情の明確化

相手の気持ちや葛藤に触れ，言葉にして伝え返す技法。

例：子どもの話を聴いたあとで，先生から「そういうときに，その人にそうされると，そんな気持ちにもなるよね」と言葉にして伝える。

❺ 要約

相手の話を要約して伝え返し，相手の話を理解していることを伝える技法。

例：先生から「つまり，こういうことがあったということかな」と子どもの話をまとめて伝える。

❻ 質問

相手の話を聴くために必要な情報を得るための質問をすること。

例：まとまらないままに子どもの話を聴いたあとで，「さっきの話なんだけど，そのときにいっしょにいた人は誰かな」など，子どもが話した内容の情景が浮かんでくるために必要な質問をする。

❼ 関わり行動（姿勢・視線・表情）

今この瞬間も，自分が相手の話を聴いているということを相手に伝えるための態度や雰囲気。

例：うなずきながら聞く。ほどよく視線を合わせる。話題に応じて自然に表情を変える。

　ただし，これらの傾聴における基本的技法は，「技法」として活用していればよいというものではない。例えば，自分が「つらかった」という話をして相手から「つらかったね」と伝え返されたとき，「わかってもらえた」とあたたかく感じることもあれば，「本当にわかっているのか」と冷たく感じることもあるであろう。これらの技法は，このあとに示す「カウンセリングマインド」を実践するための方法として相談場面で自然に現れてくるものであることが重要である。言い換えれば，カウンセリングマインドを実践しようとして相手の話を聴きながら，「ふと」これらの技法を活用している自分に気づく状態であれば，相談はお互いにとってかけがえのない体験になっているといってよいであろう。

■■■■ 2. 教育相談場面での言葉の技術

　実際の教育相談において先生として子どもの相談にどのように応答するかについては，お互いの関係性や個性によっても望ましい応答は異なる。ここでは，先に示した傾聴における基本的技法を踏まえ，WORK ②【事例：中学 2 年生女子 A】を例にして，A の話を聴いたあとの先生の応答例を，いくつかの視点をあげて紹介する。

■子どもの気持ちや葛藤に触れ，子どもの気持ちに寄り添う応答
　例：「B さんにそういうふうにされると，イライラするよね」

■出来事の事実関係を確認してお互いに情報を整理するための応答
　例：「B さんと遊んだ日のことについて，話してもらえるかな」

■子どもの考えを引き出し，考えてもらうための応答
　例：「最近 B さんが変だなとあなたが思う理由は何かな」
　　　「B さんを見ると，どういうことを考えて，いやな気持ちになるのかな」

■先生の考えや解釈を伝える応答
　　例：「Bさんは，いつもAさんにそっけなくしているのではないと思うんだ
　　　　けど，どうかな」

■先生の「そのとき」「その場」での感想や感情を伝える応答
　　例：「話を聴いて，AさんはBさんともっと仲良くなりたいんだろうな，と
　　　　感じました」

■もっと話すようにうながす応答
　　例：うなずき，微笑みながら聴く。「そういう気持ちを話したいんだよね」

■相談内容についての状況確認
　　例：「このことについて，他の人に話してみたことはありますか」

■子どもが次に話す内容を自由に選べる応答
　　例：「最近，いろいろあったんだね」

　このように，いろいろな視点からの応答が考えられる。相談の実際場面では
子どもの話を聴きながらいくつかの応答を考えて，この中から今どのように応
答するか，言葉と応答を選んでいく必要性が生じる。なお相談の初期において
は，「子どもの気持ちや葛藤に触れ，子どもの気持ちに寄り添う応答」を念頭
に置くことが望ましい。

5　クライエント中心療法におけるカウンセリング理論

　クライエント中心療法におけるカウンセリングとは，「あなたと私という2
人の出会いによって促進されるパーソナリティ変化のプロセス」であるとされ
る。クライエント中心療法では，クライエントの訴えに関して，クライエント

の心の中にある原因や問題を積極的に取り上げることはしない。むしろ，クライエントを「自らの課題について自分なりの解決方法を模索しようとする主体，変化しようとする主体，自己実現しようとする主体」ととらえ，クライエントの変化のプロセスにカウンセラーがどのように寄り添うかを重視する。

　クライエントは理想と現実のギャップなど，葛藤や不一致感を抱え，自信を失った状態にある。そして，この不一致感を何とかしようと自ら相談に訪れる。クライエント中心療法の援助の目標とは，この不一致感をカウンセラーがなんとかするのではなく，クライエントがなんとかする姿勢を応援することにある。カウンセリングのプロセスを通して，クライエントにとっての課題はクライエントのものとして解決しないままに存在している。自信を失い，問題に取り組む意欲を失っているクライエントが，自信を持って自らの課題に取り組んでいきたいと話し始めるとき，クライエントはこの課題についての不一致感を乗り越えて「これでよい」と自己一致している。このようにして，クライエント中心療法のカウンセリングは終結に向かっていくのである。

6　カウンセリングマインド

　これまでの WORK ①から WORK ③を踏まえ，カウンセリングマインドについて整理してみよう。カウンセリングマインドとは，カウンセリングという方法で話を聴こうとする人が持つべき態度，考え，心構え，とされており，一般に「傾聴」「寄り添う」「受容」「共感」などと表現されることが多い。そしてこれらの具体例として本章では「相談行動の背景にある思いをくみ取ること」「まず子どもにとっての問題について話すこと」「子どもの言葉の背景にある心の中のイメージに関心を持つこと」「今ここで話したくなっている心の動きに関心を持つこと」などを例として示した。

　そもそもカウンセリングにおいて，話を聴くカウンセラーの態度について述べたのはロジャーズ（Rogers, C. R.）が最初である。ロジャーズはカウンセリングの方法としてクライエント中心療法を提唱し，「パーソナリティ変化の必

要にして十分な条件」として，クライエント（来談者）に建設的なパーソナリティ変化をもたらすために必要な6つの条件について次のように述べている（Rogers, 1957）。

① 2人の人間が心理的な接触を持っていること。
② クライエントは不一致の状態にあり，傷つきやすい，あるいは不安の状態にあること。
③ カウンセラーはこの関係の中で一致しており，統合されていること。
④ カウンセラーはクライエントに対して無条件の肯定的関心を経験していること。
⑤ カウンセラーはクライエントの内部的照合枠に感情移入的な理解を経験しており，そしてこの経験をクライエントに伝達するように努めていること。
⑥ カウンセラーの感情移入的理解と無条件の肯定的配慮をクライエントに伝達するということが，最低限に達成されていること。

これらの条件がある期間継続することで，クライエントに建設的なパーソナリティの変化が現れる。以下に，これらの条件について概説する。

(1) 2人の人間が心理的な接触を持っていること

子どもと先生が，お互いにとって負担がない程度にほどよく心を開いて会うことが必要ということである。このためにはお互いが信頼関係にあることが望ましいが，相談当初から十分な信頼関係があるかどうかはわからない。まずは「相談行動の背景にある思いをくみ取ること」「まず子どもにとっての問題について話すこと」などの配慮により，子どもの相談意欲を維持向上しながら，相談の中で信頼関係を育てていくことが重要である。

特に，子どもが他者に連れてこられた場合など自主的な相談でない場合には，子どもは「心理的な接触」を望んではいないと思われる。この場合，子どもが心を開いては話したくない気持ちになっていることも含めて先生が受け止め，まずは無理に子どもの心に触れようとはしない姿勢で関わることも必要になる。

(2)　クライエントは不一致の状態にあり，傷つきやすい，あるいは不安の状態にあること

　ロジャーズは，クライエントは心理的な不一致感から傷つきやすく不安になっている状態にあるとしている。「不一致」とは，例えば「こうありたいという理想と，現実の経験や体験との差異」「こうしたいという欲求と，こうあるべきという理性の葛藤」「わかってほしい相手にわかってもらえていない状態」など，何らかのズレが知覚されている状態のことである。このような不一致の状態のとき，私たちには「今この場で簡単には受け止めきれない現実がある」ように感じられる。つまり，不一致とは自分が体験したことや自分自身に感じられた何かが，今の自分には「受容できない」と感じられている状態のことであるといえる。そしてこの状態では傷つきやすさや不安を抱えることになることが多いため，この不安定な心理状態を何とかしたいという思いから，自主的に相談することもある。子どもに自分一人では受容しにくい体験や思いがあるとき，これを受容してほしいと感じて子どもは先生に相談するのである。

(3)　カウンセラーはこの関係の中で一致しており，統合されていること

　ロジャーズは，心理的な不一致状態にあるクライエントと会うカウンセラーには一致した状態である「自己一致」が必要であるとしている。相談する子どもには不一致による不安があるが，この不安を受け止める先生にも不一致による不安がある場合には相談による建設的な変化が生まれにくい。例えば，子どもから家族関係の相談があったとき，先生も家族関係に不安や葛藤を抱えている場合には，この相談をこのままの状態で聴くことは望ましくないということになる。まずは先生が安心して子どもの話を聴いていけるよう，学び，経験を積み，先生自身も必要に応じて守秘義務に配慮しながら信頼できる人に相談することが必要である。また，先生が安心して受け止めきれない相談内容については，状況に応じて子どもに保護者やスクールカウンセラーにも相談するようにうながすことも求められる。

　なお，先生に自己一致が求められるのは，あくまで「この関係の中で」である。先生に自己一致が必要とされるのは相談場面だけであり，生活全般にわたって

常に「自己一致している人」になる必要はないとされている。

(4) カウンセラーはクライエントに対して**無条件の肯定的関心を経験している**こと

　相談で重要とされる「傾聴」や「受容」は，この「無条件の肯定的関心」から引き出されるカウンセラーの聴く態度である場合に効果的になると考えられる。ロジャーズによると「無条件の肯定的関心」とは「クライエントの体験のすべての側面を，そのクライエントの一部としてあたたかく受容していること」「クライエントに自分自身の感情を持ち，自分自身の体験を持つように許すこと」とされている。一般に私たちが他者に対して向ける肯定的関心は「条件つき」である。先生が子どもに向ける関心は，子どもが先生の期待に沿う場合にだけ肯定的になりがちであるし，このほうがむしろ自然であろう。とはいえ相談場面においては，無条件に「あなたはあなたのままでよい」「どの話もこの子どもにとってかけがえのない人生の物語」と子どもへの肯定的な関心を維持しながら先生が話を聴くことが必要であるとされている。

　しかし，現実問題として「無条件の肯定的関心」を完璧に実現することはできない。例えば子どもの相談内容に自分や他人を傷つけ，あるいは法や人権に触れる内容が含まれる場合，この内容を無条件の肯定的関心を持って聴き，受容することは必ずしも子どもや関係者のためにならない。したがって，実際には先生が「無条件の肯定的関心」を持って子どもの話を聴く機会を多くしていく配慮によって，相談はより実りあるものになっていくと考えられる。

(5) カウンセラーはクライエントの内部的照合枠に**感情移入的な理解を経験しており，そしてこの経験をクライエントに伝達するように努めている**こと

　この条件は，先生が子どもの話を聴いて「あなたのような人が，あなたが話したようなことを体験したとき，今あなたが話したように感じることはとても自然なことであり，無理もないことだ」と感じて，そのまま子どもに伝えようとすること，つまり先生が子どもに「共感」していることを伝えることの必要性を述べている。さらに言えば，先生が子どもに共感しつつも，先に述べたよ

うに先生として自己一致していることも必要となる。子どもの不安に共感しつつも，先生は自己一致して安心を保てており，子どもの不安に感情的に巻き込まれていないことが必要である。

(6) カウンセラーの**感情移入的理解**と**無条件の肯定的配慮**をクライエントに伝達するということが，**最低限に達成されていること**

この条件は，先生が子どもを「受容・共感」していることよりも，子どもが先生に「受容・共感」されていると感じられていることが大切である，ということを示している。先生が子どものことについて「わかった」と感じたとしても，このことが子どもと共有されなければ子どもは「まだわかってもらえていない」と感じるであろう。子どもの建設的な変化に必要なことは「わかろうとしてくれて，わかってもらえている」と感じられていることなのである。したがって，話を聴いた先生が自分だけで「わかったつもり」にならないよう，先生が考えたこと感じたことについて「話を聴いて先生はこのように感じたのだが，どうだろうか」と子どもに伝え，子どもの確認を得るようにする姿勢が必要になる。

最後に示す WORK ④は，相談場面で生じる自己不一致と自己一致についての理解を深めるための課題である。

WORK ④

楽しみにしていた休日，朝起きると雨が降っている。この様子を見てＰさんは「雨が降っているね」，Ｑさんは「雨が上がらないかな」と言った。このとき，ＰさんとＱさんにとって「雨降り」がどのように異なって体験されているかについて考えてみてください。

■ WORK ④の解説

Ｐさんは雨が降っている様子を見て，心の中にも雨が降っているイメージがあり，受け止めた雨の景色をそのままに「雨が降っているね」と表現している。一方Ｑさんは「雨が上がらないかな」と現実とは異なることを表現しており，

Qさんの心の中には「晴れが前提の楽しみだったイメージ」があることがわかる。つまり，Pさんにとって心に感じられているイメージと現実の体験は一致しているが，Qさんにとっては心に感じられているイメージと現実の体験に不一致があることが想像できる。このPさんのように，現実の景色と心の景色が一致している状態が「ありのままを見て，ありのままに受容する」自己一致の状態である。この関係の中で自己一致しているPさんが，Qさんの「楽しみにしていたイメージ」を受容・共感するように聴いていくことで，Qさんも「雨が降っているね」とありのままの現実を受容するように変わっていくと考えられる。

　教育相談において，子どもに建設的なパーソナリティ変化をもたらすために必要な6つの条件については，これまでに概説した通りである。そしてロジャーズは「これらの条件がある期間継続することで，クライエントに建設的なパーソナリティの変化が現れる」としている。一般に親や先生は子どもに関わったあとに，すぐに子どもの成長を期待してしまい，ゆっくりとは待てない気持ちになることが多いものである。しかしロジャーズも指摘している通り，子どもの成長には「ある期間継続」しての関わりが必要である。教育相談のあとには先生が子どもの成長を信じて待つこと，子どもの日々の営みを肯定的に「見守る」時間が必要である。

　このように，親や先生から子どもへの肯定的な「見守り」は，子どもに建設的なパーソナリティ変化をもたらすために必要な「7つ目の条件」であるとも考えられる。

第 6 章

幼児期・児童期の発達課題に応じた教育相談

1　はじめに

■■■ 1．幼児期と児童期の教育

　2019 年 10 月から幼児教育・保育の無償化が始まった。無償化の対象は，0
〜 2 歳児の住民税非課税世帯の子ども，3 〜 5 歳児の幼稚園，保育所，認定こ
ども園などの子どもである（文部科学省，2018b）。その背景には，海外の幼
児教育の効果が，犯罪の抑制や所得の増大につながるなど，社会全体に及ぼ
すことが明らかになったからである（文部科学省，2009）。例えば，ヘックマ
ン（Heckman, 2013）は，ペリー就学前プロジェクトにおいて，幼児を対象に，
自発性を大切にした活動を重視し，遊びを実践し，ソーシャルスキルの学習を
行った。40 歳までの追跡調査の結果，教育的効果や経済的効果などによい影
響を与えることが明らかにされたのである。
　幼児期と児童期の教育は，教育の方法や目標など，多くの点で異なる（表
6-1）。幼児教育は，幼稚園教育要領解説（文部科学省，2018a）や幼保連携型
認定こども園教育・保育要領解説（内閣府・文部科学省・厚生労働省，2018）
によると，教師による幼児期の発達に即した援助によって，環境との相互作用
の中で，遊びや生活を通して，人格の形成を図る営みであるとされる。これは，
生徒指導提要（詳細については第 1 章を参照のこと）の「児童生徒それぞれの
発達に即して，好ましい人間関係を育て，生活によく適応させ，自己理解を深

表 6-1　幼児期の教育と児童期の教育の違い（高知県教育委員会，2018 より）

	保育所・幼稚園等	小学校
教育の方法	間接教育 ・環境を通して行う「遊び」による総合的な指導	直接教育 ・教科等の学習を中心とした指導
ねらい・目標	方向目標 ・心情 ・意欲 ・態度 ⎫3観点で育てたい子どもの姿の方向を示す	到達目標 ・知識・理解 ・技能 ・思考力・判断力・表現力 ・関心・意欲・態度 ⎫4観点で到達度を示す
評価の対象	幼児の発達の理解，環境の構成，保育者の関わり方を評価	目標に準拠した評価
教育原理	経験カリキュラム ・初めに活動（遊びや生活）があり，それを通して内容（育てたい子どもの姿）に近づけていく	教科カリキュラム ・初めに教える（学習）内容があり，その内容を理解するために（学習）活動がある
学習や生活の最小単位	一日単位 ・幼児期にふさわしい生活の展開を踏まえ，人との関わりや興味・関心に応じた活動時間を設定する	45分単位 ・時間割に基づき，教科等の授業が設定されており，授業と授業の合間に休み時間がある
教師の存在	環境の一部としての保育者 ・子どもの活動の支援や促し等が中心	授業者としての教師
コミュニケーション	話し言葉中心	話し言葉に書き言葉が加わる
幼児教育と小学校教育の円滑な接続のための取組	子どもの発達や学びの連続性を保障するためには，「幼児教育」と「小学校教育」が円滑に接続し，体系的な教育が組織的に行われることが必要 ○幼児と児童の交流の機会の確保 ○保育者と小学校教諭の意見交換や合同研究の機会の確保 ○教育課程編成上の工夫（スタートカリキュラムの編成等）	

めさせ，人格の成長への援助を図るもの」という教育相談の考え方と共通しているのである。つまり，教育相談という視点でみると，幼児期の教育と児童期の教育は，連続性の視点で共有することができると考えられる。

■■■ 2．幼児期と児童期の子どもが抱えている問題

（1）幼児期

　幼児期の子どもは，幼稚園や保育所に通い，親から離れ集団生活を開始し，食事，排泄，睡眠などの生活行動を行う時期である。このような生活習慣は基本的な生活習慣とされ，食事，排泄，睡眠，衣類の着脱，身の回りを清潔にする，などである。これらの生活行動を自分でできるようになることで，社会に適応するための最初のスタートになる。幼稚園や保育所は，遊びを中心とした自由な環境の中で，自分から積極的に環境に働きかけ，大人からの承認を得ることで，自分の行動に自信を持っていく。また，道徳性や社会性などの芽生えの時期であり，遊びをはじめとする他者との関わりの中で，また，折り合いをつける体験をする中で，自己を制御したり，自己を主張するといったセルフコントロールを学習していく。しかしながら，これらをうまく学習できずに小学校入学する子どもが増えている。

（2）児童期

　児童期は，幼児期に引き続き，社会性や道徳性の獲得が目指されるが，幼稚園や保育所から小学校という環境への移行が起こる。幼児期では，遊びを中心とした自由な環境から，児童期では，学校や学級のルールに従って学習に取り組み，学校生活を送ることが求められる。集団生活の中で，教師，級友，仲間といった他者と良好な関係を形成し，自分は役に立つ存在だという有能さの感覚を身につけていく。そして，休み時間や放課後などでは，同性からなる数人の仲間集団で遊ぶことが多くなる。この小集団は，ギャングエイジと呼ばれ，遊びを通した仲間意識が強く，集団への所属感が高まる。一方で，社会性や道徳性の獲得が困難なときに，いじめや不登校などの様々な不適応が生じる。

　以下では，小学校低学年，中学年，高学年ごとに，その特徴の概略を紹介する。

❶ 小学校低学年

　小学校低学年では，小学校入学によって遊び中心の生活から学習中心の生活に変化することで，小1プロブレムの問題が起こることが指摘されている。小

1プロブレムとは，就学したばかりの1年生が授業中に立ち歩いたり，教師の話や指示を聞けず，学校や学級で決められたルールを守ることができないといった，集団での学びが中心となる小学校のシステムに適合できない子どもたちの問題である。たいていは，数か月で環境に順応し，学校生活を送れるようになる。一方，適応できない子どもの行動が，学級の他の子どもに伝播することで，教師は個別対応の治療的教育相談に労力を費やされ，開発的教育相談や予防的教育相談といった学級全体を視野に入れた対応ができずに，学級経営が難しくなってしまうこともある。

❷ 小学校中学年

小学校中学年頃になると，論理的な思考から，抽象的な思考に移行していく。9歳の壁，10歳の壁と言われるように，発達の個人差が大きくなり，授業についていけない子どもや学習面で不適応を示し，認知面や学習面でつまずいてしまう子どもと，そうではない子どもの差が出てくる。そのため，有能感を持てずに劣等感を持ちやすくなる時期でもある。

❸ 小学校高学年

第二次性徴が始まり，青年期に近づくことで，心身のバランスが崩れやすくなる。男子よりも女子のほうが，心身ともに成長が早くにみられる傾向がある。また，対人関係が広がり，親に対する心理的な依存から徐々に脱却していき，自立していくプロセスが始まる。そのため，この時期の子どもは，親からの自立が始まるが自己に対する不安定さも抱えるため，仲間集団への帰属意識や，友達から承認されることに比重が置かれる。

■■■ 3. 発達の連続性

児童期の子どもが抱える問題は，幼児期からの積み残しが関連しているなど，その連続性を指摘できる。幼稚園教育要領解説（文部科学省，2018a）によると，幼児教育から小学校教育への接続が強調され，生きる力を育むために，幼児期と児童期を連続したものととらえたうえで，各発達段階に応じた援助が求められている。そこで，この連続性を発達という視点から概観する。

2 発達課題

■■■■ 1. 発達とは

　発達とは，「生まれてから死ぬまでの身体や心の構造や機能に生じる連続的な変化」と定義づけられている。発達の特徴は，一定の順序がある。例えば，人が歩けるようになるには，生まれてから，お座り，はいはい，つかまり立ちを経て，やがて一人で歩くことができる。1つの能力を獲得することで，次の能力が発揮されるようになる。このような順序性は，言葉や認知能力など，様々な領域で見られる。発達には個人差や性差があり，成長していくことで個人差は大きくなっていく。また，遺伝的要因や環境的要因との相互作用によっても，発達の道筋は異なっていく。

　現在の心理学では，発達は，生涯発達の考え方が取り入れられている。バルテス（Baltes, 1987）は，人が環境に適応していくモデルとして，図6-1のような獲得（成長）と喪失（衰退）が同時に起こるモデルを示した。人が成長する中で，今までできていなかったことができるようになったり，あるいは，これまでできていたことができなくなったりする。発達を，獲得と喪失の相対的な量で示すことで，ダイナミック（動的）なプロセスとしてとらえたのである。

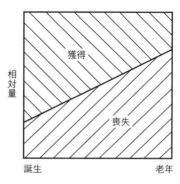

図6-1　生涯発達におけるモデル（Baltes, 1987 をもとに作成）

■■■ 2. 発達段階と発達課題

　発達は連続的な変化をするが，そのプロセスをいくつかのまとまりとしてとらえることが可能である。発達のプロセスは，ある年齢の時期の段階になると共通して見られる特徴がある。このような質的な特徴を理解するために，年齢の時期で区分したものを発達段階という。発達段階は，社会や文化の影響を受けるため，明確に決められていないが，大枠では一般的に以下に区分されることが多い。乳児期，幼児期，児童期，青年期，成人期，老年期などに区分される。

　各発達段階には，その段階で獲得すべき課題がある。その課題は発達課題とされ，その発達段階において達成しなければならない課題があり，その課題の達成に失敗すると，次の段階の適応が難しくなる。そのため，各段階における発達課題というのは，発達の目標であり，教育者や援助者が子どもと関わるための指針にもなると考えられる。

■■■ 3. ハヴィガーストの発達課題

　発達段階のそれぞれの時期における，具体的な発達課題を最初に示したのが，教育学者のハヴィガースト（Havighurst, 1948）である（表6-2）。ハヴィガーストは，発達課題の達成に成功することは，幸福を導き，後の課題の成功につながり，失敗すると，社会からの承認を得ることができず，後の課題の達成が難しくなると述べた。生きていくことを学習することととらえ，発達課題を学習すべき課題とし，各発達段階における学習によって達成されると考えた。その課題は，身体的な成熟，社会や文化からの要請，人格の形成の3つの領域から課題が設定されている。幼児期では，生きるために必要なことを学ぶこと，児童期では社会生活への適応が課題であることがうかがえる。

　発達課題は，社会からの要請された価値に影響されるため，ハヴィガーストの各々の発達課題は，今日の日本の社会に当てはまらない部分や，二者択一的な設定の問題などもあるだろう。しかしながら，ハヴィガーストは生活や成長することを学びとらえ，発達課題というものの見方を見出したことは，今日

表6-2　ハヴィガーストの発達課題
（Havighurst, 1948；今林，2010 より一部抜粋）

発達段階	発達課題
乳幼児期	・歩くことの学習 ・固形食を食べる学習 ・話すことの学習 ・排泄の学習 ・性差と性の慎みの学習 ・生理的安定の獲得 ・社会や事物に関する概念形成 ・両親・きょうだいの人間関係の学習 ・正・不正の区別と良心の学習
児童期	・遊びに必要な身体的技能の学習 ・自己に対する健全な態度の養成 ・同年齢との交友関係の形成 ・男子または女子としての適切な性役割の学習 ・読み・書き・計算の基本的能力の獲得 ・日常生活に必要な概念の発達 ・良心・道徳性・価値の基準の学習 ・人格の独立性の達成 ・集団や組織に対する態度の発達

の教育者や援助者が，子どもたちのために教育の目標や教育活動を考えるうえで，有益な視点をもたらしたといえるだろう。

■■■ 4．エリクソンの発達課題

　精神分析学者のエリクソン（Erikson, E. H.）は，自己の体験や臨床経験に基づき，人は生涯発達し続けると考え，自我の発達をライフサイクルの視点から8つの発達段階に区分している（第7章の図7-1，表7-2を参照のこと）。各発達段階には，心理社会的危機として，社会や文化から要請される課題を記述している。心理社会的危機は，相反する肯定的なものと否定的なものが「対」で表現される。社会的な人間関係の中で，避けることのできない社会からの要

請に対する葛藤を「対」で示した。そして，課題の解決の仕方によって，その後の発達段階に影響を及ぼすと考えた。うまく解決することで，健全に成長できるが，失敗することで，不適切な影響が出ると考えたのである。しかしながら，単に肯定的なものだけを獲得すればよいというわけではない。否定的なものよりも肯定的なものの割合が少し上回ることで，人格的な活力が生まれる。そのため，心理社会的危機は，人生の分かれ目や岐路といった転換期として示されているのである。

　幼児期では「自律性 対 恥・疑惑」や「自発性 対 罪悪感」が発達課題になる。排便のルールを学び，自分の意志で自分をコントロールし，自律していく技術を身につけるのである。親や養育者のしつけの通り行動し，褒められるという経験を通して，自分に自信を持つことができる。肯定的な側面が上回ることで，意志の力が生まれ，セルフコントロールの獲得につながるのである。自律性を達成することで，子どもは周囲に対して積極的に働きかけるようになり，自発性を発揮し，様々な遊びの活動に参加していくことができるのである。これらが達成できない場合，恥や罪悪感の感情を抱くことになる。

　児童期では，「勤勉性 対 劣等感」が発達課題になる。学校生活のルールや学習などの目標に向かって努力し，新しい知識や技能を獲得し，勤勉性を達成することができる。教師や仲間から承認されることで，自分は自分なりにやっていけるような有能感が生まれ，学ぶことに楽しさの感覚を持ち，がんばることに喜びを感じるようになる。勤勉性の達成がうまくいかない場合に，自分はダメなんだと劣等感を抱くようになる。

3　認知の発達

■■■ 1. ピアジェの認知発達

　ピアジェ（Piaget, J.）は子どもの認知発達を，個人と環境の相互作用から生まれる適応的なプロセスとしてとらえた。すなわち，認知発達は，子どもに知

識を詰め込むのではなく，子ども自身による外界に対する自発的な活動によって，知識を獲得していくプロセスであると考えたのである。そして，外界の環境や物事を理解するための個人の認知の枠組みをシェマ（認知構造）と呼ぶ。子どもはこのシェマを用いて，自分のまわりの環境に働きかけるのである。

またこのシェマは，「同化」と「調節」の均衡化を通して変化すると考えられた。同化とは，環境の情報を今ある自分のシェマに合わせて処理することである。しかし，いつも自分のシェマだけで環境の情報を処理することができない場合もある。そのときに，シェマを環境に適合するように変化させて処理をするが，これが調節という機能である。

そして，同化と調節をくり返すことで，シェマが精緻化され，より物事を安定的に処理できるようになるのである。例えば，子どもが，鳥は飛ぶ生き物だというシェマを持っているとする。カモメを見て，鳥だと考えることは，同化になる。ところが，ダチョウを見たときに飛ばないので，その子どもは鳥ではないと考える。そこで，飛ばない鳥もいることを知ることで，すべての鳥が飛べるわけではないんだとシェマを調節することができるのである。このように，子どもは，能動的に試行錯誤しながら，自発的に問題を解決していくことができると考えたのである。

■■■■ **2. ピアジェの認知発達段階**

ピアジェは，認知発達の操作に着目し，感覚運動期，前操作期，具体的操作期，形式的操作期の4つに発達段階を区分した。

❶ 感覚運動期（0〜2歳）

感覚運動期の子どもは，口に入れる，つかむ，見る，聞くといった感覚を通して，外界を理解し，新しい環境に適応しようとする時期である。この時期では，循環反応という既存の行動をくり返しすることで，シェマが豊かになり，対象の永続性を獲得していく。対象の永続性とは，対象が移動したり，隠されたりして見えなくなっても，それが同一のものとして存在し続けると認識でき

ることである。乳児と養育者が「いないいないばあ」を楽しむことができる根拠の１つに，この対象の永続性を獲得しているからである。また，この時期の子どもを対象とした絵本は，オノマトペなどの擬声語のくり返しや，２ページにわたる見開きによる絵で表現されるなど，読んで理解するような物語性よりも，視覚や聴覚といった感覚を重視されているのは，子どもの認知発達が考慮されているからであろう。

❷ 前操作期（２〜７歳）

　前操作期の子どもは，言葉やイメージによって，自分の内面に表象をつくることができ，目の前にないものでも心の中で思い浮かべることができるようになり，対象の永続性を十分に獲得している。そのため，あるものを別のものとして思い浮かべることができるようになるといった象徴機能が成立する。例えば，葉っぱをお皿に見立てたりするごっこ遊びやおままごとが可能になる。しかし，まだ他者の視点に立って考えることが難しく，自己と客観との区別ができず，自己中心性がみられる。そのため，論理的に考えられないとか，現実と非現実との区別や生物と無生物との区別がつかないときもある。また，無生物や環境といった自分のまわりのものが，自分と同じように意識を持ち，命や意志があると考えるアニミズムの言動が見られる。このような認知発達を考慮し，この時期の絵本では，動物が人間のように言葉をしゃべるなど，アニミズムとごっこ遊びの要素を組み合わせ，身近なものを題材とした物語性のある絵本が多いのであろう。

❸ 具体的操作期（７〜11歳）

　具体的操作期の子どもは，日常の具体物から論理的に考えられるようになる。見かけが変化して量が変わらないといった保存の概念が獲得され，直接見たり聞いたり触ったりできるような日常の具体的な対象については，見かけに左右されないで，客観的に物事を考えることができるようになる。そのため，例えば，果物などの具体物に置き換えて論理的に思考することは可能だが，記号のような抽象的な概念を用いて思考することは難しい段階にある。この他にも，自分以外の他者の視点に立って考えることができる脱中心化がみられ，自分の知的な働きを一段上から理解したり整理したりするメタ認知（深谷，2016）を発達

させる。

❹ 形式的操作期（11歳以降）

形式的操作期になると，言葉や記号を用いて，抽象的なものについて，論理的に考えることができるようになる。抽象的な推論が形式的に正しいかどうかに着目するため，形式的操作期と呼ばれる。実際には起こっていないことでも，仮説を立てて，推論をするような仮説演繹的思考が可能になる。

具体的操作期から形式的操作期への質的な変化の過程で，認知の発達の個人差が顕著になる。経験的な知識に支配され，科学的な知識を受容できずに葛藤状態になるため，考えるための適切な支援が必要とされる（渡辺，2011）。このような葛藤状態が，学習面でのつまずきにつながっていく一方で，つまずきを解消し，学習を効果的に進めていく方法として，学習方略がある。

学習方略とは「学習の成果を高めることを目指して意図的に行う心的操作あるいは活動」と定義される（辰野，1997）。学習者の認知的操作に関する認知心理学から発展した。学習方略は，子どもの認知発達に支えられている。ワインスタインとメイヤー（Weinstein & Mayer, 1986）は，学習方略を，くり返し書いて覚える「リハーサル方略」，既有知識を使ってイメージ化をする「精

表6-3　ワインスタインとメイヤーによる学習方略のタイプ（Weinstein & Mayer, 1986；辰野，1997）

カテゴリー	具体的方法
リハーサル方略	反復する，模写する，下線を引く
精緻化方略	イメージや文を作る，言い換える，要約する，質問する，ノートをとる，類推する
体制化方略	グループに分ける，順々に並べる，図表を作る，階層化する，記憶術を用いる
理解監視方略	理解の失敗を自己監視する，自問する，一貫性をチェックする，再読する，言い換える
情緒的（動機づけ）方略	不安を処理する，注意散漫を減らす，積極的信念をもつ，生産的環境をつくる，時間を管理する

緻化方略」，共通点や相違点などの関連性を整理する「体制化方略」，目標を設定し，達成度を評価して，必要ならば方略を修正する「理解監視方略」，自分の感情や適切な環境や時間の管理に関する「情緒的（動機づけ）方略」に分類している（表6-3）。そして，幼児期から児童期にかけてはリハーサル方略が発達することが特徴であるとともに，学年が進むことで多くの学習方略を獲得していくのである。

■■■ 3. 道徳性の発達段階

コールバーグ（Kohlberg, L.）は，ピアジェの研究を社会性も含めて発展させ，道徳性の発達理論を提唱した（表6-4）。ルールを破るときにどういう理由があるのかに着目し，道徳性の発達を3水準と6段階からとらえた。中学年ぐらいの児童までは，前慣習的水準が多く，高学年では慣習的水準が多くなる（鈴木，

表6-4　コールバーグによる道徳性の認知発達段階（鈴木，2011）

Ⅰ. 前慣習的水準	
段階1〈罰と従順志向〉	他者からほめられることがよいことで，罰せられることが悪いことであると判断する
段階2〈道具的相対主義志向〉	自己や他者の要求や利益を満たす行いこそがよい行いであると判断する
Ⅱ. 慣習的水準	
段階3〈よい子志向〉	家族，教師，仲間といった周囲の他者との対人関係を重視，他者に認められる行いがよい行いであると判断する
段階4〈法と秩序志向〉	社会的秩序を維持することを重視し，社会や集団の利益に貢献する行いがよい行いであると判断する
Ⅲ. 慣習以降の水準	
段階5〈社会的契約と法律尊重〉	権利の意味を正しく捉え，法律が集団の同意によって変更可能なものと見なす
段階6〈普遍的倫理原則への志向〉	既存の法律よりも人間の相互信頼と自らの正義と公正の倫理原則に従った判断をする

2011）。例えば，段階2で止まっている場合，友達からの承認を求めるために，悪いことと頭でわかっていても，友達の要求を満たすために，いじめなどの問題行動に協力するといった行動をしがちになるのである。

4　社会性の発達

　2008年に小1プロブレムの対応策の1つとして，幼児期と児童期の教育の連携や接続のために，スタートカリキュラムが示された。スタートカリキュラムとは，子どもが学校生活にスムーズに適応できることを目的とした生活科を中心とした指導計画のことである（文部科学省，2017）。例えば，幼児期の子どもが安心して小学校に通えるように，幼児期と児童期の子ども同士の交流や遊び的要素がある体験活動を通して，ソーシャルスキルを育成するなど，様々な実践が行われている（例えば，木村，2011；高知県教育委員会，2018；高知市教育委員会，2019）。

　そこで本節では，社会性の発達として，アタッチメント，遊びに着目する。幼児期から小学校にかけて，環境における子どもの重要な他者が親や養育者から友達へと変化していくため，遊びの中で学習されたソーシャルスキルの重要性が増していく。そして，愛着は不登校（詳しくは第9章を参照）や虐待の問題（詳しくは第10章を参照）と関連し，ソーシャルスキルは青年期にアイデンティティ形成のために積極的に関与できるものを探したり，深めたりするときに顕在化する（詳しくは第7章を参照）など，社会性に関する不適応とも関連が深いのである。

■■■ 1. アタッチメントとは

　アタッチメント（attachment）とは，ボウルビィ（Bowlby, J.）によって提唱された情緒的な絆のことである。乳児が泣いていたら，養育者がなだめる，という感情の調整がくり返されることで，乳児はその対象を特別な存在として

認識する。こうして子どもと養育者の間にアタッチメントが築かれる。アタッチメントは attach（くっつく）を意味しており，安心感を得るために，特定の人に接近したいという欲求である。泣く，微笑むといった行動は，アタッチメントを求める対象に向けて発せられるため，アタッチメント行動といわれる。このアタッチメント行動は，アタッチメント対象を引き寄せる，またはアタッチメント対象に近づくための機能がある。アタッチメント行動は，不安なときや怖いときなど自分の身に危険がせまると感じたときに生じる生得的な行動である。アタッチメント行動をアタッチメント対象に向け，アタッチメント行動に対する適切なフィードバックがあると，安心感が充足され，アタッチメント行動が収束する。

　アタッチメントには以下の機能がある。「近接性の維持」（そばにいたいと思うこと），「安全な避難所」（嫌なことがあったとき，安心を求めにいくこと），「分離苦悩」（離れるのが嫌だと思うこと），「安心の基地」（いっしょにいると安心していろいろなことに挑戦できること）である（村上，2018）。これらの要素がアタッチメントに含まれている。そして，発達が進むにつれてアタッチメントの対象が移行していくのである（図 6-2）。

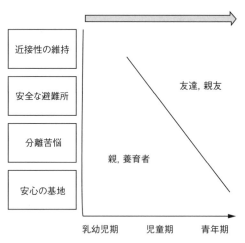

図 6-2　アタッチメント対象の移行の概念図（村上，2018 を一部改変）

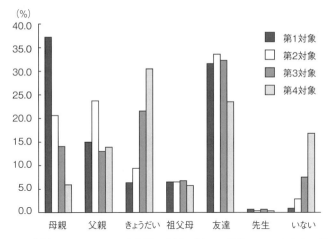

図 6-3　児童のアタッチメント対象の順序（村上・櫻井，2014 をもとに作成）

　村上・櫻井（2014）は，中学年から高学年の児童を対象に，アタッチメント
対象の指名順について報告している（図 6-3）。児童は，中学年の時期からすで
に母親だけでなく，友達をはじめとする家庭外に複数のアタッチメント対象を
持っていることが示唆されている。どの順位においても，友達をアタッチメン
ト対象として選択する児童が多いことを明らかにした。一方で，第 4 対象には
アタッチメント対象がいないと回答する児童も一定数いることを示した。これ
らのことから，教師は，児童が学校の中でアタッチメント対象を持てるような
取り組みや児童同士がアタッチメント対象になるような工夫をしていくことが
必要であると考えられる。スタートカリキュラムの実践は，アタッチメントの
視点で解釈すると，幼児期の子どもにとって，小学校の児童や先生の存在が安
心の基地や安全の避難所として機能することを目指している取り組みと解釈で
きるだろう。

■■■ **2. 遊びの発達**

　幼稚園教育要領解説（文部科学省，2018a）や幼保連携型認定子ども園教育・

保育要領解説（内閣府・文部科学省・厚生労働省，2018）では，幼児期の教育では遊びを通した支援が重視されている。その理由として，遊びの中で，自分の欲求や考えを主張したり，自分の気持ちを抑制するといったセルフコントロールの経験を積んでいくからである。そして，遊びは，次の5つに分類される（Parten, 1932）。

①他の子どもとはあまり関わらず，他の子どもの活動に関心がないということを特徴とした「一人遊び」
②他の子どもが遊んでいるのを見ているが，遊びには加わらないということを特徴とした「傍観」
③まわりで遊んでいる子どもが使っている遊具と同じような遊具を使って遊ぶということを特徴とした「並行遊び」
④他者といっしょに遊ぶ「連合遊び」
⑤役割がある集団で遊ぶ「協同遊び」

その他の分類として，ピアジェは認知発達の視点から，遊びを次の4つに分類している。

①ブランコなどの身体の運動機能を使うことを特徴とした「機能的遊び」
②折り紙などの手先を使って作ることを特徴とした「構成的遊び」
③おままごとなどの何かに見立て想像することを特徴とした「ごっこ遊び」
④鬼ごっこなどの一定のルールがあることを特徴とした「ルール遊び」

子どもは，このような様々な特徴を有した遊びでの経験を通して，二者関係や仲間関係の相互作用の中で，ソーシャルスキルを学習し，他者からの承認感を獲得し，セルフコントロールを学ぶのである（Bierman et al., 2010）。つまり，子どもは遊びを通して他者と関わるうえで必要となる，自己主張や気持ちの抑え方などの社会性を身につけるのである。

5　幼児期・児童期の発達課題に応じるための教育相談

　これまで，いくつかの発達の理論を概観してきた。発達課題は誰もが出会う課題であるため，発達課題に応じた教育相談は，開発的教育相談や問題を未然に防ぐ予防的教育相談が中心になるといえるだろう。

　幼児期は，自律性や自主性の獲得が目指されるが，子どもが自分でやってみたい，といったことに対して頭ごなしに否定せず，教師や養育者が先回りをしてお膳立てをしすぎるのではなく，子どもが自分一人でできたと思えるように，ある程度の道筋をつけるような支援が求められる。

　児童期は，勤勉性の獲得が目指される。有能感を得るためには，承認されることが必要である。学習面や身体面などで個人差が目立つようになるが，他者よりもできていない，劣っている部分に注目しがちになり，その結果として，自信をなくしたり，自己肯定感が低くなりやすい。そこで，教師が勉強や運動といった特定の価値軸だけでなく，様々な視点で子どもを認めていく支援が求められる。目標を達成するための足場づくりをし，目標を達成した結果だけを褒めるのではなく，そのがんばったプロセスを認めていくことで，がんばっている姿を見守っていたよというメッセージを伝えていくような支援が求められる。

　子どもの問題行動を，問題としてとらえるか，課題としてとらえるかで，その後の支援が変わってくるのではないだろうか。うまくいっていない状態のとき，過去のうまくいった自分のやり方にこだわって，悪循環に陥る場合がある。あるいは，そもそも，どうやるかわからないという場合もあるだろう。そういうときは，うまくいくまであれこれ試してみるといいのかもしれない。

　例えば，ルールを守らない子どもがいたとする。それを問題としてとらえると，その場で注意や罰を与えることが多いだろう。それでうまくいけばよいのだが，うまくいかない場合もある。そういうとき，その問題に対する困り感は，実は子どもよりも教師自身において強くなっているかもしれない。そこで，ちょっと立ち止まって考えてみる。その行動はもしかして，その子どもが成長

するために取り組んでいる課題，すなわち発達課題に直面しているのではないだろうかと視点を変えてみることで，その子にまず話を聴いてみようか，その子を取り巻く環境はどうだろうか，何の支援ができるだろうかと，問題だと思う行動以外のところに目がいき，いつもとは異なる支援の方向性が見えてくるのではないだろうか。すると，ルールをわかりやすい形で視覚的に掲示するといった環境調整や，ルール遊びをアレンジして，ルールを守ることの楽しさや安心感を学ぶということも必要かもしれない。子どもからすれば，あまりおもしろくないルールを守るという行動でも，遊びの要素を取り入れることで，あまり抵抗感を感じることなく学習し，身につけることにつながるかもしれない。そしてルールを守れたときに，その行動に対して褒めるなどのプラスのフィードバックを行う。すると，子どもに対する関わり方が変化したことで，教師に対する子どもの見方が変わるなど，信頼関係が形成されるきっかけにもなるだろう。このように，いつもより少し見方を変えることで，今現在の子どもの困り感の理解や支援のあり方はもとより，その後の子どもとの関係性も変化するだろう。つまり，子どもの支援には，子どもの状況に合わせて柔軟に実践をアレンジできるような，ものの見方が重要なのかもしれない。

　幼児期や児童期は，その後のライフステージの基礎となる重要な時期である。幼稚園や保育所，小学校での出会いと別れは，その後の人生に影響を与え続ける。教育相談は，子どもが出会う問題や課題の解決を援助し，成長を促すような人間関係の営みであるといえるのではないだろうか。

第 7 章

青年期の発達課題に応じた教育相談

1 青年期の区分と定義：いつ始まり，いつ終わるのか

　本章の解説に先立ち，日常的に使用される青年期という用語を明解にしなければならない。おそらく読者の多くが高校生から 20 歳くらいまでの時期を青年期と想定するのではないだろうか。また，混同されやすい言葉として「思春期」という用語がある。「青年期」との違いは何だろうか。

　まず思春期（puberty）は，身体的・生物学的変化の過程に着目して生成された用語である。子どもは成長するにつれて，大人の体へと変化していくが，この時期は脳が活発に生殖腺にホルモンを分泌するようシグナルを送る。見かけ上の性別差がはっきりしてくるのはこのためである。男子の場合は声変わりが始まり，筋肉量が増え，急に身長が伸びたりする。女子の場合は，月経が始まり体形が大人の女性へと変わっていくという例えがわかりやすい。一般的に女子は 10 歳頃から，このような変化が始まる。男子はそれよりも 1 年くらい遅い。もちろん，こうした身体的・生物学的変化の特徴には個人差があり，はじまりの時期は一概には言えない。あくまで目安である。ただし，早い子どもで小学校中学年の終わり頃から始まることは知っておくべきである。思春期は 15 歳から 17 歳頃まで続くと考えられている。

　一方，青年期（adolescence）は，社会的役割・心理的成熟の変化の過程に着目して生成された用語である。アメリカ心理学会によると 10 歳頃から始まり 19 歳頃までとされているが，その終わりに明確な基準はない。この理由は，

そもそも年齢で区切るという発想が時代の変化に合わないからである。青年期の終わりの目安として，社会的役割の獲得，一例としては就職などがあげられるが，現在，高学歴化や就職難などによって就職のタイミングは遅くなってきている。つまり，青年期の終わりは後ろに伸びていく傾向にあるということである。

生涯発達の視点からは，児童期から成人期の間にこの青年期という時期は位置づけられているが，高坂ら（2017）によると，日本の青年心理学会では，青年期を前期・中期・後期の3段階に分けて理解することが多いようである。少し古いが，10〜13歳から14〜15歳を前期（early），14〜15歳から17歳を中期（middle），17から21歳を後期（late）としたWHO（2006）の基準がある。これらと照らし合わせると，日本の場合は，概ね，前期は小学校高学年から中学生に，中期は高校生に，後期は大学生に対応しているようである（表7-1）。

本章では，青年期とは，思春期（身体的・生物学的変化）に始まり，社会的

表 7-1　青年期の段階と特徴（WHO, 2006 を参考に作成）

カテゴリ	青年期前期 （10〜13歳から14〜15歳）	青年期中期 （14〜15歳から17歳）	青年期後期 （17歳から21歳：可変）
身体的成長	・二次的性徴が始まる ・成長速度は加速しピークを迎える	・二次的性徴が止まる ・成長速度は減速する	・成熟した大人の体になる
認知	・具体物な思考に偏る ・現在的・短期的な視点	・抽象的な思考が可能になる ・長期的な視点が可能になる	・抽象的な思考を確立させる ・将来志向的・長期的視点を持つ
心理社会的課題	・急激な身体発達 ・ボディイメージの変化	・理想の追求および万能感の形成 ・ボディイメージの再構成	・現実に基づいた自己像の確立
家族	・自立と依存	・統制，干渉されることへの反発	・親子関係から大人同士の関係に移行
性的志向	・自己探索と評価	・ロマンティックな幻想の追求 ・異性を惹きつける能力の確認	・相互，相補的な安定した関係の形成

役割を獲得するまでの心理的成熟を伴う子どもから大人までの成長の過程ととらえておく。子どもは大人への階段を上がる過程において，様々な壁にぶつかるが，これまでは大人の力を借りて乗り越えることができた。しかし，大人になるためには自分で乗り越える力が必要となる。この意味において，青年期は，成人になるために親から独立していくための準備期間であり，教育相談のニーズが高い時期といえる。次節からは，青年期の発達課題と特徴，そして臨床的問題について概説し，青年期の教育相談を展開する際の留意点について述べていく。

2　青年期の発達課題

　本節では代表的な青年期の発達課題として，自己概念の形成，アイデンティティの確立，ライフキャリアの形成について説明する。これらは，自分が社会の中で，どのような仕事に就き，どのような将来の展望を描きながら生きていくのかを左右する連続的な課題である。これらの課題に関連した支援は青年期の教育相談の根幹である。

■■■ 1．自己概念の形成

　青年期の特徴の1つは自己への関心が高まることである。自分自身が知っている自己の特徴や他人から見た自己の特徴を照らし合わせて，自己概念（self-concept）を形成していく。この自己概念の形成過程に大きく関与するのが現実自己と理想自己である。前者は，現実の自分に対するイメージであり，後者はこうありたいという理想の自分に関するイメージである。理想自己に近づくために現実自己を修正したり，逆に理想自己を現実的な基準に修正したりする。現実自己と理想自己の不一致は葛藤をもたらすが，この不一致を解消した際には，安定した自己イメージを形成し自尊感情（self-esteem）を得ることができる。一方で，理想自己と現実自己の不一致はネガティブに作用するばかりでは

ない。現実自己をより良いものに改善し，成長の源になるなどのポジティブな側面もあることも指摘されている。「自分は○○が得意だ」や「自分は○○の性格だ」などと自己理解が進むことにより自己概念が修正され，これが後述するアイデンティティの確立やキャリアの形成の基礎となっていくのである。

■■■ 2. アイデンティティの確立

　自分は何者かという自問に対する確信的な答えをアイデンティティ（identity）という。アイデンティティの確立は，青年期の主たる発達課題とされ，それまでの発達段階で乗り越えてきた結果として，達成され得るものである。

　エリクソン（Erikson, E. H.）は生涯発達の視点から，人間の発達段階を8つの段階に分け，心理社会的発達理論を提唱した。各段階で出会う対人関係（親，家族，仲間など）や社会的要請から，葛藤や危機を経験し，それらを克服することでアイデンティティは確立されていくと仮定されている（図7-1）。そして，各段階の課題を解決もしくは達成することによって，次の段階での課題に挑戦する準備が整うのである。

　第1段階にあたる乳児期の課題は，「基本的信頼感の獲得」である。親や養育者からの愛情をもって，他者を信頼することができるかどうかを確認する時期である。第2段階の幼児期前期の課題は，「自律性の獲得」である。親や養育者のしつけによって，自分自身を律すること（セルフコントロール）を学ぶ時期である。第3段階の幼児期後期の課題は，「自主性（自発性）の獲得」である。いろいろな課題や社会的役割に挑戦し，自分から行動することを経験する時期である。第4段階の児童期の課題は，「勤勉性の獲得」である。やればできるという経験をたくさん積むことが大切であり，これが自分に対する肯定的な自己概念の形成につながっていく。そして，第5段階の青年期では「アイデンティティの確立」が課題となる。以降の第6，7，8段階では，それぞれ「親密性の達成（パートナーの獲得）」「世代性の達成（子孫を残すこと）」「統合性の達成（自分の人生に対する肯定的評価）」が課題となるが，これらを達成するうえでも，青年期のアイデンティティの確立が礎となる。

	1	2	3	4	5	6	7	8
I 乳児期	基本的信頼感 vs 不信							
II 幼児期前期		自律性 vs 恥・疑惑						
III 幼児期後期			自主性（自発性）vs 罪悪感					
IV 児童期				勤勉性 vs 劣等感				
V 青年期	時間的展望 vs 時間的展望の拡散	自己確信 vs 自己意識の過剰・歪み	役割実験 vs 否定的アイデンティティ	達成への期待 vs 無力感・労働麻痺	アイデンティティの確立 vs アイデンティティ拡散	性的アイデンティティ vs 両性的拡散	指導性 vs 権威の拡散	イデオロギーへの帰依 vs 理想の拡散
VI 成人期						親密性 vs 孤立		
VII 停滞期							世代性 vs 停滞	
VIII 老年期								統合性 vs 絶望

図7-1　心理・社会的危機とアイデンティティ拡散に関する図式（鑪，2002を一部修正して作成）

注）太線の矢印は，各発達段階に顕在化する心理・社会的危機の変化した所産を示し，点線の矢印は，青年期における萌芽と顕在化した成人期以降の危機を示す。青年期の横の欄に示されている各構成要素がアイデンティティ拡散の下位カテゴリーである。

　エリクソンの理論では，第1段階から第4段階での課題が達成できなかった場合，それが青年期になって種々の問題として表面化してしまうことが仮定されている。

　まず第1段階での課題をうまく乗り越えられないと，「時間的展望の拡散（将来に希望がもてなくなること）」，以降第2段階から第4段階ではそれぞれに対応して「自己意識の過剰・歪み」「否定的アイデンティティ」「無気力・労働麻痺」という問題が青年期に表出し，これらがアイデンティティの確立を妨げて

しまうのである。

　アイデンティティを確立するには，2つの経験が必要である。まず1つ目は積極的関与である。アイデンティティの確立は自動的になされるものではない。自分は何者なのかという問いに対し，その答えを積極的に見出そうとする姿勢が必要である。そして2つ目は，危機である。自分自身が何者でこれから何をして生きていきたいのかがわからなくなる経験が必要である。危機を現在経験しているが積極的関与をしていない（もしくは積極的関与に対して曖昧な態度をとっている）タイプをモラトリアム型，積極的関与はしているが危機を経験していないタイプをフォークロージャー（早期完了）型という。青年期前期や中期では，これらのタイプの子どもが多いかもしれない。なお，エリクソンの理論では，一度達成されたアイデンティティは不変なものではなく，青年期以降にも危機を迎えることがある。この危機を乗り越えることによって，アイデンティティは再確立されていく。「危機の経験とアイデンティティの確立」のくり返しを経て，最終段階である統合性の獲得へとつながっていくのである（表7-2）。

表 7-2　エリクソンの心理社会的発達理論の段階（Myers／村上（訳）2015, p.158 を参考に作成）

段階	目安となる年齢域	課題	課題を達成した結果
乳児期	1歳まで	基本的信頼感 vs 不信	基本的信頼感を獲得する
幼児期前期	1歳から3歳くらい	自律性 vs 恥・疑惑	自分の欲求をコントロールすることができる
幼児期後期	3歳から6歳くらい	自主性（自発性）vs 罪悪感	自分の意志で物事に取り組めるようになる
児童期	6歳から10歳くらい	勤勉性 vs 劣等感	やればできるという自信がつく
青年期	10歳から20歳くらい	アイデンティティの確立 vs 拡散	自分が何者であるかに対する答えを持つ
成人期	20歳から40代前半	親密性 vs 孤立	親密な人間関係の中で愛を育む
停滞期	40代から60代	世代性 vs 停滞	次世代の子どもの育成，社会的貢献をする
老年期	60代後半以降	統合性 vs 絶望	自分の人生を振り返り，肯定的に総括する

■■■ 3. キャリアの形成

　キャリアには職業に関連する職業的キャリアと，生涯を通じてという意味を包含するライフキャリアという言葉があるが，近年の学校教育では，生涯にわたるという後者の観点が強調されてきている。すなわち，キャリアの形成とは，児童期，青年期，成人期，老年期の各段階で，その時期に求められる適切な能力やソーシャルスキルを身につけ，自分らしい生き方を選択していく過程と考えられている。各段階で，自分の立場に応じた社会的役割を果たすことによって，将来，どのように生きていきたいのか，そして何をすればいいのか，といった展望を持てるようになるだろう。また，スーパー（Super. D. E.）は自己概念の発達は職業のみに限定されるわけではないとし，生涯において様々な社会的役割を担う中でキャリア発達が促されることに注目した。彼が提唱した職業的発達理論では，青年期前期・中期は探索段階，青年期後期は確立段階と位置づけられている。図 7-2 からは，人は生まれてから様々な社会的役割を担い，そのうえでライフキャリアを形成していくことが見て取れるであろう。

　子どもの頃に抱いた将来の夢は，教育システムを通して具現化し，選別されていく。そして，学校教育を通じて的確なキャリアプランを描き，それを実現していくことは，青年期のアイデンティティの確立とも関係の深い重要な課題である。そして，キャリア教育ではどのような職業に就くのかといった点だけ

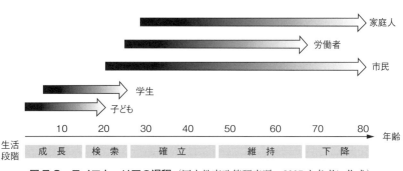

図 7-2　ライフキャリアの過程（国立教育政策研究所，2007 を参考に作成）

ではなく，人間関係形成能力，情報活用能力，将来設計能力，意思決定能力などの幅広い能力の育成が目指されている。

　青年期のキャリアの形成は日本の教育システムと密接な関連があることに留意する必要がある。まず，青年期の前期から後期にかけて，人生を左右するイベントが目白押しである。一部の子どもは中学受験を経験し，そして高校受験，大学受験が続く。その節目節目で進路や生き方の選択に迫られるのである。そしてこの選択を左右するのが学業という要因である。勉強は日々の積み重ねが大切と教わるが，児童期から勉強に励んできた子どもが中学生になると勉強が嫌いになるという一般的傾向がある。勉強に対する内発的動機づけ（intrinsic motivation）の低下である（Nishimura & Sakurai, 2017）。

　この他にも，学業に対する内発的動機づけや自信（competence）が分化していく傾向がある。勉強は好きだと思っていた子どもでも中学校になると，国語は好きだけど数学は嫌いというような教科間の差の問題が出てくる。特に，我が国の教育システムでは，文系や理系というように教科間の差が開きやすい。得意なものに目を向ける教育が，実は苦手なものに蓋をしているという実態を無視してはいけない。例えば，英語が苦手で勉強してこなかったが，職場で海外出張が決まり，将来的には英語が必要になるかもしれない。個性を伸ばすことも大事であるが，将来の可能性を狭めないための支援も必要である。個人の特性を踏まえたうえで，その子どもの将来を見据えた教育的指導が求められるだろう。

■■■　**4．青年期の発達課題を踏まえた教育相談のポイント**

　青年期の発達課題に応じた教育相談を行うポイントは，子ども一人ひとりの生き方や進路などの悩みを受け止めたうえで，自分の可能性に気づかせたり，自分で進路を選択したりできるよう支援をしていくことである。その中で，自分がこの社会の中でどのような職業に就き，どのような生き方を選択していきたいのか，自己理解を深める働きかけが必要であろう。これらを通して，自己概念の形成ないしはアイデンティティの確立，キャリアの形成が促されていく

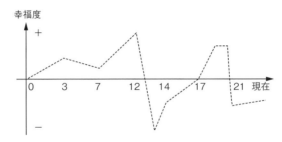

図 7-3　ライフラインの例 (青年期中期で幸福度が低かった青年の例)

のである。一方で，青年期の子どもは今目の前に起こっていることに精一杯取り組んでいるという事実がある。特に，青年期前期の子どもは，短期的視点，もしくは直近の視点が優勢に働くだろう。だからこそ，教員やカウンセラーは自分の人生経験や知識を踏まえたうえで長期的視点を持ちながら教育相談を展開しなければいけないのである。

　本節の最後に，自己理解を深める 1 つの方法としてライフラインを紹介する。ライフラインとは，自分史の作成を通じた自己と向き合うためのワークである。これまでの人生を振り返り，各年代や発達段階のときの主観的な幸福度を線でつなぎ合わせることによって，自己理解を深めることを目的としている (図7-3)。この活動を行うことによって，自分が大切にしている価値観や自分の心の癖などに気づくことが期待できる。詳しい方法については，河村 (2000) を参照してほしい。

3　発達から読み解く青年期の特徴

　人は社会に出るまで様々な環境を経験していくが，それぞれの環境において個人の役割は変わってくる。また，青年期を通して変わるものは環境だけではない。心や体も変わる。これらの変化は青年期の子どもに成長の機会を与えるが，時として戸惑いやつまずきも与えてしまうだろう。したがって，青年期の

子どもを支援するにあたっては，前節で紹介した発達課題を理解したうえで，そもそも彼らがどのような変化（発達）を経験するのかを学ぶ必要がある。これを学ぶ意義は，第一に青年期の子どもの経験に寄り添った支援が可能になる，第二に青年期の子どもが抱える諸問題を予測できる，という点である。本節では，①身体的・生物学的発達，②社会性の発達，について概説し，さらに仲間関係と友人関係，親子関係，恋愛関係という青年期の子どもを取り巻く環境の変化について説明する。

■■■■ 1. 身体的・生物学的発達

　まず，身体的・生物学的発達である。身長や体重の増加や生殖器の発達，そして次世代の子どもを産むための生殖能力の獲得がこの青年期の前期に生じる。胎児の段階で生物学的性差を生み出す器官の形成に関わる特徴は第一次性徴と呼ばれるのに対して，これらは第二次性徴と呼ばれる。これには個人間差がある。つまり，第二次性徴が早くみられる子どももいれば遅い子どももいるということである。教育現場では，個々人それぞれの成長があるということを，子どもに対してあらかじめ示しておくとよいだろう。こうした問題に戸惑う子どもの予防的対応は必須である。

　身体的・生物学的変化は次のような心理的課題を生じさせる。まず，自分の性別としてのボディイメージを受け入れることができるか，そして満足できるのかという問題である。良好なボディイメージは自尊感情や精神的健康と関連が強く，肥満などのネガティブなイメージや理想の他者と自分の体形を比較するなどの行為は摂食障害の一因になると考えられている。また身体発育のタイミングに注目した上長（2007）の研究では，男子は主観的な発育のタイミングが早いほど身体満足度が高く，女子では客観的な発育のタイミングが早いほど身体満足度が低く，それが抑うつの引き金になる可能性が示されている。他にも，これらの成長の個人間差が劣等感につながってしまうという問題もある。高坂（2008）によれば，男子よりも女子のほうが「身体的な魅力」や「運動能力」などで劣等感を抱きやすいことが示されている。自尊感情の低下も招きやすく，

自傷行為などの臨床的問題の引き金にもなり得るため十分な注意が必要である。

　次に脳（brain）の発達から青年期の特徴を見ていく。青年の特徴を知るうえで重要な皮質領域の 1 つに前頭前皮質（prefrontal cortex）がある。これは脳の前方に位置し，認知コントロール（cognitive control）の中心的機能を司る。ここでいう認知コントロールとは行動を変えるために行われる認知的活動であり，具体的には注意を持続させたり，衝動を抑制したり，課題遂行を切り替えたりする過程を含んでいる。一方で，感情の表出や欲求と関連が深いのは大脳辺縁系（limbic system）である。前頭前皮質が大脳辺縁系の発達と不釣り合いだと，自分の感情や欲求を制御することに困難がみられると考えられている。

　認知コントロールの二重システムモデルでは，大脳辺縁系に対応する熱いシステムと前頭前皮質に対応する冷たいシステムを仮定して，これを説明している。刺激への探求行動やリスク行動に対して，青年期（特に思春期の子ども）は成人よりも熱いシステムが活性化され，合理的な判断（冷たいシステム）が阻害されてしまうことが仮定されている。この他にも，青年期における自分の感情や欲求のコントロールに関する脳の働きを説明する 2 つのモデルが提案されている。まず，3 項モデルである。これは熱いシステムに対応する大脳辺縁系の一部である腹側線条体（abbreviations）という報酬システムと扁桃体（amygdala）という回避システムに注目したモデルである。青年期では，性腺ホルモンの分泌によって報酬システムが稼働しやすく，回避システムの機能が

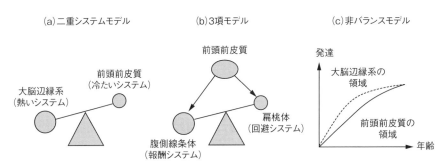

図 7-4　青年期の認知コントロールに関する神経生物学的モデル（Casey, 2015 を参考に作成）

弱まることが提案されている。次に，非バランスモデルは，子どもから成人までの脳の機能的変化に関する研究知見を踏まえ，大脳辺縁系は前頭前皮質よりも成熟が早いことを示している（Casey, 2015, 図7-4）。

　これら3つのモデルに示されているように，欲求や情動に駆動された脳内の機能がそれを制御する前頭前皮質の機能を凌駕しやすいことが青年期の脳の特徴であると考えられている。報酬に対する動機づけが高いことや，暴力行為や喫煙，器物損壊，窃盗，万引きなどの犯罪行為，自傷行為などの問題も，これらのモデルで説明できる。一方で，青年期の脳は発展途上にあり，環境（外的な働きかけ）によって成人の脳へと成熟していくのである。このように青年期は脳の可塑性が高い時期であることも知られている。

■■■ 2. 社会性の発達

　子どもは様々な対人関係を経験していく中で社会のルールを学び，成長していく。そして，社会に適応していくために重要な心理的特性として，道徳性（morality）が育まれていく。道徳性の発達は，知的水準が高いだけでは期待できず，役割取得能力の発達が不可欠である。役割取得能力とは，相手の視点に立ち物事を考えることのできる能力を指すが，10歳くらいからこの第三者的視点を持つことができるとされている。その特徴は，それぞれ個々人の考えを自分の考えや感情に干渉されない形で客観的に評価できるようになることである。そして14歳以降は，社会的視点取得が備わるようになる。これは，あくまで社会一般的な価値観に照らし合わせたときに，一つひとつの事象が社会的にどのように判断されるかを理解できるようになる段階である。

　この役割取得能力に対応する形で，コールバーグ（Kohlberg, L.）は，道徳性の発達理論を提唱している。青年期前期では，その行いをすることは良いから，また法律ではそうなっているからなどの判断基準が用いられ，他者や社会のためになることを志向する段階である（慣習的道徳性段階）。青年期後期になると，全員ではないが，社会のルールというものが普遍的なものではないという考えを持つようになる。社会がつくり出す道徳の規準は認めつつも，善悪

の判断は最終的には自分にあると考えるようになる（後慣習的道徳性段階）。

　この他にも視点取得能力の獲得を通して，他者の感情の理解が可能になる。相手の様子を踏まえたうえで，相手が経験している感情を共有することができるなど，共感性（empathy）の発達も促されていく。相手が困っているから助けようという動機は，共感性を通じてはじめてなされるが，これが向社会性（prosociality）の発達にもつながる。向社会性とは，社会的価値を有する他者に利益を与える援助行動をしようとする傾向のことである。一般的に，児童期から成人期のはじまりにかけて向社会性は高まっていくと考えられているが，青年期前期では，一度，向社会性の発達は停滞するようである。誰に対しても向社会的なふるまいをするのではなく，相手との関係性を踏まえた形で選択的に行われることが示唆されている（西村ら，2018）。

　これまで説明してきた社会性の発達は個人だけでは成しえない。家庭や学校の中での対人関係の中を通して培われていくのである。そこで以下では，青年期の仲間関係や友人関係，親子関係，恋愛関係について各々の特徴を整理していく。

(1) 仲間関係と友人関係

　学校教育では勉強だけではなく，仲間（peer）との共同生活を通して社会的ルールなどを学ばせている。良好な仲間関係は子どもの健やかな成長に不可欠であり，これによって学校に行く意欲も高まることであろう。仲間関係の最大の特徴は，ある目的や行動様式を共有しているという点にある。主に，発達心理学分野では，仲間は幼児期から児童期で用いられる用語である。

　青年期ではこれとは別に友人（friend）という言葉が登場する。この点に関連して，青年期前期・中期で多用される仲間と青年期後期で用いられる仲間の意味合いは質的に変わることも指摘されている（難波，2005）。学校教育との兼ね合いを踏まえれば，仲間関係というのは，幼稚園や学校などで行動をともにするために提供される受動的な人間関係を契機として個人が形成するものである。一方，友人関係はその仲間関係から一歩踏み出し，自分で選択していく能動的な人間関係を特徴とするものといえる。個人の趣味や興味などを通じた

親密性の高さが特徴である。そして，長年にわたり関係を続けることのできるような親友（close friend/ best friend）の獲得は，青年期の課題とされている。親友と一括りに言っても，その質が大切である。親密さだけではなく，自発的な互恵性，危機的状況でのサポートが見込めるかなど，親友関係の質は高ければ高いほど良い。

落合・佐藤（1996a）は，同性の友人とのつき合い方に関する研究を行い，青年期前期から中期にかけて，広く関わるつき合い方がみられると指摘している。ただし青年期の後期になると，深く狭く関わろうとするつき合い方が主流になる。そして，浅いつき合いから深いつき合いへと「人と関わる姿勢」が変化し，次に広いつき合い方から狭いつき合い方へという「関わろうとする相手の範囲」の変化が起こると考えられている。こうした対人関係の変化は，日本の学校システムが集団行動をベースとし，それが青年期後期になると取り除かれること，そして，仲間，友人，親友という対人関係の様相が変遷していく流れともその方向性は概ね一致していると考えられる。

青年期の子どもの発達の中で対人関係は重要であり，その中で他者と良好な

表7-3　児童期と青年期のソーシャルスキルと仲間関係，社会的課題
（Bierman et al., 2010 を参考に作成）

カテゴリ	児童期	青年期
獲得すべきソーシャルスキル	・ルールの順守，公平なふるまい，セルフコントロール，友人へのサポート	・会話スキル，親密な友人関係を形成するためのスキル（忠実な行動や共感的反応），意思決定（問題解決）
仲間関係の文脈	・相互的な小グループの関係，大きなグループ（学級のクラス）による競争や協力行動	・親密な友人関係，共通の興味に基づく小集団，派閥
社会的課題	・社会的に受容され，いじめや拒絶反応などを回避すること ・相互支援的な親密な対人関係を形成すること	・集団を引っ張ること，親密な友人関係を維持すること ・共通の価値観を持つ仲間を見つけること，適切にふるまい周囲に良い影響を与えるようになること

関係を築きながら自分らしさを発揮できるかが大切になる。そのためには，適切なソーシャルスキルを身につけることが望ましい。ビアマンら（Bierman et al., 2010）は対人関係の変化を踏まえたうえで，それぞれの時期の社会的課題と必要なソーシャルスキルをまとめている（表7-3）。児童期に比べると青年期前期・中期では，集団の中で自己を表現するソーシャルスキルや，親友や恋人などの親密な対人関係をつくるソーシャルスキルがより重要になることが説明されている。

(2) 親子関係

　青年期の子どもは，親からの自立を求められ，一人の人間として社会へと巣立つことが期待されている。しかし，その過程は多難である。反抗期（rebellion phase）は，これまで絶対だと思っていた親の価値観に疑念を抱き，それを再構築していく期間である。青年期前期と中期には，理想と異なる親を批判し，葛藤が生じ，親から分離しようとする欲求が高まるが，青年期後期になると親を客観視できるようになるとされている。これが親子関係の再構成につながり，一人の人として対等に関わることができるようになると考えられている（落合・佐藤，1996b）。その一方で，親との信頼関係は重要である。青年期後期の親子関係に関して，親との信頼関係が低いと，親からの心理的分離がなされたとき，疎遠な親子関係になってしまうからである。

　青年期を通して，子どもは親離れをするが，これは同時に親が子離れをすることを意味する。子どもは親との関係を再構築しなければならないし，それと同時に親も子どもとの関係を見直す必要があるだろう。村上・櫻井（2014）の小学校高学年のアタッチメント・ネットワークに関する研究によると，アタッチメント対象の候補として母親があげられている割合は高かったものの，アタッチメント対象は家庭内の関係性にとどまらず，家庭外の関係性（友達など）までに拡大することが示唆されている。つまり，青年期前期では，すでに親子関係は重要な関係であることには変わりはないが絶対的なものから重要なものの中の1つという関係に変わるのである。

(3) 恋愛関係

青年期になると，異性に興味を持ったり恋愛感情を抱いたりするようになる。すべての青年が恋愛関係を経験するわけではないが，恋愛関係によって自分に自信が持てるようになったり，生活の中で充実感を得られたりする。前節で説明した，アイデンティティの形成にも大きな影響を及ぼし，人生の大きなイベントである結婚に至る過程を学ぶ機会となる。一方で，恋愛関係がうまくいかなくなったとき，抑うつになったり学業成績が悪くなったりするなどの影響が出る。また失恋などの経験は，自尊感情の低下にもつながるだろう。それらの対処方法を含めて恋愛関係は多くのことを学ぶ機会を与えてくれるのである。

4 青年期の臨床的問題

これまで青年期の発達課題とその背景にある様々な変化について概観してきたが，本節では，近年注目されている青年期の臨床的問題について概説する。たくさんの説明すべき臨床の問題はあるが，紙面の都合により，①インターネット・ゲーム依存，②自殺と抑うつ，③性的マイノリティ，についてみていく。

■■■ 1. インターネット・ゲーム依存

2000年頃よりインターネット・オンラインゲームへの依存の問題が報告され，青年でもこの問題が注目されてきた。生活リズムの乱れや学業不振の引き金になることが懸念されるからである。また不登校などの学校に行けない家庭内の要因として，オンラインゲームやインターネットは家庭に留まる報酬として機能してしまう。2018年にはICD-11（国際疾病分類の第11回改訂版）においてゲーム障害（gaming disorder）の診断基準が発表された。12か月以上にわたり，没頭（ゲームへのとらわれ），離脱症状（ゲームができないことによるイライラ），耐性（使用時間の増加），制御困難（なかなかやめられない）などの症状が見られた場合，社会生活に支障が見られているにもかかわらず，

オンラインゲームやインターネットに関与し続けた場合，重症が疑われる。潜在的には，女子よりも男子，さらには年齢が若いほど，インターネット・ゲーム依存になる可能性は高い（Mihara & Higuchi, 2017）。

　またゲームではないが，YouTube などで自分の好きな動画を長時間にわたり見続けてしまうことも依存症の可能性が疑われる。近年では，インターネット依存・ゲーム依存を個人もしくは家庭の問題として取り組むのではなく，条例などを制定して社会全体の問題として取り組む姿勢が見られている。

■■■ 2.　自殺と抑うつ

　我が国の，若者（15 歳〜 34 歳）の自殺の問題は深刻な状況にある。厚生労働省（2018）によると，若い世代の死因の第 1 位に自殺があげられている。先進国の中でも，自殺による死亡率に関して，日本は高い傾向にある。こうした現状を踏まえ，我が国では，自殺対策強化月の指定や，SNS を用いた相談体制を整えるなどの，ソーシャルネットの強化を目的とした対策が練られている。自殺予防において，相談できる人がいるかいないかは自殺防止の第一歩である。

　この自殺の問題の引き金になりやすいのが抑うつ（depression）である。抑うつ症状が高いと，気分が重くなったり，意欲が感じられなくなったりするが，その症状の重症度が高いほど，自殺のリスクが高まる。その一方で家族関係によって自殺のリスクは低減されることも明らかにされている（Consoki et al., 2013）。抑うつのリスク要因としては，遺伝的脆弱性といった個人的要因があげられる一方で，ソーシャルスキルの未熟さや自己認知の問題など介入可能な要因もある。また，家族関係や仲間関係などの外的環境を調整することで，問題が生じる前に先手をうち，発症の可能性を低める予防態勢を整えることが重要であろう。この他にも，近年では運動とメンタルヘルスとの関係が注目され，青年期後期でも歩行などの低強度の運動習慣の構築が抑うつ症状の芽を摘めることが注目されている（石原ら，2016）。

■■■ **3. 性的マイノリティ**

　青年期に生じる身体的・生物学的変化によって性別差ははっきりするが，そのような変化を自身が意識している性別（gender）と身体的な性別（sex）とが一致したものとして自覚しているかという点は教育相談においてもナイーブなトピックである。青年期に自分の性を受容していくうえで，男性と女性という二分論ではとらえられないこと，そしてその多様性を理解する必要がある。

　レズビアン（lesbian），ゲイ（gay），バイセクシュアル（bisexual），トランスジェンダー（transgender），クエスショニング（questioning）の頭文字を組み合わせた LGBTQ や，自分の認識している性と身体的性別が一致していない性的指向を指す性別不合（gender incongruence）という言葉も耳にするようになってきた（表 7-4）。子どものジェンダーの問題は青年期に明らかになることが多いが，その子の心のケアや自己概念へのダメージの防止に尽力しなければならない。また，その子を受容する社会的下地も成熟させていく必要がある。例えば，カナダでは，プライドパレードという LGBTQ や社会的マイノリティに対する偏見や差別をなくすための社会的啓発活動が盛んに行われている。

表 7-4　LGBTQ とそれぞれの名称の内容

名　称	内　容
L（レズビアン）	女性の中で，女性に恋愛感情や性的欲求を持つ性的指向
G（ゲイ）	男性の中で，男性に恋愛感情や性的欲求を持つ性的指向
B（バイセクシュアル）	男性と女性の両方に恋愛感情や性的欲求を持つ性的指向
T（トランスジェンダー）	自身が意識している性別と身体的な性別が一致していない指向（狭義には，それを乗り越えようとする志向を含む）
Q（クエスショニング）	自分の性的指向について態度を保留している，もしくはわからない状態

注）Q は Queer（クゥイア）という「風変わりな」という意味を肯定的に解釈して使用される場合もある。

5　まとめ

　以上，概観してきたように，青年期は身体的・心理的変化を伴いながら，そして社会的発達を経験しながら，社会の一員としての自己を模索・確立する時期である。青年期の子どもの教育相談では，まずは標準的な発達と成長を把握したうえで，個々人が抱える多様な問題を見ていく必要がある。その際は青年期の子どもが見失いがちな長期的視点を念頭に置いた姿勢を忘れてはならない。それと同時に，直面している問題だけに着目するのではなく，その子どもを取り巻く環境にも注目する必要がある。例えば，学業の低下という問題が見られたとしても，その原因として両親のけんかが背景にある場合がある。表面的に問題を解決したとしても，その問題を引き起こしている環境を変えなければ，その問題は再発してしまうだろう。また，4 節で説明したように，臨床的にも重大な問題に対しては，社会全体で取り組む必要がある。青年個人だけに焦点を当てるのではなく，取り巻く環境（家庭や学校），そして社会全体といったミクロとマクロの視点から，青年期の子どもが抱える問題にアプローチしていく必要があるだろう。

　以上のような視点を踏まえつつも，その子ども本人が自分の力で問題と向き合えるよう，そして責任をもった行動ができるよう自立を促していくことが，青年期の発達課題を踏まえた教育相談の根幹であることに変わりはない。結局のところ，青年期の発達課題である自己概念の形成，アイデンティティの確立，そしてキャリアを形成していくのは，青年自身だからである。

第 **8** 章

いじめ問題の理解と対応

1 いじめ問題とは

■■■ 1．いじめの問題化

　いじめ問題は，1980年代の半ばにいじめによる生徒の自殺とともに問題化した。それまで，いじめは，どこにでもあること，社会に出るための通過儀礼のようなものとして扱われてきたが，いじめによる自殺が大きく取り上げられたことによって，いじめが深刻な問題としてとらえられるようになったのである。

　森田（2010）は，「いじめ問題の発見」として，1980年代にいじめが悪として確立したことを指摘する。いじめは，1980年代以前にも存在していたが，それほど深刻な問題としてとらえられていなかった。むしろ「人間の社会ならどこにでもあるもの」「子ども同士の問題に大人が口出しをしない」といった意識であった。ところが，いじめによる児童生徒の自殺という事件が報道されることによって，社会の意識が，「いじめは人間として許されないこと」に転換されたという。「いじめ」という言葉が指し示す内容は，このように社会的な意識の中で形成され変遷してきたものとしてとらえ，その多様さを理解しておく必要がある。

■■■ 2. 発生件数の推移

　1980 年代に発生した生徒のいじめによる自殺が起きて以降，文部省（当時）は，毎年，全国の小・中学校，高等学校を対象として，いじめの発生件数の調査を行っている。

　それによると，近年，増加傾向にあることがわかる。2013（平成 25）年からいじめの定義が変わったことの影響もあると考えられるが，深刻な状況が続いている。特に，小学校でのいじめの認知件数の増加は，2015（平成 27）年度以降，前年比 30% 前後となっており増加傾向が著しい（図 8-1）。

■■■ 3. いじめの様態

　いじめの状況として，以下のような様態別の調査が行われている。小・中学校および特別支援学校，高等学校においては，「冷やかしやからかい，悪口や脅し文句，嫌なことを言われる」が多く，高等学校においては「パソコンや携

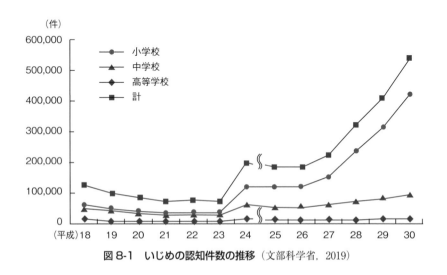

図 8-1　いじめの認知件数の推移（文部科学省，2019）

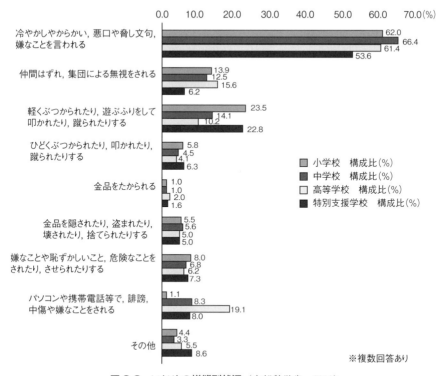

図 8-2　いじめの様態別状況（文部科学省，2019）

帯電話等で，誹謗，中傷や嫌なことをされる」が多いことが特徴である。また，小学校，特別支援学校では，「軽くぶつかられたり，遊ぶふりをして叩かれたり，蹴られたりする」が多い。学校では，校種によって発生しやすいいじめの様態を理解して早期発見に努めることが求められる（図 8-2）。

■■■ 1. 文部科学省の調査

　1986 年に初めて全国的ないじめの調査結果が文部科学省（当時文部省）から発表された。その後，いじめの問題のとらえ方を変えながら調査が現在まで続いている。表 8-1 に，そのとらえ方の変遷をあげる（表中の丸囲み数字は筆者が挿入）。

　これを見ると，いかにいじめの問題を客観的にとらえることが難しいかがわかる。

　①加害者と被害者の力のアンバランス，②どのような行為であるか，③被害者の状態，④学校での認知，発生場所などは，いじめの問題をとらえるうえで重要な要因である。しかし，2006 年から用いられている定義では，力が上の

表 8-1　文部科学省（文部省）の調査による定義の変遷

1986 年～ （昭和 61 年～）	「いじめ」とは，「①自分より弱い者に対して一方的に，②身体的・心理的な攻撃を継続的に加え，③相手が深刻な苦痛を感じているものであって，④学校としてその事実（関係児童生徒，いじめの内容等）を確認しているもの。なお起こった場所は学校の内外を問わないもの」とする。
1994 年～ （平成 6 年～）	「いじめ」とは，「①自分より弱い者に対して一方的に，②身体的・心理的な攻撃を継続的に加え，③相手が深刻な苦痛を感じているもの。④なお，起こった場所は学校の内外を問わない。」とする。 なお，個々の行為がいじめに当たるか否かの判断を表面的・形式的に行うことなく，いじめられた児童生徒の立場に立って行うこと。
2006 年～ （平成 18 年～）	個々の行為が「いじめ」に当たるか否かの判断は，表面的・形式的に行うことなく，いじめられた児童生徒の立場に立って行うものとする。 「いじめ」とは，「①当該児童生徒が，一定の人間関係のある者から，②心理的，物理的な攻撃を受けたことにより，③精神的な苦痛を感じているもの。」とする。④なお，起こった場所は学校の内外を問わない。

※丸囲み数字は筆者が挿入

ものから下のものへ一方的に行われたかどうかという要因を外し，「一定の人間関係のあるものから」と変更している。また，同時に継続的であるかどうかの要因も外し，「心理的，物理的な攻撃を受けたことにより」と変更された。さらに，被害者の苦痛の程度についても「深刻な」という言葉を削除している。

　いじめの問題は，暴力などに代表されるように力が上の者が一方的に行うものばかりではなく，対等に見える友達関係の中でも起きるものであるという実態が明らかになっている。一見，遊びに見える行為の中にも，被害者にとって深刻なダメージを与えるいじめの問題が発生するのである。

　また，いじめの加害行為が継続的ではなく，たとえ一過的なものであっても，被害者にとっては，大きなインパクトになることがあることにも気をつけたい。さらに，苦痛の程度が深刻であるかどうかにかかわらず，いじめとしてとらえようとしていることにも注目したい。

　このように，調査に用いられたいじめの問題のとらえ方の変遷から，私たちがいじめをどのようにとらえるべきかを学ぶことができる。普段の学校生活の中における，普通に見える友達関係の中でいじめは発生しており，深刻に見えない状況においてもいじめの問題が発生していることに気をつけなければならないということである。また，被害者の苦痛については，その程度にかかわらず重大な事態につながる可能性があるというとらえ方が求められることに留意する必要がある。

■■■ **2. いじめ防止対策推進法による定義**

　2013 年 9 月に施行された，「いじめ防止対策推進法」によると，いじめの問題は，以下のように定義されている（丸囲み数字は筆者挿入）。

いじめ防止対策推進法（定義）第二条
この法律において「いじめ」とは，①児童等に対して，当該児童等が在籍する学校に在籍している等当該児童等と一定の人的関係にある他の児童等が行う②心理的又は物理的な影響を与える行為（インターネットを通じて行われるもの

を含む。）であって，③当該行為の対象となった児童等が心身の苦痛を感じているものをいう

　文部科学省（文部省）の調査に用いられた定義との相違に注目したい。攻撃であるか否かにかかわらず広くいじめをとらえるために，「攻撃」という言葉を用いることなく，「影響を与える行為（インターネットを通じて行われるものを含む）」とした。また，被害者の状況については「心身の苦痛を感じているもの」としており，被害者の被害感に準拠していじめの問題をとらえる定義となっている。この定義を見ると，被害者の「心身の苦痛」に焦点が当たっており，加害者の攻撃の意図の有無などは考慮されていない。そのため，被害者が苦痛を感じていればすべていじめになる。

　このことは少なからず学校現場に混乱をもたらした。「いじめる気など全然なかったのに，いじめの加害者にされた」「相手が苦痛だと訴えたら，なんでもいじめか」といった児童生徒や保護者とのトラブルも聞く。教員からも，このような定義であることは理解するが，指導が難しいとの声も聞く。

　なぜ，このような定義になったかを正しく理解しておこう。この法律の成立過程における議論の記録（衆議院第183回国会文部科学委員会第7回）には，なぜ客観的に認められるものに限定しない定義となったか，なぜ「攻撃」という言葉を用いなかったかについて，以下のような答弁が記録されている。

衆議院第183回国会文部科学委員会第7回議事録（筆者抜粋）

「客観的に認められるのはどういう人がどういうふうに認めるのか，あるいは認められなかった場合，あるいは学校が認めないがために，本来は支援されるべきなのにいじめに苦しむ児童等が対象からこぼれてしまってはならないという観点から，今回はこのような広い観点にさせていただいた」「攻撃となってしまうと，無視やからかい，そういう範囲の広いものが読み込めるかどうかということも議論になりまして，そんな議論の中で，『心理的又は物理的な影響を与える行為』とさせていただいた」

　法律の成立過程の議論を見ると，いじめ防止対策推進法の定義は，被害者を救済することを優先した定義となったことがわかる。客観的に判断することを待たず，被害者が心身の苦痛を感じていたとしたら，直ちにいじめとしての対応を始めることを求めるものである。

　ここで気をつけておきたいことは，これまで，いじめの問題に対しては厳しい指導を求められてきたことである。例えば，「出席停止等の措置も含め，毅然とした指導」（文部科学省，2006），「いじめは人間として絶対に許されない」という意識の徹底（文部科学省，2010）である。しかし，このようないじめ防止対策推進法の定義となったことを受けて出された文部科学大臣決定の「いじめ防止等のための基本的な方針」においては，「いじめに当たると判断した場合にも，その全てが厳しい指導を要する場合であるとは限らない」（文部科学大臣決定，2013）と記されている。つまり，意図しないで加害者となった児童生徒については，例えば，「いじめる気持ちがなかったことはわかる。でも，自分の言動によって傷つく相手の気持ちにもできるだけ気づけるようになっていこう」といった指導も臨機応変に行っていく必要がある。

■■■ 3. 指導援助に必要なとらえ方とは

　文部科学省（文部省）の調査，いじめ防止対策推進法の定義によるいじめのとらえ方は，実際に起きてしまったいじめの問題を把握するためのものである。このようないじめの問題のとらえ方は，いじめ事案発生時の介入や事後的な指導に焦点が当たりがちである。

　しかし，学校におけるいじめの問題への対応では，未然防止のための事前指導が重要となる。いじめ防止対策推進法の定義は重要であるが，一方で，未然防止のためのいじめの問題のとらえ方についても，しっかりと確認をしておきたい。

　いじめの問題を未然に防ぐ事前対応に必要なとらえ方とは，どのようなものであろうか。重松清の短編小説『青い鳥』には，以下のように，生徒の問いに答えて主人公の教師が語る場面が出てくる。

いじめは，人を嫌うからいじめになるんじゃない。人数がたくさんいるか
　らいじめになるんじゃない。人を踏みにじって苦しめようと思ったり，苦
　しめていることに気づかずに，苦しんでいる声を聞こうとしないのがいじ
　めなんだ。
（重松，2007）

　いじめ防止対策推進法におけるいじめの定義と対極にあるとらえ方かもしれ
ない。これは，加害者側から見たいじめのとらえ方である。いじめの問題への
指導においては，相手が苦痛を感じていようとなかろうと，人を踏みにじるよ
うな行為について，いじめとするのである。いじめの問題の指導においては，
被害者の主観的な被害感とは別に，加害者側の行為について指導できるように
なっておくことが求められる。
　従来から学校で行われてきた「人が嫌がることはしない」「自分がされて嫌
なことは人にするな」といった，加害者側の行為に焦点を当てた日常的な指導
の視点も大切にしたい。

3　いじめの問題の構造

　森田（1985）は，いじめが被害者と加害者を含めた４層の子どもが絡み合っ
た構造であることを明らかにしている。それによると，いじめは①被害者，②
加害者，③観衆，④傍観者・仲裁者の４層でとらえることができ，周りではや
し立てる観衆はもちろん促進要因であるが，黙って見ているだけの傍観者も暗
黙の支持を与えており，促進要因であるとする。そのうえで，いじめを止める
のは，傍観者の中に仲裁者が出現することであるとした（図8-3）。
　ところが，森田（2001）の研究では，日本の児童生徒は，諸外国と異なり，
学年が上がるにつれて，傍観者が増え続け，仲裁者が減り続ける傾向が明らか
にされている。日本においては，中学生の段階においても，いじめを止めよう
とした場合に，孤立したり，自分がいじめのターゲットになることを怖れなけ
ればならない集団の雰囲気が影響しているとも考えられる結果となった（図

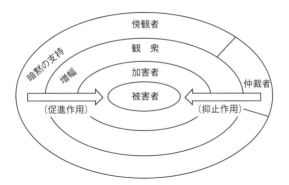

図8-3　いじめ集団の4層構造モデル（森田，1985）

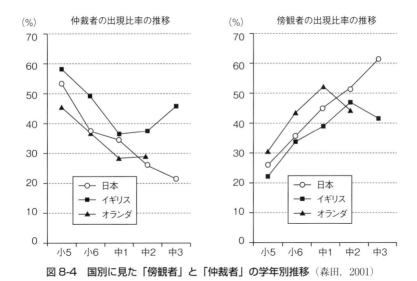

図8-4　国別に見た「傍観者」と「仲裁者」の学年別推移（森田，2001）

8-4）。

　いじめの問題への指導の際には，被害者，加害者の個人の問題と考えるだけではなく，集団の問題としても考えていく必要があるといえよう。

　生徒指導提要（文部科学省，2010）では，いじめの問題の指導として「児童生徒同士の心の結びつきを深め，社会性を育む教育活動を進める必要」を指摘

している。いじめを許さないという価値観を育てるとともに，児童生徒の関係性を育て，「仲間がいじめられているから止めよう」「いじめを制止しようとしたときにいっしょに止める仲間がいるから大丈夫」と思える集団をつくることで，いじめに歯止めをかけることが求められているのである。

4 いじめの問題と加害者の攻撃性

■■■ 1. いじめ加害者の特徴，攻撃性の背景，なぜいじめるのか

いじめの問題への指導援助を考える際に，人はなぜ他者を踏みにじるのか，なぜいじめたいという衝動を持つのか，ということを理解したい。

イルゴイエンヌ（Hirigoyen, 1998）は，モラルハラスメントの加害者の特徴として「相手に苦しみをおしつけ，相手を犠牲にして自分を価値ある者にする」「中身が空洞で，他人という鏡に映った像だけでなりたっている」と指摘している。また，山折哲雄は，いじめにつながる言葉の暴力，力の暴力の背景として「個の確立ができていない者が壁を乗り越えることができないときに生じる他者との『比較地獄』『嫉妬地獄』」（山折，2013）をあげている。調査研究の結果からは，関係性に関する自尊感情の低さといじめ加害との関連が指摘されており（伊藤，2017），いじめの加害につながる攻撃性の背景には，自己の確立に向けた発達の課題があることを理解しておきたい。

このような人の持つ攻撃性については，精神分析理論の中でも自己愛憤怒として指摘されている（Kohut, 1972）。自己愛憤怒とは，自己価値観への傷つきによって生じる怒りで，相手が傷つき痛んでいても，止むことがないことが特徴である。深刻ないじめの問題では，しばしば弱っている被害者に対して，さらに攻撃を加えるような様態が見られることがある。また，被害者の逆らうような行動に激高してひどい攻撃を加えた事例がある。これらのケースは，自己を愛することに失敗した者が，被害者との関係の中で自己の傷つきに直面して起きた自己愛憤怒による攻撃と理解することができる。

■■■ 2. いじめ加害者の援助ニーズ

　なぜ，いじめ加害者が人を踏みにじる攻撃性を持つのかという要因を考えると，いじめの加害者にも援助ニーズがあることがわかる。いじめにつながる攻撃性は，自己への価値や健全な自己愛を持てないという自己の発達の問題に起因する。したがって，いくら「いじめは許されないこと」「いじめカッコ悪い」と教え諭しても，変容を促すことが難しい場合があることを踏まえて指導に臨む必要がある。

　いじめ加害者となった小学校6年生の女子児童が，「こんなことしていたら友達がいなくなることはわかっている。でも，ついひどいことをやってしまう。こんなこと止めたい……」と話したという。加害者も心のどこかで，この女子児童のような思いを持っている場合も多い。いじめの加害者も援助ニーズがあることを理解しておきたい。

　加害者の立ち直りを支える指導援助としては，教え諭すだけでなく，児童生徒が，自分の存在自体を理解してもらえる安心感を持ち，自分の課題と向き合うことができるようにする支援が必要である。

5 いじめの問題と被害者の攻撃誘発性

■■■ 1. いじめ被害者の特性

　いじめ被害者が持つ攻撃誘発性（ヴァルネラビリティ：vulnerability）について，以下の3つのタイプが指摘されている（竹川，1993）。

①特異な身体的違和感や明らかな負性から生じるヴァルネラビリティ
　　例）身体的ハンディキャップ，動作がのろい，情緒不安定，身勝手など
②ある面のつけ込まれやすさから生じるヴァルネラビリティ
　　例）雰囲気に溶け込めない，支配する価値基準に照らして劣位など

③他者への優越性や，優れた面の目立ちやすさから生じるヴァルネラビリティ

　例）成績がよいこと，先生に褒められることなど

　いじめの問題は，この攻撃誘発性（ヴァルネラビリティ）を持つ者と攻撃性を持つ者との相互牽引的な作用で発生することが指摘されている。もちろん，このような特性を持つからいじめられるというとらえ方は誤っている。しかし，攻撃誘発性（ヴァルネラビリティ）を持つ者が攻撃性を持つ者と出会ったときにいじめの問題が発生しやすくなることを理解しておくと，いじめの問題の予見，早期発見に役立つはずである。

■■■ 2. いじめ被害者の援助ニーズ

　いじめの問題は，被害者に長期にわたり心理的・身体的な影響を及ぼすことが明らかにされている。例えば，水谷・雨宮（2015）は，小学校の頃のいじめ被害が自尊感情を介して大学生の特性不安と関連していることを指摘している。また，坂西（1995）は，いじめられた経験によって，「相手の気持ちをよく考えるようになった」「がまん強くなった」など，肯定的な面も見出されるものの，「気持ちが暗くなった」「自信がなくなった」「人とのつき合いが消極的になった」などの否定的な面が成人になってからも持続しており，その程度は被害の苦痛が大きいほど深刻であることを報告している。いじめの被害者となった児童生徒に，ネガティブな心理的・身体的影響を残さないために，被害者にとって大きな苦痛になる前に介入し，支援することが求められる。

　一方で，いじめ被害が自己成長感につながる要因として，亀田・相良（2011）は，学校・家庭での話しやすい関係の構築と自己開示，いじめられたつらさをわかってくれる人の存在，信頼のおける大人の存在，家族関係と友人関係の良好さ，ソーシャル・サポートが得られたこと，積極的な対処法をとったことを指摘している。これらの要因は，いじめ被害者の支援の際の参考となるであろう。

　いじめ問題の対応においては，いじめられる被害者にも課題があり，それを

乗り越えて成長させることが必要なケースもあるだろう。例えば，人の気持ちを推測することが苦手で，一見すると平気で人を傷つけたり，いらだたせたりする言動をくり返す場合などである。

　このような児童生徒がいじめ被害者となった場合，「悪いのは加害者であり自分には問題がない」という考えから，本人も保護者も課題に気づくことができないことがある。このようなケースは対処が非常に困難になる。

　いじめの問題への対応においては，しばしば，このようないじめ被害者の援助ニーズに踏み込む必要が出てくる。被害者本人に課題がある場合，いじめ加害を止めることにとどまらず，周りの児童生徒を育てつつ，問題を抱える被害者本人をあたたかく受け止め，ともに成長をすることを願っているということが伝わる指導をし，被害者が自分の課題と向き合うことのできる体制を整える必要がある。

6　いじめの問題と学級集団

■■■ 1. いじめ許容空間

　竹川（1993）は，いじめの問題が発生する要因として，加害者が持つ「いじめ衝動」とともに，いじめを許容したり傍観したりする雰囲気に陥っている状況とされる「いじめ許容空間」の存在を指摘している。例えば，加害者が持つ攻撃性に根ざす高い「いじめ衝動」が存在したとしても，「いじめ許容空間」が生じなければ，いじめの問題は起きにくく，逆に，それほど高い「いじめ衝動」がなくても，「いじめ許容空間」が存在すれば，いじめの問題は起きやすい。

　さらに，学級の統制の程度によって，以下の2つのタイプを指摘した。

①統制の強い学級
　「ストレス解消的」「教師に代わって制裁を行う」いじめが起きやすい
②統制の弱い学級

「異質な者を排除」「ふざけやからかい」としてのいじめが起きやすい

このように，学級集団の状態が，いじめの問題の発生に影響があることに留意する必要がある。

■■■ 2. 学級集団の援助ニーズ

いじめの問題を未然に防ぐためには，学級集団に「いじめ許容空間」をつくらないことである。しかし，近年のいわゆる学級崩壊の問題に代表されるように，学級集団を良好な関係性に育てることは難しくなっている。その背景には，心理面・社会面・身体面の発達に課題を持つ多様な児童生徒の存在が指摘されており，集団に適切な援助が必要である。いじめの問題の未然防止，早期発見，早期対応のためには，課題を抱える児童生徒の発達援助を含めた集団育成のための支援が求められている。

7 いじめの問題の未然防止に向けて

いじめの問題への対応は，大きく分けて以下の3つがあり，①事前（予防的対応），②発生時（介入），③事後（事後対応）となっている。いじめの問題は，発生してしまった場合には，被害者の自殺など深刻な事態を引き起こす可能性があり，いじめの問題を発生させない，未然防止の考え方が重要である。

ここでは，開発的・予防的生徒指導として，①事前（予防的対応）を取り上げて，対応とそのポイントについてまとめる。

なお，②発生時（介入），③事後（事後対応）については，「いじめ防止等のための基本的な方針」（文部科学省，2017）が参考になるので参照してほしい。

■■■ 1. いじめの問題を理解する学習

　いじめの問題とは何か，いじめをしてはいけないこと，いじめの起きる理由などについて教え，考えさせることである。また，そのような機会を，児童生徒の発達段階に応じてくり返し持つことである。指導においては，いじめの背景には，人の持つ根源的な攻撃性の問題があり，そのことと向き合い，乗り越えていくことも含めて考えさせる指導が求められる。

　同時に，いじめの問題を個人の問題として終わらせるのではなく，どうしたらいじめのない社会にできるかという視点からとらえさせ，いじめが起きたとしても，それを止める仲裁者が出てくる集団や社会をつくる方法について，考えさせることも大切である。

■■■ 2. いじめにつながる攻撃性を低減する

　攻撃性の背景にある自己形成の課題に対応し，児童生徒それぞれが自己価値観や自尊感情，健全な自己愛を発達させることができるような支援を教育活動において展開することである。

　このような自己形成の課題に，どのように対応するべきかを心理社会的発達の理論から学ぶことができる。自己の価値感の基盤である基本的信頼感（Erikson, 1959）は，他者から応答的に関わってもらうことによって健全に発達していく。望んだことに応えてもらいながら，自分の外界は信頼に足るものであると同時に，自分は応えてもらうだけの価値のある存在であるという自己の価値についての信頼を持つことになる。自己無価値感，低い自尊感情を持つ児童生徒の場合，生育環境の中で応答的に温かく関わってもらう経験が少なく，この基本的信頼感の課題でつまずいている場合が多い。

　意識せず，つい人を踏みにじるような行為に向かう児童生徒の中には，このような生育環境に起因する自己無価値感，低い自尊感情を抱えており，そのような発達の課題に対する修復的な支援を行うことになる。

　ポイントは，人との関わりの中で抱えてしまった発達の問題であるので，人

との関わりの中に修復的な支援の可能性があるということである。褒めれば自尊感情が高くなるという単純な問題ではないが，褒めるという行為の中に，存在を気にかけ，心配し，認める，求めればいつでも応えてくれるような関係性があることは，生育環境に起因する課題を抱える児童生徒の発達を促すことになる。それは，教師−児童生徒の関係だけでなく，児童生徒−児童生徒の関係性の中にも生み出すことができる。

■■■ **3. いじめを止めることができる集団育成**

　森田（2010）は，「いじめは根絶できない。だが，歯止めがかかる社会を築くことはできるはず」と指摘した。いじめにつながる攻撃性を持つ児童生徒は，どの集団にもいると考えると，他者を攻撃する侵害行為が発生したときに，それを止めることができる集団を育成することは未然防止のうえで重要である。

　いじめを止めることができる集団育成の指導の際に，統制を強めて指導するだけでは，逆にいじめが生じる結果につながることが指摘されている（河村，2007；竹川，1993）。集団育成について，ルールとリレーションの重要性が指摘されており（河村，2010），以下のような規律と関係性の循環の中で，いじめに歯止めをかける集団を育てることが必要であろう（図 8-5）。

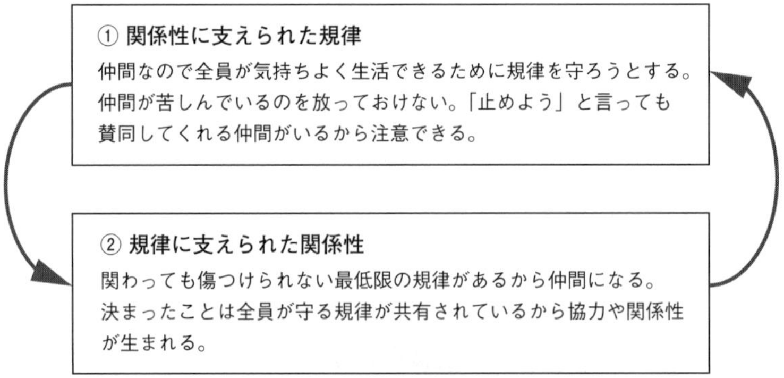

① **関係性に支えられた規律**
仲間なので全員が気持ちよく生活できるために規律を守ろうとする。
仲間が苦しんでいるのを放っておけない。「止めよう」と言っても
賛同してくれる仲間がいるから注意できる。

② **規律に支えられた関係性**
関わっても傷つけられない最低限の規律があるから仲間になる。
決まったことは全員が守る規律が共有されているから協力や関係性
が生まれる。

図 8-5　規律と関係性の循環による集団育成

■■■■ 4. いじめ防止についての児童生徒の自律的な取り組み

　いじめの問題は，「人を踏みにじってはいけない」ということをわかっているだけでは解決しない問題である。また，一人ひとりの発達や心理的な課題として対応するだけでは解決が難しく，森田（2010）も，「心の問題から社会の問題へ」と指摘している。また，文部科学省（2010）の生徒指導提要においても「人権感覚を養うとともに，共同社会の一員であるという市民性意識と社会の形成者としての資質を育成するための開発的・予防的な生徒指導」の必要性が指摘されている。

　このように，児童生徒にいじめをしない，いじめのない社会を形成する一員としての力を育むためには，統制的に行為を制限したり教え従わせる指導の効果は限定的であると理解するべきである。育てたいのは，児童生徒自身が，そのような生き方を選ぶ傾性だからである。そのためには，児童生徒が自律的にいじめ防止の取り組みを組織することを支援する教育実践が有効である。

　例えば，児童会や生徒会の取り組みとして「全校いじめゼロ宣言」を児童総会や生徒総会で採択することや，いじめの問題を考える劇などを取り入れた児童生徒集会を企画・実行するなどの取り組みである。これらの実践のポイントは，いじめゼロ宣言や劇，ポスターや標語，缶バッチ作成などに向けて，全校の児童生徒が何らかの形で関与し，そのような取り組みを仲間がしていることを意識し自らも行動する経験をすることである。

　ある荒れた中学校で，生徒会が「いじめゼロ宣言」に取り組み成功させたときの先生たちの指導は，「学校を良くしようとしている仲間の気持ちもわかるようになろう」「がんばっている仲間の取り組みを無にするようなことはやめよう」であった。つまり，教師が言うことに従う他律ではなく，生徒自らが仲間の思いを理解し，どのように行動するかを選ぶ自律を促す指導が大切である。そして，それこそがいじめに歯止めをかけることができる社会の一員を育てることにつながる。

第9章

不登校問題の理解と対応

1 はじめに

　本章では不登校に関する様々な事項を概説する。具体的には，不登校とは何か，不登校に関するデータ，不登校になる仕組みについて述べ，その後に実際に不登校の児童生徒を支援する際に役立つ考え方について説明する。

2 不登校とは何か

　今の教育システムが大きく変わらない限り，「教師を目指している」読者のみなさんは，教師になったときには，ほぼ確実に不登校の児童生徒と出会う。後述するが，近年不登校児童生徒数は増え続けており，文部科学省（2019）も「生徒指導上の喫緊の課題」と位置づけ，支援の必要性を訴えている。

　ただ，考えてほしい。どうして喫緊の課題なのだろうか。いくら不登校について知見を並べても，「何のために」使うのか目的がなければ意味がない。本章では，まず「不登校の何が問題か」について述べ，そして，不登校の現状について，データを振り返りながら解説する。そして最後に不登校状態にある児童生徒への支援に役立つ援助法について述べる。

■■■ 1. 不登校の何が問題なのか

　文部科学省の定義では，不登校とは「何らかの心理的，情緒的，身体的あるいは社会的要因・背景により，登校しないあるいはしたくともできない状態にあるために年間30日以上欠席した者のうち，病気や経済的な理由によるものを除いたもの」である。しかしながら，児童生徒自身は学校に行く義務を負っているわけではないため，就学義務違反には当たらない。そのため，彼らが学校に行けない・行かないことを責められる理由はない。また，「何らかの要因」が「登校しない・できなく」させており，本人の責めに帰するものではない。「何らかの要因」とは，はっきりしない書き方ではあるが，現在不登校の発現は，子ども本人，家族，学校の3領域に存在するリスク要因の総和，もしくは相互作用の結果と考えられている（斎藤，2011）。確かに，不登校状態につながりやすいリスクは存在するが（例えば，神村，2019），必ず不登校を招くものでもない（表9-1）。

　このように，不登校に関する問題というのは，不登校であるということ自体ではない。現状，不登校になることで不利益を被ることが多く，それが問題なのである。

　まず，不登校状態が本人に苦痛をもたらすことが多い。不登校は休養という

表9-1　影響力が大きい不登校リスク（神村，2019 を一部改変）

リスク	備　考
欠席の多かった学年がある	欠席日数（おおよそ10日以上目安） 入学以前の登園しぶり，欠席背景など
不登校・引きこもりの状態にある家族がいる	親しい友人・遊び仲間にも注意する
複数領域にわたる好き嫌いや徹底的に避ける傾向がある	感覚や対人関係，課題や活動などに対する激しい好き嫌いなど
家庭の中の「退屈せず」過ごせる状況がある	「夢中になれる」「あっという間に時間が過ぎる」環境かどうか

積極的な意味を持つ場合もあるとされる（文部科学省，2019）一方で，他の児童生徒が登校している中「学校に行けない・行っていない」ことに罪悪感や劣等感を覚えることもある。また「行きたくても行けない」という状態は，接近－回避型の葛藤状態であり，この状態になるといらだちや不安を感じるとともに，長期化すると慢性的に不安を覚えるようになる（金城，2019）。そのため，苦痛な毎日を過ごすことになる。一見，「穏やかに過ごしているように」見えても，登校を強いると激しく抵抗するなどして葛藤が顕在化しやすい（齋藤，2009）。普段は，心のバランスをとる防衛機制という機能の働きによって「一見穏やかに」見えていると考えられる。防衛機制には個人差があり，具体例については前田（2016）を参照していただきたい。

　続いて，不登校状態にあることで，教育機会を逸する可能性があるという点も大きな不利益である。現在の日本では，登校し対面授業を受けることが最も効率的に教育を受けられる方法である。また，登校していれば学校という環境がある程度の目的地まで運んでいってくれるという面もある。出席していないときに実施された授業を自分で補うのはかなりの労力が必要である。さらに出席日数が進路選択に与える影響も大きい。したがって，不登校状態になることによって，将来にまで影響が及ぶ可能性がある。

　ただし，以上のような不登校状態がもたらす不利益は，あくまで現在の教育システム上において起こることであるという点も注意しておきたい。例えば，将来，森崎（2019）の実践のような情報通信技術（ICT）を利用した学習指導が普及し，それが通常になったとすると不登校はなくなる。その結果，上記のような不登校がもたらす不利益もなくなる。つまり，不登校に関する問題は，現在の教育のシステム，社会のあり方との相互作用として生じているのである。以上のように，現在，不登校になることで本人が被る不利益が「不登校問題」である。そして，それは今後技術の発展などによって消失する可能性があることを読者には理解しておいていただきたい。

■■■ 2. 不登校の定義について

前項において少し述べたが，文部科学省の不登校の定義について説明を加えておく。まず，不登校の基準には「年間30日以上欠席した者」とある。基準が定められたことで，後述するような調査・報告などを行う際に，不登校が何名であったか明確に回答できるようになった。しかしながら，この「30日以上」という期間は，実は恣意的なもので，支援をする際には欠席の日数よりも実際の欠席の様態を見ていく必要がある（齋藤，2011）。また，この定義は満たさない「不登校傾向」[*1]の児童生徒が，不登校児童生徒の3倍以上存在していることも日本財団（2018）の調査で明らかになっている。したがって，30日以上という期間にとらわれず，欠席理由や本人の様子などを慎重に観察しながら支援を行っていく必要がある。

3 不登校児童生徒の現状

先ほど，「教師になったときには，ほぼ確実に不登校の児童生徒と出会う」と述べたが，文部科学省が公表している児童生徒の問題行動・不登校等生徒指導上の諸課題に関する調査を見ていくとそれがわかる。この調査は毎年実施され，不登校児童生徒数，不登校の理由，教員による指導の結果なども明らかにされており，不登校児童生徒の全体的な傾向を把握するうえで大変重要なデータである。本節では，過去の児童生徒の問題行動・不登校等生徒指導上の諸課題に関する調査と学校基本調査を振り返って，不登校の現状と傾向をつかむ。なお，高等学校に関しては，義務教育課程とは状況が異なると考えられるため，

[*1] 具体的には，「欠席数は30日を越えていないものの，一定期間学校へ行っていない」「学校には行くが，教室には行かない」「教室で過ごすが，授業に参加する時間が少ない」「教室にはいるが，皆と違うことをしている」「皆と同じことをしているが，心の中では学校に通いたくない・つらい・嫌いだと感じている」という児童生徒を指す。

本節においては分析していない。

■■■ 1．最新の不登校事情

　まず，本章執筆の 2020 年 4 月時点での最新のデータは，2018（平成 30）年度児童生徒の問題行動・不登校等生徒指導上の諸課題に関する調査であった。平成 30 年度は，小・中学校における長期欠席者の 68.5% が不登校を理由としていた。学校別に見ると，小学校では長期欠席者のうち 53.4%，中学校では 76.7% が不登校を理由としていた。また，不登校児童生徒数は，小学校で 44,841 人（全児童の 0.70%），中学校で 119,687 人（全生徒の 3.65%）であり，小学校では約 144 人に 1 人，中学校では約 27 人に 1 人が不登校であった。全生徒に占める不登校児童生徒の割合（以下，不登校率とする）は不登校が現在の基準になった 1991（平成 3）年以来最大となった。特に中学校の場合，30 人が在籍するクラスを担任した場合，1 人以上は不登校の生徒が在籍している計算になる。さらに，全国の 63.5% の小学校，89.4% の中学校に不登校児童生徒が在籍していた。不登校児童生徒が在籍していない学校のほうが少なかったのである。

■■■ 2．過去 10 年の不登校児童生徒数の推移

　それでは，過去 10 年で不登校率はどのように推移しているのだろうか。図 9-1 に 2009（平成 21）年度〜 2018（平成 30）年度の小・中学生全体とそれぞれの不登校率を示した。

　全体としては，平成 21 年度〜 24 年度まで不登校率は若干減少し，平成 25 年度に増加に転じたあと，平成 30 年度まで傾向は変わっていない。中学生の不登校率は，全体的な傾向と同様であった。その一方で，小学生の不登校率は平成 21 年度から平成 30 年度まで一貫して増加していた。特に，平成 30 年度における小学生の不登校率（0.70%）は，平成 21 年度の 0.32% の 2 倍以上であった。

　また，図 9-2 に平成 21 〜 30 年度の不登校児童生徒のうち，小学生，中学生

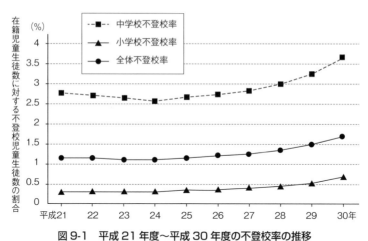

図 9-1　平成 21 年度〜平成 30 年度の不登校率の推移
（文部科学省「児童生徒の問題行動・不登校等生徒指導上の諸問題に関する調査」より引用）

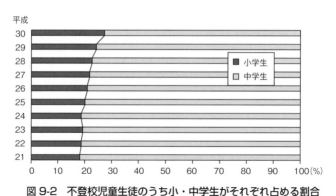

図 9-2　不登校児童生徒のうち小・中学生がそれぞれ占める割合
（文部科学省「児童生徒の問題行動・不登校等生徒指導上の諸問題に関する調査」より引用）

がそれぞれ占める割合を示した。

　これを見ると，平成 21 年度には不登校児童生徒のおよそ 5 人に 4 人以上が中学生であり（小学生：18.24％，中学生：81.76％），この傾向は平成 24 年度まで続いた。そして，2013（平成 25）年度に初めて小学生の割合が 20％を超え不登校児童生徒の 5 人に 1 人以上が小学生となった。その後小学生の割合が増加を続け，平成 30 年度時点では小学生 27.25％，中学生 72.75％と，4 人に 1 人

以上が小学生となった。齋藤（2009）は不登校を「中学生を中心にみられる現象」と述べたが，10年のうちに状況は大きく変わっており，小学生の不登校児童数の増加についても注意していく必要があろう。

■■■ 3. 不登校はどの学年で増えるか

　本項では，1学年について，小学校1年生から中学3年生までを縦断的に追跡し，不登校が特に増加する学年について検討した。まず，平成30年度時点の中学3年生が小学校に入学したのは2010（平成22）年度であるため，この学年を平成22年度入学生とし，小学校1年時からの学年の不登校率の推移を調査した（図9-3）。

　すると，小学校1年生時点の不登校率は0.1%であった。その後，小学2年時には0.15%，小学3年時に0.22%，小学4年時に0.38%，小学5年時に0.59%，小学6年時に0.81%と小学校卒業時点で5倍近くに増加した。そして，中学1

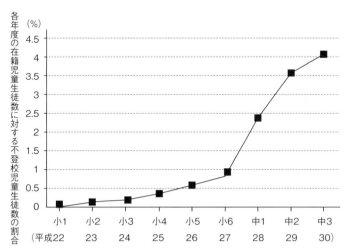

図9-3　平成22年度入学生の不登校率の推移

（平成22年度〜平成27年度：文部科学省「児童生徒の問題行動・不登校等生徒指導上の諸問題に関する調査」より引用。平成28年度〜平成30年度：文部科学省「児童生徒の問題行動・不登校等生徒指導上の諸課題に関する調査」より引用）

年時に 2.36%，中学 2 年時に 3.55%，最終的には中学卒業時点で 4.06% とかなり増加したことが理解できる。また，2006（平成 18）年度入学生から平成 22 年度入学生までの過去 5 学年について，小学 1 年生から中学 3 年生まで追跡した不登校率を図 9-4 に示した。

　このグラフからは，特に，小学 6 年生から中学 1 年生にかけて不登校率がかなり上昇していることが見て取れる。また，この 1 年間に続き，中学 1 年生から中学 2 年生までの間も不登校率の増加が著しい時期である。環境の変化が大きい中学校入学後だけではなく，ある程度環境に慣れたと考えられる時期にも不登校の増加に気を配る必要がある。また，これらの時期の特徴として，前年度から継続して不登校である生徒よりも，新規に不登校になった生徒数が多いことがあげられる（文部科学省，2018）。全く心配に見えない児童生徒の中にもかなりのリスクを抱えているケースがあり（神村，2019），一定の期間があれば，学校生活（勉学，人間関係，部活動など）や家庭環境に何らかの変化が生じたことをきっかけとしてリスクが発現する可能性も高くなる。

　平成 30 年度の小学 1 年生の不登校児童生徒数は過去最多の 2,296 人であった。

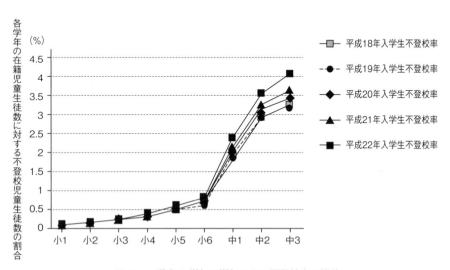

図 9-4　過去 5 学年の学年ごとの不登校率の推移
（文部科学省「児童生徒の問題行動・不登校等生徒指導上の諸問題に関する調査」より引用）

これまでの傾向から，中学3年時点ではかなりの数に上ることが予測される。特にこの学年が中学1年になる2024（令和6）年度と，中学2年になる2025（令和7）年度については，過去最大の増加を見せる可能性がある。

4　不登校になる仕組み

本節においては，「不登校になる仕組み」について考察する。不登校は「どの児童生徒にも起こりうる現象」であり，原因探しをするということではない。まず，不登校を「登校する」という行動の頻度が少ないという現象として考える。そして，「登校する」とはどんな行動なのか，「登校」しなくなる仕組み，そして「不登校」が継続する仕組みについて考えていく。

■■■ 1. 登校するという行動と登校しなくなる仕組み

人はなぜ，学校へ行き始めるのか。答えは単純で，「行くことになっている」ためである。日本国憲法第26条をはじめ，教育基本法，学校基本法などの各種法令は，保護者に対して子どもを最低9年間は学校に通わせる義務を課している。「登校する」ことは，これらの決まりに基づいて起こる行動といえる。

こうしたルールに基づく行動は，専門的にはルール志向行動（実森，2013）と言われる。ルール志向行動には，行動した結果とルールが矛盾したときに，行動の結果を優先するようになるという特徴がある（小野，2009）。つまり，ルールに従って登校したが，それに見合わないことを経験すると，「登校する」ルールに従わなくなる可能性があるということである。ただし，行動の結果とルールが大きく矛盾しない場合にはルールに従い続ける（小野，2009）。そのため，学校を「休む」までに至ったということは，登校する「ルール」と，「学校へ行った結果」との間に大きな乖離があると推測される。例えば，いじめやからかい，恥をかくような経験などは明らかにルールに見合わない結果である。ここでは断じて，「何か嫌なことがあって行かない」ということではないことに注意さ

れたい。登校したあと，もっと言えば登校しようと準備を始めた際に「見合わない結果」が起こったため，登校頻度が減ったと考えられる。あくまで登校（準備）→結果→欠席という時系列である。ただ，一度の大きなきっかけではなく，小さなきっかけの積み重ねであったり，この時系列は本人も自覚していないことが多い。

「見合わない結果」が登校の準備から学校で生活しているときの「いつ，どんな行動のあとにやってくるか」を本人とともに詳細に検討していくことによって，不登校のきっかけをつかむことができる。起床してから学校生活に至るまで，本人の生活を自分の頭の中で映像化するつもりで聴いていってほしい。

■■■ 2. 不登校が継続する仕組み

登校しなくなる仕組みと不登校が継続する仕組みは異なることがある。例えば，「部活の先輩が自分の陰口を言っていたのを聞いてショックを受け，学校を休んでしまった。そして，先輩が卒業した後も休み続けている」というような「きっかけとなった事態は解決したが，欠席が継続している」場合がそうである。こうした場合には，欠席が継続している仕組みを改めて考える必要がある。

まず，自宅にいるほうが「快適に過ごすことができる」場合，不登校状態は継続しやすい。学校と家庭を両てんびんにかけたとき，好ましい刺激の多いほうに傾くという「てんびんの法則」（奥田，2012）は非常にわかりやすい。したいことが自由にでき，魅力的なものがたくさんある家庭環境にいると，そこから学校に向かうには大変な労力が必要である。

また，欠席をすることによって何かを回避できているという場合も不登校は継続しやすい。最初は限定された動機から始まった不登校も，最終的には様々なものを回避する効果を持つようになる（神村，2019）。欠席が続いていくうちに，苦手な授業，同級生・先生と顔を合わせること，朝起きること，自分で登校する労力など，結果的に様々なことが回避できるようになる。さらに，何かを回避するための習慣は獲得しやすいうえに変えにくいという特徴を持っている（神村，2019）。

　以上の分析は，行動とその後の結果によって，以後の行動が変化するという環境との相互作用を重視している。こう考えることで，人格や資質など「本人のせい」にせずに，環境調整や本人に対する具体的な支援に移ることができる。

5 　不登校児童生徒と会うときに

　これまで，不登校の特徴と不登校が始まる仕組みと不登校が継続する仕組みについて述べてきた。これからは，不登校の児童生徒と接する際の関係の築き方と支援する際の基本的な考え方について述べる。

■■■ 1．不登校児童生徒との関係のつくり方

　相談援助場面においては，まず依頼者と「適切な」関係性を築くことが重要である。一方で，お互いの主張がぶつかり合う，あるいはどちらかが主張し他方が聞く（ように見える）といった関係であると目標設定や解決は困難となる。これは不登校児童生徒に限った話ではない。ただ「学校へ行こう」「みんな待っているよ」という言葉をかけ続けても，本人がその言葉を受け取る準備ができていない状態では，実現は難しい。

　目標に対して本人（や保護者）と支援者側で合意があり，本人が目標に向かうのを後方支援するような関係性が理想的である。「今，どんな状態なのか」を共有し，「どうしたいのか」をともに考える。ただ，教育者としては「本人がいいと言っているからいい」というわけにはいかない。将来を見据え，時には「今は苦しくとも本人のためと思われる」ことに取り組んでもらえるように動機づけを高めていくことも必要である。勘違いしてほしくないのだが，こちらの思いどおりにさせるという意味ではない。先ほどの「学校へ行ってみようよ」という言葉を受け取り，学校へ向かう準備ができた状態にしてあげるということである。

■■■ 2. 面談の進め方

　それでは，実際，どのようにして面談を進めていけばよいのだろうか。日本の教育界には「カウンセラーのように他者に温かく接すること」（金原，2015）を意味するカウンセリングマインドという言葉がある。ロジャーズ（Rogers, C. R.）によるカウンセラーの基本的態度[*2]に強く影響を受けた考え方である。話をよく聴く大切さを強調したという点で意義深い。確かに，すでに目標を定めている人は，受容的に傾聴することで目標へ向かっていくであろう。ただ，不登校児童生徒のように葛藤している状態である場合，教師としては「学校へ行きたい」「勉強をしたい」「〜のようになりたい」という気持ちがあるのかどうかを探ることから始める必要がある。そして，少しでも意志があれば，引き出して実現する手助けを行うだろう。つまり，はじめから一定の指向性を持って関わることになり，この点はロジャーズ派のカウンセリングとは異なる。あらかじめ目指す方向がおおよそあって，そこに向けての変化を援助する方法として，「動機づけ面接（motivational interview）」（Miller & Rollnick, 2002）と呼ばれる面談法が存在する。

　動機づけ面接は，特定の変化（相談者の健康・回復・成長）を目指して行われる。傾聴技法を使用して相手の中にすでに存在する目標や願望を積極的に探り，それに気づくように手助けをする（Rosengren, 2009）。端的に言えば，よく話を聴いたうえで本人の「変わりたい」という意思を引き出して，望ましい方向に導いていく面談法である。北風と太陽の話の「太陽」のような方法だというイメージを持ってもらえばわかりやすいだろうか。不登校児童生徒の援助場面を含む教育場面においても大いに役立つと考えられる。以下に，動機づけ面接の基本的原則について紹介する。

　動機づけ面接の基本的原則は英熟語の頭文字をとって，「RULE」と呼ばれている（Rosengren, 2009）。最初の「R」は，間違いの指摘反射に抵抗するこ

[*2] ロジャーズの主張したクライエントの人格変容に必要とされるカウンセラーの基本的態度である。共感的理解，無条件の肯定的配慮，自己一致の3つの必要条件が特に有名である。

と（Resist the righting reflex）である。葛藤状態にある人に対しては，つい正論を言いたくなったり，言葉の矛盾点を指摘したりすることがある。しかしながら，対人間のコミュニケーションでは，こちらが強く出ると，相手も抵抗するか，コミュニケーションをやめるという特徴がある（堀越・野村，2012）。「その人により良くなってほしい」と思うあまりに行った指摘が，その意図と反する結果を生むことがあると心に留めておく必要がある。

続く「U」は，動機を理解すること（Understanding your client's motivation）である。「行きたくても行けない」と葛藤している不登校児童生徒もおり，その場合「行きたい」気持ちがすでにある。それを引き出して大きくするという援助を行うということである。間違っても，「行かせてやろう」ではない。「行きたい」という気持ちと現在の矛盾に本人が気づき，その解決法を本人から話すように導くということである。

「L」は，話に耳を傾けること（Listen to your client）である。傾聴の重要性は，カウンセリングマインドにおいても強調されている。傾聴は，「言うことを何でも否定せずに聴くこと」とは異なる。「何を体験し，何を考えて，今の感情になっているのか」，頭の中で映像化できるまでに鮮明に想像できるようになることである。安易に「わかったつもり」になる必要はない。「わからない」ことは聴けばよく，聴くために種々の技法が存在している。傾聴技法については，第5章や大谷（2006）に詳しく簡潔に解説してある。

最後の「E」は，力づけること（Empower your client）である。何かに挑戦していくときには，「やればできる」という感覚がある程度必要である。援助者側の「この子はできる」という期待が大きいほど，その感覚は育つ。学校現場で働いていると，先生方には「この子はこんな力を持っている」という視点から物事を考える習慣があるように思う。筆者らのような心理職は「どんな問題を抱えているのか」を査定する教育を受けてきているため，その違いを特に感じるのかもしれない。「知識を教え，力を伸ばす」職業である教師の方々は，児童生徒を力づけることを普段からされているのではないだろうか。

以上の動機づけ面接の原則を踏まえて，不登校児童生徒に関わるとしたら以下のようになる。まず，何があって今のような状態になったのか，今の状態に

ついて感じていることなど，間違いを指摘せずに受容的に聴く。そして，どうしたいのかという目標を本人から引き出していき，目標が語られたら，達成できるように勇気づける。

　「話を聴くことが苦手だ」または「自分の性分では『太陽』のように温かく接することは苦手だ」と考える方もいらっしゃるかもしれない。筆者は，そうした方々にこそ，傾聴「技法」や動機づけ面接を学んでいただきたいと考えている。筆者は，日本の教育界では，カウンセリングマインドについて学ぶ・聞く機会は多い一方で，カウンセリング技法について学ぶ機会は少ないように感じている。傾聴技法や動機づけ面接は，適切に用いることで相談相手に様々な効果をもたらす（大谷，2006）。学力向上や筋力強化には毎日の反復練習が大切なように，面談にも練習が大切で，ある種「センス」も関わってくる。今日学んで明日というわけにはいかないかもしれないが，毎日の反復は必ず読者の面接技術を向上させ，結果的に児童生徒に大きな効果をもたらす。

■■■ 3. 周囲との連携：環境に生きる一人として

　「ともに目標を定め，その達成を支援する」ためには，各所と協力していくことが必須である。支援者が見ることができるのは，その人が生きる時間の一部である。自分が会っていない時間に，その人は全然違う役割を背負い，集団での立ち位置が違っているかもしれない。筆者の小学校時代にも，理科の授業になると「理系の男」としてクラスの皆の期待を一身に背負った男子がいた。中学時代にはITスキルに非常に長けた同級生が，総合学習の時間に突如として「マスター」と呼ばれるようになった。存在価値の話をしているわけではない。学校の中でも，これだけ役割が変わることがある。家庭において役割や立場が違うのは当然とも言えよう。学校にいるときは，学年集会や生徒指導部会などで積極的に情報共有を図るため，情報を集めやすい。しかしながら，不登校児童生徒については，家庭にいる時間が長い。また，不登校が継続している要因の1つとして家庭環境が機能している場合があるため，家庭でどのように過ごしているかという情報は特に大切である。こういった情報共有や児童生徒

支援において，家族や保護者と良い協力関係を築くことが重要なのは，改めて言うまでもないだろう。

また，多くの学校には，教師以外の専門職としてスクールカウンセラー（SC）が勤務している。それぞれの自治体でSCの勤務体系は異なっているが，一般的に学校生活で児童生徒と関わる機会や時間は教師のほうが圧倒的に多いだろう。そのような中で，SCと連携するメリットとしては，以下のようなことがあげられる。

①「面接をする」ことが専門であるため児童生徒が評価・普段の関係性を気にせず話ができる。
②面接，観察，心理検査による情報から児童生徒の状態や特性を評価する心理アセスメント（査定）（山蔦，2018）ができる。
③心理的な問題に対する専門的な対処ができる。

①については，普段の関わる時間が多い分，教師も児童生徒も「普段の関係」の中でできる範囲の話をすることになる。「話を聴く」だけのSCとの関係においては，新しい情報が得られる可能性がある。

②は，心理士の重要な役割である。教員が普段関わる中で把握した児童生徒の特徴の裏づけとして，または普段の生活では見えなかった特徴や状態を評価するために，SCは活用できる。査定の上，医療機関への紹介を行うこともある。

そして，③については，心理アセスメントを経たうえで，問題に対して専門的援助を行うことができる。例えば，感情のコントロールがうまくできないことに対してリラックス法を伝えたり，自己主張が苦手な人に対して主張訓練を行ったりすることがある。

筆者もSCとして現在勤務しているが，教員の中には「SCは話された内容について，教師には話さない」と思われている方が多いという印象を受ける。しかしながら，公認心理師は関係者と密接な連携を行うことが法的に定められており（公認心理師法第42条），関係分野との連携が義務づけられている（岩壁ら，2018）。筆者は本人の同意を得たうえで必要な情報交換を行っている。

面談を依頼された際には，必要だと思われる情報について，積極的に共有したいと考えている。

■■■ 4. 保護者と協力をするうえで

「児童生徒の目標達成を援助する」という大目的の下，教師は「学校での様子をよく知る教育の専門家」，保護者は「その子の専門家」として協働していくことを目指していく。しかしながら，保護者の置かれた状況は不登校児童生徒本人とは少し違っているため，この点に注意する必要がある。

保護者は，教育を受けさせる義務を負っている。子どもを登校させることは，義務を果たすことにつながる。そんな中，自分の子どもが不登校になってしまった場合，義務と現状に矛盾が生まれることになる。他人に「～させよう」というのは自分が実行する以上に難しいことであるうえ，「どうしたらよいか」という情報が不足しているかもしれない。生きていくため養っていくために仕事も抱えているかもしれない。このように，不登校児童生徒の保護者は，本人と違う形で大きな精神的な負担を背負っていると推測される。ただ，その負担の表現法は多様で「困っている」と率直に訴える保護者がいる一方で，全く関心がないように見える保護者もいる。先述したように，一見穏やかに見えたり「関心がない」ように見えた際には，精神的な負担や葛藤に対して防衛機制が働いているのではないかと考えてみると，理解が深まることがある[*3]。防衛機制についても一人ひとりに個性がある。「普通はこうだろう」ということは自分にとっての普通であり，他人にとってはそうではないかもしれない。表現方法には個人差があることを理解しておく。

[*3] 自分の行動・態度に非があるのに「防衛機制か？」と考えるのは見当違いである（それは，こちらの健康的でない防衛機制ともいえる）。こちらに非があったのであれば，分析よりも先に心を込めて謝罪をするのは当然である。それによって，より固い信頼関係ができることもある。「この人は自分たちのことを考えてくれているか」保護者・生徒は驚くほどよく我々を見ている。相手の反応を見て自分を振り返り，それから援助理論を応用するという順番を間違えてはいけない。

　児童生徒を支援する側としては，保護者には，「教育を受けさせる」という義務を負う存在であるということに対して一貫して労いを示す必要がある。ご自身が「保護者」という立場にある教師の方々は，まず自分自身を労っていただきたいと思う。そのうえで，「子を持つ一人の親」として関わると子育ての大変さという点で互いの理解が深まり，協力関係を作ることができる。「親」でない読者であっても，「自分がしていないことをされている」という敬意は細やかな言動に表れる。

　そのうえで，実際に会うことができた際には，そのことについてまた感謝と労いを持って接する。このような態度を一貫して持ち，信頼関係を築いていく。その後に，目標に応じて，家庭環境をどのように調整するかを議論していく。今まで読者が実践して効果的であった方法でも，先行研究で効果が見られた方法でもよい。例えば，神村（2019）が不登校を抑制するために「家庭で守ってほしいこと」としてあげた原則（表9-2）は，家庭環境の調整に関する重要な情報である。保護者との間に信頼関係があれば，こういった知見をより有効に活用することができる。

表9-2　不登校や登校しぶりの抑制策としての「家庭で守ってほしいこと」（神村，2019）

1.　学校がある日の昼間は学校でできないことは家でもできない
2.　平日の家庭の中は苦痛なほど退屈であった方がよい
3.　登校が無理なほど体調が悪ければ，必ず受診する
4.　16時以降と土日（長期休み）は自由な時間
5.　登校した・しなかったにかかわらず，即学校と連携をとる[※]

※欠席が増えてきた場合

6 最後に

　筆者自身 SC として，現場の先生方の仕事が教科指導・生徒指導からクラス運営に至るまで多岐にわたることを目の当たりにしている。多くの先生方の奮闘によって，日本の未来を支える子どもたちが今育っている。そして，教師を目指す皆さんがいるからこそ，今後の日本の教育が成り立っていく。そのことにこの場を借りて感謝を申し上げたい。

　筆者は，縁あって教育相談に関わる機会が多かった。1回1回の面接に全力を尽くしてきた。しかしながら，技量不足により十分な支援ができないときもあった。その反省と読者が今後同じような場面を経験されたときのために，現在筆者が持つ知識・考えを可能な限り凝縮して執筆した。お役に立つことができれば幸甚である。

第**10**章

虐待・非行問題の理解と対応

1 虐待・非行問題の現状と組織的対応の全体像

■■■■ 1．虐待の種類と発生件数および組織的対応

児童虐待の防止等に関する法律において虐待は，以下の 4 つに分類される。

①殴る，蹴る，投げ落とす，激しく揺さぶる，やけどを負わせる，溺れさせる，首を絞める，縄などにより一室に拘束するなどの身体的虐待
②子どもへの性的行為，性的行為を見せる，性器を触る又は触らせる，ポルノグラフィの被写体にするなどの性的虐待
③家に閉じ込める，食事を与えない，ひどく不潔にする，自動車の中に放置する，重い病気になっても病院に連れて行かないなどのネグレクト
④言葉による脅し，無視，きょうだい間での差別的扱い，子どもの目の前で家族に対して暴力をふるうなどの心理的虐待

児童相談所が相談を受け，援助方針会議の結果によって実際に指導や措置などを行った件数は年々増加しており，2018（平成 30）年度は 150,000 件を上回っている（厚生労働省，2019）。このうち，学校などからの通告は 11,000 件程度であるものの，全国の幼・小・中・高と保育園などを合わせた数がおよそ 85,000 件（厚生労働省，2018；文部科学省，2018）であることを踏まえると，

単純平均では各校園で1年に1件以上の虐待ケースに触れる可能性があることになる。学校の教職員は児童虐待の早期発見に努めなければならないことが法律でも定められており，虐待問題への意識は常に持っておく必要がある。

　虐待は，個人のみで対応できる問題ではなく，組織的な対応が求められる。虐待が疑われる場合には，直ちに管理職への報告と相談を行い，管理職や学級担任の他，養護教諭や学年主任，スクールソーシャルワーカー（SSW）やスクー

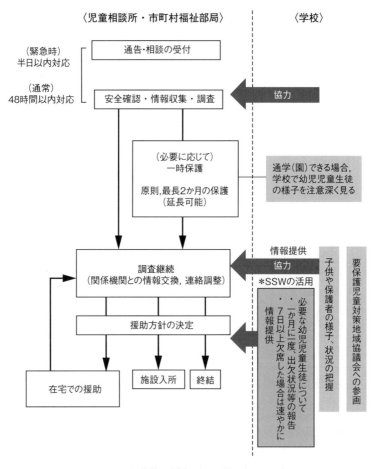

図 10-1　通告後の対応（文部科学省，2019）

ルカウンセラー（SC）などをメンバーとするチームで情報の収集，共有，対応検討にあたる。そして，緊急度などに応じて，児童相談所，市町村の虐待対応課，警察に通告，通報し，教育委員会なども含め，他機関で連携しながら対応を進めていくことになる。図 10-1 は，通告後の各機関の対応の流れである。図 10-1 の出典である文部科学省（2019）の学校・教育委員会等向け虐待対応の手引きでは，虐待リスクのチェックリストや通告の仕方，通告後の対応まで，具体的にわかりやすくまとめられており，虐待への組織的な対応の全体像がより詳細に把握できる。

■■■ 2. 非行の種類と発生件数および処遇

　虐待と同様，少年非行にも種類がある。少年法は年齢と行った行為により，①罪を犯した 14 歳以上 20 歳未満の犯罪少年，②刑罰法令に触れる行為をした 14 歳未満の触法少年，③性格又は環境等に一定の事由があり，将来罪を犯す恐れのあるぐ犯少年を，家庭裁判所の審判に付す非行少年としてあげている。平成 30 年中に検挙された犯罪少年は 25,000 人，補導された触法少年は 7,000 人，ぐ犯少年は 1,000 人をそれぞれ上回っている他，非行少年には該当しないが，飲酒，喫煙，深夜徘徊などを行って警察に補導された 20 歳未満の不良行為少年は 400,000 人を上回っている（警察庁，2019）。不良行為少年まで含めると，学校現場で出会う可能性は非常に高いといえる。

　非行問題もまた，個人のみで対応できる問題ではない。大阪府教育委員会（2014）は，問題行動への対応を 5 つのレベルに分けてチャートを作成しているが，そのレベル I においても，管理職に報告し，担任・学年が把握し，注意・指導を行うとされている。さらに，管理職・生徒指導部を含めた学校全体で共通理解を図り指導・改善を行うレベル II，警察や関係機関と連携して校内での指導を行うレベル III，教育委員会が主導的役割を担い，学校管理規則に則り出席停止措置を行い，警察等と連携し校外での指導を行うレベル IV，学校・教育委員会から警察・福祉機関等，外部機関に対応の主体が移るレベル V といったように，レベルによって対応の主体を変えながら，多くの関係機関との連携が

必要になっていく。特にレベルⅤのような，学校外の機関に主体が移った際の処遇の流れは，図10-2のようになっている。関係機関での対応の流れを知り，お互いの役割が最大限活かされるよう，各役割の結びつきを意識しながら緊密に連携していくことが，虐待問題においても非行問題においても重要である。

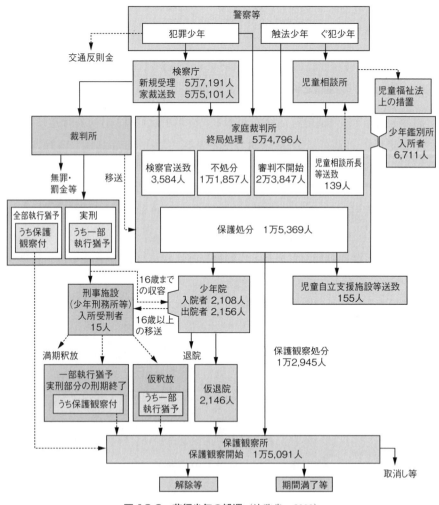

図10-2　非行少年の処遇（法務省，2019）

2　虐待・非行問題の理解

■■■■ 1. 被虐待児の理解

(1) アタッチメント理論

　虐待や非行の理解と対応を含め，健全な発達を支えるためには，アタッチメント理論について，正確に理解しておく必要がある。アタッチメントはよく，特定の他者との情緒的な絆や愛情のようなものとして理解されるが，ボウルビィ（Bowlby, 1969）がはじめに提唱した定義はもっと限定的なものである。危機的な状況に陥ったり，そうした状況が予想されるときに，特定の対象との近接を求めたり維持したりしようとする個体の傾性を，アタッチメントとしているのである。ポイントは，恐れや不安といったネガティブな感情になったときに，特定の他者とひっつく（アタッチする）ことを通して，そのネガティブな感情を落ち着かせるところにある。つまり，その他の行動の前提ともなる自分が「安全である感覚」を，他の生物個体にひっつくことによって確保しようとするところに，人間を含む多くの生物個体の本性があると考えられている。

　アタッチメントは幼少期に形成され，その影響は生涯にわたって続くことが知られている。空腹といった生理的状態などからネガティブな感情が喚起された際，養育者をどう頼り，養育者がどう対応してくれたかによって，子どもは生まれ落ちたこの世界，養育者，他者，そしてそうした対応をされる自分自身に対するイメージのようなものをつくり上げていく。養育者にひっついてネガティブな感情が落ち着き，安全である感覚が得られる経験を何度もくり返すことができれば，こうしたイメージは肯定的で安定したものとなる。例えば，養育者や他者に対しては，自分が困ったときには助けてくれるという主観的な確信からなるイメージを，また自分に対しては，受容される，大切にされる存在といった主観的な確信からなるイメージを持つ。そして肯定的で安定したイメージは，アタッチメントの本質とされる誰かから一貫して守ってもらえることに対する信頼感（Goldberg et al., 1999）をもたらす。恐れや不安を抱いて

も一人ではない，守ってもらえると思える見通しが持てるからこそ，様々なことにチャレンジをすることができ，その後の人間関係を含む様々な側面での適応につながっていく。

(2) 被虐待児の特徴

　一方，ネガティブな感情を落ち着かせるためにひっつきたい養育者が，生命を脅かすネガティブな感情の源であるという虐待的環境の下では，感情の調整に問題が生じてしまうのは想像に難くない。虐待的環境下で育った子どもの行動や態度は，一貫性がないように見えることが多い。例えば，養育者に近づくことを回避するようにしていたかと思えば，反抗的になったりという具合である。一見すると単純には理解しがたく感じられるが，これは虐待的環境で適応して生きていけるように身につけざるを得なかったパターンと考えられる。この例では，養育者からの暴力などにあわないようにするため，養育者を避けて関わらないように行動する必要がある一方，養育者から最低限の養育を引き出すため積極的に働きかける必要があるため，一貫しないように感じられるパターンが生じていると考えられる。虐待環境に適応するために身につけた行動パターンは一様ではない一方，秩序立ってまとまることなく形成されていったアタッチメントは，その後多くの仲間関係を含む社会的関係において，否定的な影響を与え続ける要因となる（数井，2007）。

　思春期以降は，被虐待児の様々な特徴が，パーソナリティ特性として根付いていくが（Cicchetti & Toth, 2000），根底にある被虐待児の他者や自己に対するイメージに思いを馳せることが，その理解の助けとなる。緒方（2013）は，虐待を主訴に児童相談所を訪れた82名の子どものパーソナリティについて，その他の臨床群および一般群との比較を行っている。その結果，小・中学生に共通した特徴として，被虐待児は，協調性（親切で，暖かく，人と協調し，相手の立場で考える傾向）と良識性（自分を厳しく律し，仕事や勉強など，精力的，計画的，かつ徹底的に取り組む傾向）が低く，特に協調性はその他の臨床群よりも低かった。虐待を受け，他者へのイメージが否定的であれば，積極的に協調しようと思わないほうが安全に感じられるだろう。また，そもそも安

全である感覚が得られていない状況では，何かに精力的に取り組もうとする積極的な気持ちやその経験も少ないうえ，自分自身へのイメージが否定的であれば，何かができる自分の姿を思い描くことも容易ではないため，自律や計画的な努力はしないほうが，安全に感じられるであろう。協調性や良識性の低さは，仲間関係や就学上の問題を引き起こす要因となり得る一方，被虐待児にとっては，意識的ではないにしても，適応的なパーソナリティとして機能していると感じられている可能性もある。

　学齢期以降，虐待環境下で育ってきた子どもは，内在化問題と外在化問題という主に 2 つの方向で不適応的な問題を現すようになる。内在化問題とは，不安や抑うつ，社会的引きこもりなど，本人の内部に問題が生じるものであり，外在化問題とは，攻撃的，反社会的行動など，行動をコントロールできず，周囲との葛藤や問題を抱えるものである。

　被虐待児に対して P-F スタディという心理検査を行い，虐待以外の臨床群および理論的な一般値との比較を行った緒方（2009）の結果は，2 つの問題がどのように起こるようになるのかを理解する助けになる。その他の臨床群や理論的な一般値と比べて，虐待児は，自分のしたいことが叶わないような場面での他責傾向が低く，反対に自責傾向が高いこと，また集団への順応が高いことを示している。虐待的環境下で育った子どもは，欲求不満を感じる場面で他責的になれば，養育者からさらに虐待を受ける可能性がある。加えて，自己へのイメージも否定的であるため，他責傾向は抑制され，自責的になるように学習してきたと考えられる。また，こうした自責傾向の高さを踏まえると，集団への順応が高いことは，自身の意思を抑えて無理に適応していることに依ると解釈されている。虐待的環境下で身につけた自責傾向の高さは，内在化問題とつながり，仲間関係などの何らかの契機で他責傾向の抑制や過剰適応が取り除かれることで，外在化問題につながっていくと考えられる。いずれの方向の問題についても，虐待的環境下で適応するために身につけざるを得なかった自責傾向の高さや，過剰に適応して抑制された他責傾向に大きく起因することを理解しておく必要があるだろう。

■■■ 2. 非行少年の理解

(1) 非行の原理

　先述の通り，虐待を含む家庭環境が外在化問題の1つである非行と深く関連しているのは言うまでもないが，非行や犯罪を説明する諸理論は，それ以外にも多くの関連要因をあげている。例えば，①家族を含む身近な人たちとの心情的な結びつきや所属感，②学業や部活動などの合法的な生活を送ることで得られる評価などの報酬と将来への期待，③忙殺される日常的な活動へ巻き込まれること，④社会の規範や法律の正当性への信頼という4つの社会的つながりを持つことが犯罪や非行を抑制するとされる（Hirschi, 1969）。他にも，非行や犯罪行動は，家庭や仲間集団，地域社会において逸脱的な文化に触れることで学習されるとする理論や（例えば，Sutherland & Cressy, 1956），周囲から不良や犯罪者といったラベリングをされることによって生み出されるという理論（例えば，Becker, 1963），不平等な社会制度，社会構造といった社会的な緊張を非行や犯罪の根本と考える理論もある（例えば，Merton, 1957）。

　近年では，より発達的な視点に立った研究が行われてきている。その代表的な1つであるケンブリッジ非行発達研究では，400名を超える少年を8歳からおよそ40年にわたって継続的に調査している（Farrington, 2003）。その結果，産まれ持った気難しさなどの性質が，養育を含む家庭環境と後の交友関係によって強められ，児童期では嘘やけんかなどの問題行動，多動や衝動性，低学力や孤立，青年期ではさらに本格的な非行の形になって現れるといったように，徐々に強固な反社会性が形成されていくことが示されている（大渕，2006）。日本においても，胎児期から11年にわたって子どもの外在化問題を調査した研究がある（菅原ら，1999）。母親の子どもに対する否定的な気持ちと，温かさに欠ける養育が児童期での外在化問題を比較的強く予測することや，子どもの気質的特徴や夫婦関係といった要因の関連が認められている。虐待と同様，非行少年の理解にも，養育者との関係性を含む育ちに目を向ける必要がある。

(2) 非行少年の特徴

　反社会的な問題行動を起こす人間は，大きく2つのタイプに分けられること
が知られている（Moffitt, 1993）。1つは，青年期に一時的に反社会的行動に関
与し，20代以降では犯罪をしないタイプである。反社会的行動を起こす人間
のうち，このタイプが多くの割合を占めることがわかっている。このタイプの
特徴として，店では万引きをするが学校では規則を守るといったように，状況
に依存して非行行動を起こすことや，仲間からの影響の強さがあげられている。
青年期では，ホルモンの影響を受けて発達する大脳辺縁系が衝動性や欲求を駆
り立てる一方，それを意識的に制御する前頭前野は20代後半までかけてゆっ
くりと発達する（明和, 2019）。脳の発達は，部位によって発達のタイミング
が異なっており，このことも青年期限定の非行行動パターンと関わっていると
考えられる。

　反社会的行動を起こす人間のもう1つのタイプは，青年期のみでなく，生涯
にわたって反社会的な行動を持続的に示すタイプである。このタイプは特に
男性に多いが，その割合は男性人口の5%程度であり，この少数者が，全犯罪
のおよそ半数に関与しているとされる。モフィット（Moffitt, 1993）はさらに，
このタイプは，何らかの遺伝的な要因や妊娠，出産前後の要因によって，脳や
神経にわずかな傷を受け，その結果現れる産まれ持った育てにくさなどによっ
て，親からの不適切な養育や，周囲からのネガティブな反応を受け，反社会的
行動を形成していくと考えている。いずれのタイプに関しても，本人の内部か
ら起こってくる困難さに，周囲がどう向き合ってきたかが，現在の非行的行動
に関わっており，またどう関わっていくかでその後が左右されると考えられる。

　非行少年の具体的な特徴として，自己抑制ができず，衝動的であることが，
多くの研究で指摘されている。ファーリントン（Farrington, 2005）は長期縦
断研究の結果から，集中力や計画性のなさ，抽象的思考や行為の結果を予測す
ることの苦手さといった特徴が，パーソナリティの中で最も，犯罪や非行に強
く関連すると結論づけている。こうした自己抑制の低さは，技能や計画を必要
とせず，安易で単純だが即座の満足を与えるといった犯罪行為の特徴と合致し
ている（Gottfredson & Hirschi, 1990）。非行小学生の事例を複数分析した大迫

(1998) においては，その半数以上で多動や衝動性の特徴がみられ，その一部には注意欠如・多動症の疑いもあるとされている。注意欠如・多動症に限らず，非行と発達障害との関連は複数の研究で指摘されており（例えば，Siponmaa et al., 2001），医学的な治療が有効な場合もあるため，その可能性は頭に置いておく必要があるだろう。ただし，衝動性とも関連して，非行少年は未来に対して無関心で現在指向的であることが一貫して示されているが，大橋・鈴木（1988）は，未来を豊かに思い描くために必要な過去を肯定的にとらえられないことこそ，非行少年の特徴としており，安易に産まれ持った気質や障害と考えることは非行少年の理解につながらないであろう。非行行為と関わるパーソナリティについても，被虐待児と同じ協調性と勤勉性の低さであることが示されており（Miller et al., 2003），複雑に相互作用する気質的な難しさと育ちの両方に目を向ける必要がある。

3 虐待・非行問題への対応

■■■■ 1. 子どもへの対応

(1) 被虐待児への対応

　被虐待児への対応の要点は，物理的，精神的「保護」である。虐待環境下にある場合に，物理的な保護が必要なのは言うまでもないが，身体的な安全が確保されたあとは，精神的な保護，寄り添いが重要になる。虐待といった不適切な養育環境に置かれて育った子どもの中にも，先述したアタッチメントを健全に築いて成長する子どもが存在しており，そうした子どもたちは，成長の段階でいつも，同一人物でなくとも，その子を見守って保護する大人が養育者以外に存在していたことが示されている（Roisman et al., 2002）。ただし，被虐待児を保護して寄り添うことは重要である一方，簡単でないことも多い。

　被虐待児への寄り添いを難しくする1つの要因は，被虐待児の気持ちや行動の意図を理解することの難しさにあると考えられる。アタッチメントの観点か

らは，先述したように，被虐待児がつくる現実の世界や他人，自分へのイメージは否定的で安定しないものである可能性が高い。こうしたイメージは，ある状況に直面した際，その状況がどのようなものであるか認識し，どのような行動を起こせばどのような結果が起こるかといったことをシミュレーションし，実際に起こす行動を判断するという一連の頭の中の作業において利用されることになる。否定的なイメージを持っていると，状況の認識や，行動と結果の対応関係などが，客観的なそれらとずれてしまい，周囲から理解するのが容易ではなくなる可能性がある。そのため，客観的には安全に思える状況を危険に感じて取り乱したり，反対に本当は危険な状況を危険とは感じずにリスキーな行動を取ったりするということが起こる。表に出てきた言動が，一見すると理解しがたい場合であっても，その根底にある本人の状況認識や欲求に目を向け，寄り添っていく必要がある。

　被虐待児の欲求状態の読み取りには，アタッチメント理論の理解が役立つ。虐待のみに特化したものではないが，アタッチメント理論に基づいた著名な親子関係支援プログラムであり，効果が実証されている COS プログラム（Circle of Security Program; Powell et al., 2009）においても，その特徴はアタッチメント理論をわかりやすく養育者に伝えることであるとされている（北川，2013）。介入にも使われる「安心感の輪」の図（北川，2013, Figure 1）は，子どものアタッチメント欲求と探索欲求についてシンプルにわかりやすく描かれており，こうした見取り図は，被虐待児の欲求の読み取り，そしてその欲求への寄り添いを助けると考えられる[*1]。実際，問題行動を起こす子どもの気持ちがわからなかった養育者が，このプログラムを通して自身の考えや言動を見つめることができるようになり，子どもの気持ちに思いをめぐらせて寄り添い，子どもの落ち着きを実感したケースなどが報告されている（北川，2012）。同じく北川（2012）において報告されているケースとして，子どもの暴言に真っ

[*1]　ただし，この「安心感の輪」の図については，原著者らの定める転載規則やその意図とも関連して，正確な理解の普及のため，紙面の限られた本章では転載しない。

向から対立していた養育者が，プログラムを通して，どうしようもない感情を暴言で表しているだけであって，子どもは自分を必要としているととらえられるようになったものがある。表に出ている暴言といった言動からは読み取ることが難しい本当の欲求に思いをめぐらせ，寄り添うことが，被虐待児への対応には求められると言えるだろう。

　授業場面や学習支援においても，被虐待児への対応として留意すべきことがある。被虐待児のパーソナリティを検討した先述の緒方（2013）では，中学生でのみ，被虐待児の知的好奇心（思慮深く，洗練され，広範囲の情報を知ったり，体験したりすることに関心を持つ傾向）が一般生徒より低いことが示されている。こうした興味は，学習への取り組み方と関わりが深く（Hidi, 2001），学業成績との関連もみられるものである（Krapp et al., 1992）。小学生では，被虐待児と被虐待経験のない子どもたちの知的好奇心に差は見られていないため，早期から授業などで子どもの持つ興味の維持や向上に努めることが，その先の学業を中心とした適応に貢献すると考えられる。

　授業場面や教育相談場面といった場面に依存せず，被虐待児と接する際に頭に入れておくべきこととして，解離や被虐待児の持つトラウマがある。通常，子どもの意識や記憶，感情といった心的状態は，それらの一つひとつがバラバラな状態から，発達にしたがって連続的，統合的なものとなっていくが，虐待のような不適切な養育環境の下では，そうしたつながりの形成が妨げられることがある（Putnam, 1997）。こうした思考や感情，知覚，行動や記憶などの心的過程の一部が切り離され，一時的あるいは継続的に人格の統制が失われることは解離と呼ばれる（田辺，1994）。例えば，特定の場面や時間の記憶がなかったり，その間に普段の自分とは異なる行動や態度を取ったりすることなどがある。虐待のような不適切な養育環境は，子どもにとって，連続するもの，統合したものとしてとらえるには苦しすぎるため，自身を守る働きの１つにこうした解離がある。また，過去に受けた虐待のトラウマが，現在起こっているようにフラッシュバックしたり，トラウマの影響で何かに集中することが困難になったりすることもある。こうしたことは場面に関係なく起こり得るため，教師から叱られると，目がうつろになってあくびをしたり，意識がもうろうとし

たりすることや，学校や家庭での記憶が一切出てこないこともある。被虐待児を「保護」するためには，きちんと叱って向き合うことが必要な場面も少なくないと考えられるが，そうした際にも，解離や虐待によるトラウマの影響は念頭に置き，本人への理解と仲間関係への配慮を行う必要がある。

(2) 非行少年への対応

　非行少年への対応では，一見すると矛盾する 2 つの役割を果たす必要がある（井上，1980）。1 つは，非行少年の行動を制限する役割であり，もう 1 つは，非行少年の自己決定や意志を尊重する役割である。非行少年は加害者であり，多くは悪いことをしたという自覚を持っている一方，自分は不幸，不運であり，不当な扱いをされているといった被害者意識が根強く，こうした意識に生活や行動を左右されているため，罪悪感が深まらないとされる（村尾，2012）。被害者意識によって，自分の犯した非行行動について言い訳をして責任転嫁したりするためである。更生への障害となる被害者意識（村松，1978）に対応するためにも，非行少年の自己決定を尊重することは重要である。非行少年は加害者でありながら，多くが育ちの中で何らかの被害者であることも多いため，その対応にも行動制限と自己決定の尊重の両方が求められる。

　このような非行少年の対応には，行動的には矛盾する役割もあるが，どの行動も「保護」という共通の意図に基づいて行われるべきものである。非行少年が持つ被害者意識には，被虐待児への対応の節で述べたような，寄り添いという精神的な保護が必要になる。一方，非行行動には制限や叱ることも重要であるが，こうした対応も，非行行動によって本人が持ってしまう罪悪感などの傷つきをくり返さないための保護として行われる必要がある。単に罰を与えて非行行動をなくすことができる場面は，非行の原理から考えると多くはなく，非行少年の育ちを考えても保護の意図をもって制限なども与えていく必要がある。

　いずれの役割で対応する場合であっても，非行少年への対応には，留意すべき点がある。それは，非行少年は，悩みを抱えられない少年たち（生島，1999）であり，心のしんどさを，非行行動によって表現しているということである。教育相談などによって，関心が自分の内面に向かったり，自分自身の問

題に目を向けたりすることには，多少なりとも苦痛が伴う。非行少年はそうしたしんどさを抱えきれず，再び非行行動として表すことが少なくない（村尾，2012）。さじ加減は難しいが，非行少年が扱うことができる自分自身の問題の量や質を見極めながら，自己決定を尊重し，サポートしていくことが重要である。

　授業や学習支援の場面では，被虐待児と同様，非行少年の持つ興味を大切にする必要がある。少なくない非行少年が被虐待経験を持つこともその理由の1つであるが，非行少年の特徴からも，興味の大切さがうかがわれる。先述した通り，非行少年は長期的な未来を展望できず，利那的であるという特徴を持つ。未来への見通しや目標を持つことは，子どものやる気の高さと密接に関連しており（Lens et al., 2012），さらに学業成績との関連も示されている（Teahan，1958）。つまり非行少年の利那的な特徴は，学業へのやる気，学業成績の低さのリスクとなる。しかし，利那的な展望を持っていたとしても，興味を高く持っていれば，学業成績は低くならないことが示されている（Ishii et al., 2019）。そして学業成績が高い場合には，非行少年の特徴の1つにあげられる自己抑制が低くても，犯罪を起こさないことが示されている（Wright et al., 2001）。学業という合法的な生活で得られる評価は，非行を抑制する社会とのつながりの1つ（Hirschi, 1969）にもなるため，興味を喚起し，抱いた興味を大切に育てる教育的取り組みは，非行に対して予防的な働きを持つことが期待できる。

■■■ **2．子どもの周囲への対応**

(1) 保護者に対する理解と対応

　被虐待児や非行少年の保護者も，自身の育ちの過程で傷つき，しんどさを抱えている可能性が高い。虐待が世代間連鎖することは児童福祉の領域では定説となっており（齋藤，2009），実際に，子どもに対する虐待が認められる母親は，そうでない母親に比べ，子ども時代に自分自身も不適切な養育を受け，現在も自身の親との関係が良好でないことを示す研究も多い（例えば，Cicchetti et al., 2006）。アタッチメントのタイプも7割程度が親子で一致することが示されており（van IJzendoorn, 1995），被虐待児の保護者もまた，被虐待児と同じよ

うな世界，他者，自己へのイメージを抱えていると考えられる。保護者の想い
まで抱えることは，もちろん教師の仕事ではないが，こうした保護者のしんど
さを念頭に置いておくことは，保護者との関係性を良好に築いて対応する手助
けになると考えられる。その際，父親の良好な養育態度や母親の父親に対する
信頼感や愛情が，子どもの問題行動の発達を抑止する要因になることも示され
ているため（菅原ら，1999），家族成員全体を視野に入れて対応をしていくこ
とが，有用と考えられる。

　虐待や非行の問題を抱える家庭では，経済的な問題も抱えている可能性があ
る。保護者の子どもに対する否定的な感情は，必ずしも妊娠中や生後間もない
頃から見られるわけではなく，家庭の経済状態や子どもの気質的な難しい行
動特徴も相まって生じ，否定的な養育行動となり，子どもに影響するように
なっていくとされる（菅原ら，1999）。非行のリスク要因の1つにも，家庭の
貧困はあげられている（Farrington, 2003）。我が国では，およそ7人に1人の
子どもが相対的貧困[*2]の下にあり（厚生労働省，2016），先進国の中でも相対
的貧困の割合が高い（Unicef, 2012）。こうした経済的，社会的な地位の問題は，
虐待や非行に限らず，親子の心身の健康や子どもの学力など，様々なものと
の関連が知られているにもかかわらず（例えば，Kondo, 2010；Lorant et al.,
2003；Sirin, 2005），学校現場では，恵まれない階層の子どもたちに差別感を
与える教育認識として，階層差を問題視すること自体が忌避されてきた（苅谷,
1995）。大切なことは，不都合に思える事実に対して感情的になって目をつむ
ることではなく，その影響を受け止めたうえで，効果的な支援や予防を検討し,
実践していくことである。経済的な問題に対して，教師の直接的な支援は容易
ではないが，地域の行政機関やスクールソーシャルワーカー（SSW），スクー
ルカウンセラー（SC）などと連携しながら実際的，心理的な支援を行ってい
くことで，子ども本人へも間接的に支援を届けることができるだろう。

＊2　相対的貧困とは，所得順に世帯を並べたとき，その真ん中の世帯の所得の半額よりも少ない所
　　得で生活している世帯のことを指す。

(2) 周囲の子どもへの対応

被虐待児や非行少年の周囲にいる子どもたちへの対応もまた，間接的だが確実に当人たちに影響を与える重要なものである。アタッチメントは，対象を変えながら一生涯にわたって影響を持ち続けるものであるが，小学4～6年生を対象に調査を行った村上・櫻井（2014）では，学年が上がるにつれ，アタッチメント対象として友人を選ぶ割合が増えていくことが示されている。友人の重要性が増していく中学生以降についても，小学生と同等以上の傾向が予想され，こうした友人関係に対する支援は有効と考えられる。

また，学校の荒れの収束過程を検討した加藤・大久保（2009）では，教師と問題行動を起こす子どもとの関係の中だけで考えて指導するのではなく，それを見ている他の子どもたちまで含めた三者関係の中で考えて指導することが必要とされる（図10-3）。例えば，問題行動を起こしていない子どもの前で，問題行動を起こす子どもをきちんと指導することは，問題行動を起こしていない子どもと教師との信頼関係を強化するように働き，さらにその関係の深まりが，問題行動を起こす子どもとの関係のあり方に影響を与えると考えられている。教育相談は個別に行われることが多いと考えられるが，周囲の子どもたちとの関係性にも目を向けながら考えることで，子どもや現象の見立て，支援を豊かにしていくことが求められる。

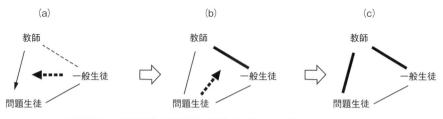

図 10-3　生徒指導の間接的な効果（加藤・大久保，2009, Figure1）

(a) ～ (b)：教師と問題生徒の関係のあり方が，一般生徒と教師の関係を強化する。
(b) ～ (c)：教師と一般生徒の関係のあり方が，問題生徒と教師の関係を強化する。

第 **11** 章

特別な支援を必要とする子どもの理解と対応

1 特別な支援を必要とする子どもの理解の重要性

■■■ 1. 教育現場における特別な支援を必要とする子どもの増加

　我が国においては，2007年より特別支援教育が本格的に実施，推進されてきた。2002年と2012年に文部科学省が実施した通常の学級に在籍する特別な教育的支援を必要とする児童生徒に関する全国調査において，通常学級に在籍する発達障害の可能性がある児童生徒は，6.3％から6.5％に増加している（図11-1）。また，2017年5月1日現在の特別支援学校および，小・中学校の特別支援学級の在籍者ならびに通級による指導を受けている義務教育段階の児童生徒は，全体の4.2％にあたる約417,000人で，増加傾向にある（内閣府，2018）。

　このような状況を受け，2018年度から開始された障害者基本計画においては，共生社会の実現に向け，障害のある子どもと障害のない子どもが可能な限りともに教育を受けることのできる，インクルーシブ教育システムの整備や障害に対する理解を深めるための取り組みが進められている。また，文部科学省（2012）は，インクルーシブ教育システム構築のため，すべての教員が特別支援教育に関する一定の知識・技能を有することを求めており，特に発達障害の可能性のある児童生徒の多くが通常学級に在籍していることから，発達障害に関する一定の知識・技能を身につけることを必須としている。このような現状から，すべての学校において特別な支援を必要とする子どもへの対応が求めら

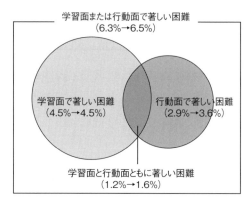

学習面または行動面で著しい困難
(6.3%→6.5%)

学習面で著しい困難
(4.5%→4.5%)

行動面で著しい困難
(2.9%→3.6%)

学習面と行動面ともに著しい困難
(1.2%→1.6%)

図11-1　児童生徒の困難な状況の全国調査結果（第 1 回調査（2002 年）と第 2 回調査（2012 年）の比較）
（文部科学省「通常の学級に在籍する発達障害の可能性のある特別な教育支援を必要とする児童生徒に関する調査結果」より）

れる場面は，今後ますます増加していくと考えられる。

■■■ 2. 特別な支援を必要とする子どもが抱える問題の適切な把握の必要性

　近年，学校が抱える課題は，生徒指導上の課題や特別支援教育の充実などにより複雑化・困難化し，さらに，特別支援教育の対象となる児童生徒は増加傾向にあることから，一人ひとりの教育的ニーズに応じたきめ細かな支援が必要となっていることが指摘されている（文部科学省，2016）。また，子どもの不適応問題は，①心理環境的原因が背後にあるもの（家庭の人間関係の不安定さ，教員との関係性や学級内でのいじめなど心理的原因と，家庭環境の急変などの環境的原因），②発達障害的原因が背後にあるもの（発達的な未熟さや知的な障害や発達障害），③その両者が交じり合ったもの（発達障害の二次障害など），の 3 つに分けられることが指摘されている（文部科学省，2010）。つまり，近年の教育現場において増加傾向にある特別支援教育の対象となる子どもが抱える発達障害の問題が，複雑化・困難化する子どもの問題の背後に隠れている場合があると考えられる。

　石隈（1999）は，心身の障害や傷病を持つことは，多くの問題を生み出すとして，障害・傷病のある自分を受容すること，障害・傷病による学校生活を送るうえでのハンディキャップへの対処などの問題は，適切な援助サービスなしでは解決が困難であることを指摘している。また，米田・糸井（2005）は，不登校や非行などの生徒指導上の問題が生じた際に，発達障害が存在する場合とそうでない場合では，対応の方法が異なるため，発達障害を見落とさないことが大切であると指摘している。さらに，奥野（2009）は，学校では，子どもは周囲との関係によって様々な二次症状を示しやすいが，その一方，学校生活は子どもと社会とのつながりの初期段階であり，適切に理解し対応できれば，子どもの自己理解を促進し，二次症状の固定化を予防し，二次障害とじょうずにつき合うための基盤となりうることを指摘している。これらのことから，近年増加傾向にある特別支援教育の対象となる子どもが抱える発達障害などの問題に適切に対応するためには，問題行動の背後に隠れている発達障害などを見逃さず，子どもたち自身の抱える困難と子どもたちを取り巻く環境，双方の要因を的確に理解し対応することが必要であると考えられる。

　そこで本章では，まず，通常学級でもみられる発達障害や二次的な障害として引き起こされる精神疾患などの定義や特徴，引き起こされる困難さについて説明する。次に，発達障害などの困難を抱えている特別な支援を必要とする子どもに対する支援のあり方について説明する。

2　特別な支援を必要とする子どもの抱える困難さ

■■■■ 1．発達障害の定義とその特徴

　発達障害者支援法（2004 年）において，発達障害は，「自閉症，アスペルガー症候群その他の広汎性発達障害，学習障害，注意欠陥多動性障害その他これに類する脳機能の障害であってその症状が通常低年齢において発現するものである」と定義されており，文部科学省においても，この定義が採用されてい

表 11-1　文部科学省による主な発達障害の用語と DSM-5 における用語の比較

文部科学省 (1999)	DSM-5
学習障害 (Learning Disabilities: LD)	限局性学習症 (Specific Learning Disorder: SLD)
注意欠陥／多動性障害 (Attention-Deficit/Hyperactivity Disorder: ADHD)	注意欠如多動性障害 (Attention Deficit Hyperactivity Disorder: ADHD)
自閉症 (Autistic Disorder) 高機能自閉症 (High-Functioning Autism) アスペルガー症候群	自閉スペクトラム障害 (Autism Spectrum Disorder: ASD)

る。この定義は，1990 年代に公表された WHO による国際疾病分類（ICD-10）やアメリカ精神医学会による精神疾患の診断・統計マニュアル（DSM-Ⅳ）に基づいたものである。しかし，これらの診断基準はそれぞれ改訂がなされているため（DSM-5 は 2013 年，ICD-11 は 2018 年に改訂），現在は医学的診断と教育領域における定義に用語の不一致が生じている（表 11-1）。本章においては，最新の DSM-5 の内容を基本としつつ，文部科学省において現行の教育関係法規などに使用されている定義も合わせて説明する。

　発達障害は，目に見える身体的機能の障害ではないため，落ち着きのなさ，友達づくりが苦手，こだわりが強いなど，その行動から障害があると言えるのかどうか判断しにくく（熊谷，2005 など），できないことを本人のわがままや努力不足，家庭におけるしつけの不十分さ，学校での教員の指導力不足などと解釈されるなど，誤った理解をされることも少なくない。また，発達障害は，環境によって問題の表れ方が大きく変わる（米田・糸井，2005）ことや，脳の中枢神経系の機能障害であるために複数の特性が重複していることも多い（図11-2）など，一人ひとりの様態は様々であり，個々の子どもが抱えている特性を丁寧に把握することが大切である。以下では，代表的な発達障害について，その定義や特徴，子どもが抱える困難さについて概観する。

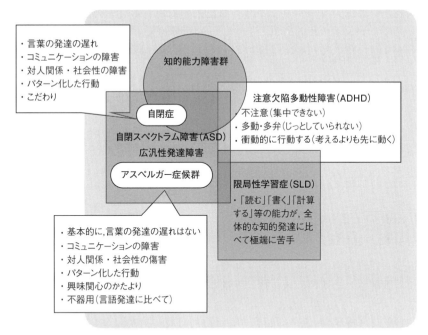

図11-2　それぞれの障害の特性（厚生労働省政策レポート「発達障害の理解のために」をもとに作成）

■■■ **2. 限局性学習症（SLD）**

(1) SLDの定義と特徴

　限局性学習症（SLD: Specific Learning Disorder）は，知的能力に遅れはみられないが，読み書きや計算するなどの特定の能力に困難さを示す状態である。文部科学省の学習障害（LD）の定義では，「学習障害とは，基本的には全般的な知的発達に遅れはないが，聞く，話す，読む，書く，計算する又は推論する能力のうち特定のものの習得と使用に著しい困難を示す様々な状態を指すものである。学習障害は，その原因として，中枢神経系に何らかの機能障害があると推定されるが，視覚障害，聴覚障害，知的障害，情緒障害などの障害や，環境的な要因が直接の原因となるものではない」とされている。

　DSM-5におけるSLDは，文字や行を読み飛ばしてしまう，文節がうまく

区切れないなど，文章や文字を読む際に困難を感じる読字の障害（dyslexia），板書を書き写すのに時間がかかる，作文など文章を書くことが難しいなど，文字を書く際に困難を感じる書字表出の障害（dysgraphia），足し算の繰上りがわからない，お釣りの計算ができないなど，簡単な計算や数学的な推論をする際に困難を感じる算数の障害（dyscalculia）の3つの領域に限定されている。このうち，読字障害が最も多く，80%が該当すると報告されている。また，自閉スペクトラム障害（ASD），注意欠如多動性障害（ADHD），発達性協調運動障害（DCD）などの神経発達症が併存することが指摘されている。

(2) SLD の子どもが抱える困難さ

SLD の子どもは，知的能力障害群（知的障害）とは異なり，困難が生じるのは特定の能力のみで，全般的な知能には遅れがないために，その困難さを周囲から理解されにくい。例えば，文章が読めないので，音読がうまくできないことを，「ちゃんと家で練習しないからでしょう」などと，本人の努力不足の問題と誤解されて叱責を受けたり，「できるまで何度もやり直しなさい」と苦手なことを無理強いしてしまったりすることにより，ストレスや不安の高まり，自己評価や自尊感情の低下を招いたり，不登校などの問題行動を引き起こす場合もある。

■■■ 3. 注意欠如多動性障害（ADHD）

(1) ADHD の定義と特徴

注意欠如多動性障害（ADHD: Attention Deficit Hyperactivity Disorder）は，DSM-5 では，SLD や ASD と同様に，神経発達症群に分類され，「不注意」と「多動性・衝動性」の2つの症状のうち1つまたは2つの症状がみられ，様々な場面で子どもの適応に悪影響を及ぼしているものとされる。また，文部科学省の注意欠陥多動性障害（ADHD）の定義では，「年齢あるいは発達に不釣り合いな注意力，及び／又は衝動性，多動性を特徴とする行動の障害で，社会的な活動や学業の機能に支障をきたすものである。また，7歳以前に現れ，その状態

が継続し，中枢神経系に何らかの要因による機能不全があると推定される」とされている。ADHDが起こる詳しい原因はわかっていないが，目標に向けて思考や行動を意識的にコントロールする能力である脳の前頭前野での実行機能がうまく働いていないことや，ドーパミンなどの神経伝達物質機能の障害などが指摘されている。

　ADHDにおける「不注意」は，集中力が持続せず，気が散りやすい，忘れっぽいといったことで，指示や連絡事項の聞きもらしや学習に集中できないといった症状が表れる。「多動性」は，じっとしていることが苦手で落ち着かないことで，授業中に落ち着いて座っていられない，しゃべり出すと止まらなくなってしまうといった症状が表れる。「衝動性」は，自分の感情や発言，行動を抑制できないことで，話を最後まで聞けない，順番やルールを守れないといった症状が表れる。これらの症状の表れ方として，不注意の傾向が目立ち忘れ物などは多いが，多動性や衝動性は目立たない「不注意優位型」，落ち着きがないなど多動性や衝動性は目立つが，不注意の傾向は目立たない「多動性・衝動性優位型」，両方の傾向がみられる「混合型」に分類される。「不注意優位型」の子どもは，トラブルやパニックといった問題行動が目立たないために，発見が遅れる場合がある。その一方で，「多動性・衝動性優位型」と「混合型」の子どもは，衝動性や感情のコントロールがうまくいかず，幼い頃から失敗経験をくり返し，周囲からの非難や叱責を受け続けることにより，二次障害として「反抗挑戦性障害」や「素行障害（行為障害）」（これらの詳細については後述する）を併存させ，非行につながる可能性も指摘されている。

(2) ADHDの子どもが抱える困難さ

　「不注意」「多動性」「衝動性」といったADHDの主症状により表出する，頻繁に忘れ物をする，人の話を聞いていない，感情をうまくコントロールできずにキレてしまうといった症状は，人の怒りを買いやすく，幼児期から頻回に叱責を受けやすいことや，思春期にはその衝動性や軽率さゆえに仲間関係がうまくいかず，孤立してしまうといった事態に陥りやすい（齊藤，2009）ことが指摘されている。対人関係における関係性の悪化に伴い，周囲の大人や仲間から

褒められる機会は減少し，叱責を受けたり，からかいやいじめの対象となったりすることもある。そのような状況におかれた ADHD の子どもは，自信を失い，自尊感情が低下し，不安や無力感，罪責感を感じ続けるようになる。結果として，不安障害や気分障害（これらの詳細については後述する）の出現につながり，不登校などの問題行動に至る場合もある。

■■■ 4. 自閉スペクトラム障害（ASD）

(1) ASD の定義と特徴

　自閉スペクトラム障害（ASD: Autism Spectrum Disorder）は，「社会的コミュニケーションと対人的相互反応の障害」と「限定された，あるいは反復した行動・興味・活動」の 2 つの特徴からなる障害である。以前の診断基準（DSM-Ⅳ）においては，広汎性発達障害の下位分類として，自閉性障害，アスペルガー症候群，特定不能の広汎性発達障害などに分類されていたが，DSM-5 では，それらの概念が統合され，「自閉スペクトラム障害」として，軽症から重症までの連続した症状を包括的にとらえている。

　文部科学省の定義では，自閉症（Autistic Disorder）を「3 歳くらいまでに現れ，①他人との社会的関係の形成の困難さ，②言葉の発達の遅れ，③興味や関心が狭く特定のものにこだわることを特徴とする行動の障害であり，中枢神経系に何らかの要因による機能不全があると推定される」とし，そのうち知的発達の遅れを伴わないものを高機能自閉症（High-Functioning Autism）としている。ASD は，先天的な脳機能の障害が主な原因であり，脳の様々な部位に遺伝子変異による機能障害が起きることにより，ASD につながる可能性があると考えられているが，いまだ明らかになっていないことも多い。かつては，親の育て方などによる後天的な障害であると考えられていたが，近年，親の育て方とは無関係に起こることが明らかになっている。

　ASD における 1 つ目の特徴は，「社会的コミュニケーションや対人的相互反応の障害」である。会話のやりとりや感情の共有の困難，他者との交流における非言語コミュニケーションの理解や活用の困難，人間関係の構築や維持の困

難が生じる。例えば，相手との会話に興味を持てず，会話が続かなくなってしまうことや，会話の際に相手の表情やジェスチャーなどの意味を理解することが苦手で，相手の気持ちを推察できずに一方的に話し続けてしまうなど，対人関係をうまく構築しにくいといった症状がみられる。2つ目の特徴は，「限定された，あるいは反復した行動・興味・活動」である。これは，行動や興味が極端に限定的であることや，決まった活動に固執したり，同じような活動をくり返したりすることである。例えば，前後に体を揺らすなどの決まった動作や，形式ばった話し方をくり返すこと，家から学校までの順路や，黒板に並べられたマグネットの配列などに強いこだわりがあり，同じでないと気が済まないこと，電車や昆虫など特定の物事に強く熱中するなどの症状がみられる。興味のあることは詳細に調べるなど，成果をあげることができるものの，興味のないことには一切手を付けないこともある。また，ASD には，一般的には気にならないような物音を気にしすぎる，痛みや温度の変化には鈍感であるなどの感覚のかたよりがみられる場合や，体の動かし方がぎこちなく，極端に不器用な場合がある。

(2) ASD の子どもが抱える困難さ

　ASD の子どもが，学校などで不適応を生じやすい理由として，彼らが他者の気持ちを理解しにくいという特性があげられる（齊藤，2009）。また，渡部（2019）は，ASD の人へのインタビューから，人とうまく関わりたいという願いを強く持っているが，その特徴から，うまく人と関わることができず，学習や生活に支障が生じ，意欲的に取り組みにくいということが起こりやすいと指摘している。このように，ASD の特性であるコミュニケーションの障害により，対人関係の問題が生じやすくなることで，ASD の子どもにとって学校が居づらい場所となり，混乱して教室を飛び出してしまうなどの行動につながる場合もある。さらに，不安や緊張の高まりや自尊感情の低下といった心理面の問題や，緘黙や不登校，暴言や暴力，睡眠障害など，様々な行動面の障害が生じることもある。

　また，こだわりが強いという特性により，学業成績に偏りが生じたり，行事

などでは，いつもと違う行動を求められるために不安が高まることもある。感覚過敏の特性がみられる場合には，授業中のチョークが黒板に当たる音や，机に鉛筆の先が当たる音に過敏に反応してしまい，授業への参加に支障をきたす場合もある。

■■■ 5. 二次障害としての精神障害

　発達障害の子どもが抱える困難さに示したように，ADHD の子どもが大人の話を聞きもらす，ASD の子どもが先生や仲間とうまく関われないといったそれぞれの発達障害の症状による問題は，周囲からの叱責や否定的評価といった不適切な対応につながりやすい。そして，そのような不適切な対応がくり返されることにより，発達障害の子どもは自信を失い，自尊感情が低下し，無力感や空虚感，不安や気分の落ち込みといった症状が現れる。このような状態になると，本来すべきとわかっている行動がとれなくなるなど，ネガティブな行動を誘発することにつながる。子どものネガティブな行動が増加すれば，周囲の人間の怒りはさらに刺激されるため，子どもへの不適切な対応が増加するという悪循環に陥ってしまう。このようなサイクルがくり返されることにより，低い自尊感情，無力感，空虚感，不安，気分の落ち込み，不満や怒りなどの情緒が増大し，同時に反抗や暴力，ひきこもりといった問題行動や精神障害が生じるのである。このように，発達障害本来の症状による困難さによる失敗体験や傷つき体験のくり返しによって引き起こされる障害を二次障害という。

　齊藤（2009）は，二次障害としての精神障害を「外在化障害」と「内在化障害」の 2 種類に分類している。以下では，この分類をもとに，発達障害と関連する精神障害について概観する。

(1) 外在化障害

　外在化障害は，内的な怒りや葛藤を極端な反抗，暴力，家出，放浪，反社会的犯罪行為といった行動上の問題に託し，自己以外の対象に向けて表現する反抗挑戦性障害や素行障害（行為障害）などの精神障害である。

❶ 反抗挑戦性障害

　反抗挑戦性障害は，日常生活の中でイライラしたり，ストレスがたまりすぎることにより，反抗心や反発心がつのることにより引き起こされる障害で，「少なくとも6ヶ月以上持続する，拒絶的，反抗的，挑発的な行動様式」と定義されている。怒りっぽくイライラしている，口論が好きで他者に対して挑発的な行動をとる，意地悪で執念深いといった3つの症状を特徴とする。反抗挑戦性障害がエスカレートすると素行障害（行為障害）に発展する。

❷ 素行障害（行為障害）

　素行障害は，「他者の基本的人権，または年齢相応の主要な社会規範または規則を侵害することが反復し持続する行動様式」と定義される。診断基準には，いじめや脅迫，重大な身体的危害を与えるなどの人や動物に対する攻撃性，放火や器物損壊などの所有物の破壊，嘘をつくことや窃盗，未成年の深夜外出や怠学（学校をなまける）といった重大な規則違反が1年以内に存在したかどうかにより判断される。また，素行障害の小児発症型では，青年期以降の反社会性人格障害となる危険性もある。

(2) 内在化障害

　内在化障害は，怒りや葛藤を不安，気分の落ち込み，強迫症状（不潔恐怖や手洗い強迫など），対人恐怖，ひきこもりなどの情緒的問題として表現し，自己の内的苦痛を特徴とする分離不安障害，社交不安障害，気分障害，強迫性障害などの精神障害である。

❶ 不安症群（分離不安障害，社交（社会）不安障害）

　分離不安障害は，子どもによく見られる不安の症状であり，子どもがいつも世話をしてくれる保護者から離れることが，強烈な不安反応を引き起こすきっかけとなる。一般的に，保護者が戻ってくるとすぐに不安はなくなる。不登校との関連が報告されている。

　社交不安障害は，他者から注目される際に，過度な不安や緊張の症状が生じることで，他者から否定的な評価をされることに対する恐怖が根底にある。人がいるところでは常に不安であり，そのような状況をできるだけ避けようとす

る。不登校やひきこもりの原因になることもある。

❷ 気分障害（躁うつ病，うつ病）

　気分障害は，主に気分，感情領域の障害で，気分が沈んだり，高ぶったりする症状がみられる。うつ病（単極性うつ病）と躁うつ病（双極性障害）に分類される。

　躁うつ病は，気分が高揚し，生気がみなぎって活動的になる時期（躁病エピソード）と，気分が落ち込み元気がなく活動性が下がる時期（うつ病エピソード）を交互にくり返す。子どもの場合，怒りっぽさや攻撃的な爆発がみられることもある（Renée & Alvin, 2016）。

　一方，うつ病は，うつ病エピソードだけがみられ，気分の落ち込み，興味や関心，意欲の著しい低下の他，子どもは身体症状と行動の不活発さが主症状となる（森, 2011）。イライラしたり，落ち着きがなくなり，不登校や学業不振など，他の問題をいっしょに示すことが多い（傳田，2002）。

❸ 強迫性障害

　強迫性障害は，無意味だとわかっている思い込みの強迫観念やそれを実際に行動化してしまう強迫行為により，日常生活に支障が生じる障害である。「強迫観念または強迫行為のどちらか，または両方がみられる」と定義される。強迫観念は，例えば，手を洗わなければと思うことと，そのことについて何とかして考えないようにしよう，他の考えに置き換えようと試みるといった思考をくり返している状態である。強迫行為は，例えば，手を洗わなければいけないと心の中で思ったことを実行しなければと駆り立てられてしまい，不安や苦痛を避けるために，現実には不安や苦痛を取り除けないにもかかわらず，手洗いをくり返してしまう状態である。このような思い込みや行動が1日1時間以上継続し，実際に手を洗いすぎて傷だらけになっているなど，日常生活に支障が出てしまうことにより，判断される。

3　特別な支援を必要とする子どもに対する支援の実際

　障害のある子どももない子どもも，すべての子どもが同じ場で学ぶことを追求するインクルーシブ教育システムの中で，特別な支援を必要とする子ども一人ひとりの教育的ニーズに応じた対応を，教師はどのように進めていけばよいのだろうか。大石（2011）は，発達障害などの子どもたちへの支援を検討する際には，子どもたち自身に対する介入・支援だけでなく，教室環境の調整（校内支援体制の整備を含む）や対人関係・相互作用に対する介入・支援が必要になると指摘している。そのため，ここでは，①子ども自身の教育的ニーズへの対応，②教室環境や子どもを取り巻く対人関係・相互作用への対応，③校内外の支援体制の確立とチームによる対応，の 3 つの視点で，特別な支援を必要とする子どもに対する支援のポイントを示す。

■■■ 1．子ども自身の教育的ニーズへの対応

(1)　合理的配慮の考え方

　合理的配慮とは，「障害のある子どもが，他の子どもと平等に『教育を受ける権利』を享有・行使することを確保するために，学校の設置者及び学校が必要かつ適当な変更・調整を行うことであり，障害のある子どもに対し，その状況に応じて，学校教育を受ける場合に個別に必要とされるものであり，学校の設置者及び学校に対して，体制面，財政面において，均衡を失した又は，過度の負担を課さないもの」と定義されている（文部科学省, 2012）。合理的配慮は，発達障害の特性による困難を取り除くための工夫であり，子どもや保護者の願いと，学校としても無理なく提供できる内容を話し合って合意形成することが大切である。

　具体的な例として，書字の困難がある SLD の子どもに，板書内容の大切なキーワードだけを書き込ませるようにしたプリントを準備し，他の子どもの進度に合わせて学習を進められるようにする，うまくいかないことがあるとイラ

イラして友達を攻撃してしまう ADHD の子どもに，落ち着くまで静かに過ごせるクールダウンの場所を提供する，活動の見通しが持てないと不安になってしまう ASD の子どもに，一日の流れや授業の流れを視覚化して掲示するといったことがあげられる。また，近年，授業への参加などの学習面の困難に対しては，ICT 教材の導入なども進められている。

(2) 子どものよい面を伸ばす支援を心がける

　発達障害などの特性による症状は，脳機能の障害によるものであるため，本人の努力で改善するものではない。そのため，周囲を困らせる悪い面を何とか治そうと働きかけることが，かえって本人を苦しめることにつながってしまうこともある。対応を検討する際には，「あくまでも困っているのは本人」であることを念頭に置き，教師はできた部分に目を向けて承認するなど受容的に接することが効果的である。また，得意な面やよい面に注目して，そのような部分を伸ばす支援を心がけることが子どもの自信につながることが多い。子ども自身のよいところが増加することにより，苦手なことやよくない癖が目立たなくなる。結果として，子どもが否定的評価を受けにくくなることから，情緒の安定が図られ，二次障害の予防や改善につながりやすくなる。

■■■ 2. 教室環境や子どもを取り巻く対人関係・相互作用への対応

(1) すべての子どもたちが学びやすい学級環境の整備

　障害がある子どもに対する合理的配慮はもちろん大切ではあるが，インクルーシブ教育システムにおいては，多様な個性を持った子どもたち一人ひとりが，充実した学校生活を送り，学力や生きる力を身につけていけるようにする必要があり，そのための環境整備が求められている（文部科学省，2012）。小貫（2014）は，学習環境や学級環境をつまずきのある子どもの特徴に合わせて環境整備する授業や学級のユニバーサルデザイン化により，発達障害の子どもだけでなく，すべての子どもにとって参加しやすい学校，授業となりうるとしている。具体的には，教室の整理整頓により作業効率を図る「場の構造化」，

授業以外の余計な刺激をできるだけ減らす「刺激量の調節」，視覚的にルールや手順を確認できるようにすることで曖昧さをなくす「ルールの明確化」，つまずいている子どもの状況を周囲の子どもが理解し，受容し合う関係を形成する「子ども同士の理解」などの工夫が有効である。

(2) 周囲の子どもたちへの支援

　集団活動の場において，周囲の子どもが特別な支援を必要とする子どもの困難さを理解し，励ましたり，支えたりする温かい関わりが学級内に形成されていることが，特別な支援を必要とする子どもの情緒の安定につながっていく。そのような受容的な雰囲気を学級内に育成するためには，周囲の子どもたちも不安やストレスが少なく，他の仲間や教師から大切にされている，認められていると感じられる場面を多く設けるなどが考えられる。教師自身が，日常的に，すべての子どもに温かな言葉がけや受容的な態度を示すことなどの工夫が考えられる。そのような工夫をすることにより，一人ひとりの子どもの承認感を高めるとともに，特別な支援を必要とする子どもに対する効果的な関わり方のモデルを示すことにもなり得るのである。

■■■ 3. 校内外の支援体制の確立とチームによる対応

(1) 学校全体で，特別な支援を必要とする子どもの情報を共有する

　特別な支援を必要とする子どもの抱える問題を解決するためには，支援員などのマンパワーの確保や，外部の関係機関との連携など，学校全体で組織的に支援を計画していく必要がある。学校内には，特別支援教育を推進する特別支援コーディネーターが配置され，特別な支援を必要とする子どもの情報を共有し，チームで個別の指導計画や個別の教育支援計画を作成する校内委員会の設置が義務づけられている。それらのシステムを活用することで，担任以外の教員も子どもの目標やそれに対する支援方針を共有して対応することが可能となる。すべての教員が特別支援を必要とする子ども一人ひとりの教育的ニーズを共有することで，子どもに対する一貫した支援が可能になるのである。

(2) 学校内外の専門家との連携

　特別な支援を必要とする子どもの気になる行動の理解や適切な支援計画の作成には，教員による観察だけでなく，スクールカウンセラー（SC）やスクールソーシャルワーカー（SSW）などの学校内の専門家にも行動観察をしてもらうことにより，効果的な支援方法を助言してもらえることがある。また，地域の特別支援学校や教育センターなどの外部機関からの巡回相談を活用することで，より専門的なコンサルテーションを受けられる場合もある。さらに，特別な支援を必要とする子どもへの支援においては，医学的診断や治療を必要とする場合も想定されるため，医療機関ともスムーズに連携できるようにしておくことが重要であろう。そのようなケースでは，保護者の抵抗や不安を軽減するために，学校内外の専門家に保護者面談などに立ち会ってもらうなどの工夫が有効な場合もある。

(3) 保護者との信頼関係を構築する

　子どもに対する様々な支援を進めていく際には，学校と保護者の協力体制は不可欠である。しかし，我が子の抱える困難を簡単には受け入れられない保護者は多く，学校からの助言を素直に聞けない場合もある。そのため，担任教師は日頃から保護者に対して子どものよい面を意図的に伝えるなど，関係形成を進めておくことが大切である。また，保護者を安心させられるよう，日々の子どもの努力や成長のプロセスなどを積極的に保護者に伝えることも，信頼関係の形成には効果的である。保護者自身の情緒が不安定な際には，時間をかけて保護者自身のつらさを受け止めるなどのより丁寧な対応が求められる。

第 12 章

保護者支援のあり方

1 保護者支援とは

　今日の教育相談では，様々な役割・立場の人々による，それぞれの専門性を活かした連携協力が求められている。教師は「教育」の専門家である。スクールカウンセラー（SC）は「心理」の専門家である。スクールソーシャルワーカー（SSW）は「福祉」の専門家である。そして，保護者は「子育ての専門家」である。例えば，ハマダ・タケシの保護者は「タケシを育てる専門家」である。タケシは何が好きで，どんなことになら興味を持ってやってみようと思えるのか。逆に何が嫌いで，苦手なことにチャレンジするときにはどんな配慮が必要になるのか。これらに最も詳しいのは，タケシを育ててきた保護者である。さらに，それらを把握しながらタケシに関わり続けることができるのも，やはりタケシの保護者である。教師による保護者支援とは，そうした保護者の専門性が十分に発揮されるように支援することである。

2 「相互作用」という視点

　人は自分なりの「ものの見方」（考え方，価値観，信念等々）を通してこの世界を見ており，それがその人の行いに反映される。そして，ある人の行いは別のある人に影響を与える。それが連鎖していくと，そこに特有の状況が生ま

れる。つまり，人と人との間で生じることは，そこに関わる人々の影響の及ぼし合いの結果である。これを「相互作用」という。

　例えば，次のような事例を想像してほしい。中学1年生の男子生徒であるハマダ・タケシは「登校しぶり」が続いている。母親が何とかなだめすかして自宅から連れ出し，校門で待つ担任教師のところまで連れていけば，そのままいっしょに教室へ入ることができる。

　この事例の担任教師が母親のことを，「本当に過保護な母親だ。そうやって甘やかして育てるからタケシはあんなわがままになったんだ」と見れば，母親との関わり方はそれを反映したものになる。まさか「あなたのせいでタケシは登校をしぶるようなわがままな子になったんですよ！」などとストレートな物言いはしないだろうが，「お母さんがあれやこれやとしてあげるので，タケシくんも甘えが出てしまうのではないでしょうか。もう中学生ですし，世話やきもほどほどにされてはいかがでしょう」くらいは言うかもしれない。教師としては，母親が「先生のおっしゃる通りです。私が間違っていました」などと反省してくれるのを望んでいるのかもしれないが，それはまず期待できない。実際には「私が悪いっていうんですか！ タケシは学校に行きたくないって言っているんですよ！ 悪いのは学校でしょう！」などと反論されるのがオチだろう。そう言われれば，教師も「心外だなあ！」と言い返したくなるだろう。母親に対する「ダメな保護者」という見方をいっそう強くし，職員室で同僚と「近頃の保護者は自分の責任を棚に上げて学校批判なんだから，全くどうしようもない！」と息巻くかもしれない。

　ここには悪循環が生じている。この状況を変えたいのであれば，相互作用の中にある誰かが変わればよい。それでは，誰から変わればよいのだろうか。「これは教師が悪い。まずは教師が態度を改めるべきだ」「いやいや母親が間違っている。母親から変わるべきだ」「そもそもタケシのせいだから，彼をなんとかしなくちゃ」など，様々な意見があるだろう。しかし，いずれの意見も，まずは誰が悪いのかを明らかにし，その人を変えようとしている点では同じである。

　私たちは問題を認識すると悪い部分を突きとめて修理・治療することで問題

を解消しようとする。これは「問題志向」と呼ばれるものの見方である。こうした見方は，機械の故障を直したり，身体の病気を治したりするのにはとても役に立つので，私たちはあらゆることを問題志向でとらえるくせがある。しかし，教育相談で扱う問題は，人と人との相互作用の中で生じているので，問題志向は悪者探しにつながりやすく，それが人間関係の軋轢を生んで，かえって状況を悪化させることがある。先述のような展開は，その典型例である。

　それでは，どうすればよいのだろうか。結論から言おう。その状況をどう見るのか，そこに関わる人々のことをどう見るのか，自らの見方を省みて，それに伴う自らの行いを変えていく。つまりは，自分が相手とのコミュニケーションを工夫することから始めるのである。

　「どう考えても相手が悪いのに，どうして私が変わらないといけないの？　そんなのは間違っている！」と言いたいときもあるだろう。しかし，誰が悪いのかをはっきりさせて，その人に変化を求めるようなコミュニケーションは，かえって状況を悪化させることはすでに説明した通りである。結局は，自分から変わることが好ましい変化をつくるための近道なのである。

　保護者支援で言えば，連携協力のパートナーである保護者の専門性が十分に発揮されるように，教師がコミュニケーションを工夫するということである。次節からは，この点について論じていく。

3　保護者支援の実践モデル

■■■■ 1. 保護者のことを知るために素直な気持ちで話を聴く

　支援関係の土台を築くために，まずは保護者の話を聴こう。さて，「人の話を聴くときには共感することが大切」などと語られることがあるが，これは何でもかんでも「うんうん」とうなずいていればよいということではない。そもそも，筆者はこの「共感する」という言葉に違和感がある。なぜなら，共感とは，何かに対して「そうだなあ」と“感じる”ことであって，意図して“する”

ことではないと思うからである。こうした言葉を知ると，保護者との丁寧な関わりが求められるときほど，「共感しないと！」と意気込んでしまうかもしれない。しかし，そんなときほど，心を楽にして穏やかな気持ちでいることをおすすめする。「この人のことを知りたいな，理解したいな」という素直な気持ちで保護者の話に耳を傾けよう。

　保護者の話を聴いていて，「よくわからないな……」というときもあるだろう。それも自然なことである。わかったふりをするのでも相手を否定するのでもなく，素直に「そのことについてもう少し教えてほしいのですが……」などとたずねればよい。たとえ理解しがたいことがあったとしても，それを素直に認め，むしろ教えてもらおうとする姿勢が相手からの信頼を得ることにつながる。

　保護者の話を聴いていて，「わかった」と思ったときにも，早とちりして決めつけるのではなく，「お話をおうかがいして，私は……と理解したのですが，間違いないですか？」などとこちらの理解や受け止めがずれていないか，相手に確かめるような応答を心がけよう。そうした応答を丁寧にくり返していると，「ああ，なるほど，確かにそうだなあ」という「腑に落ちる感覚」がこちらに生じてくることがある。これが「共感」と呼ばれるものの内実であろう。つまり，"共感とは相手の理解に努めた結果として生じるもの"なのである。

　そうした聴き方に努めていると，こちらに「もしかしたら，この人はこんなことを感じているのではないかなあ……」というような感覚が生じてくることがある。そんなときには，それも素直に伝えてみよう。それが相手の腑に落ちれば，互いにわかりあえた感覚を得て強い信頼関係が生まれる。この「わかってくれている」という信頼感が支援関係の土台となる。

■■■ 2. 保護者のリソースに焦点を当てる

　保護者支援においては，保護者の「リソース」に焦点を当てることが大切である。リソースとは「その人自身がもつ能力や努力，対人関係や物的資源」（青木，2014）である。前者を「内的リソース」，後者を「外的リソース」と表現することもある（黒沢，2012）。リソースはその人自身に備わっているもので

ある。だからこそ，リソースに焦点が当てられたとき，人は自分に力があることを実感する（津川，2012）。

　保護者の話を丁寧に聴くことができるようになってきたら，次は保護者の話を聴きながら，「良いな」「素敵だな」「うまくやれているな」「それがもっと続けば（増えれば）よいな」「ありがたいな」「嬉しいな」「助かるな」などと感じる部分に関心を寄せ，そのときに少しだけ大きくうなずいたり，相手の言葉をくり返したりしてみよう。そうすると，保護者の関心も自らのリソースに向かうはずである。保護者は「自分には力がある」と信じ，「状況は良い方向へ向かっている」「これからも上手くやっていける」と期待を持てるようになるだろう。

　また，普段から保護者の良いところやできていることなどを探して，それをこまめに伝えよう。日頃の様子や保護者が話したこと，書いたもの，児童生徒や他の教師あるいは保護者同士の関係の中で伝え聞いたことなど，あらゆるところにアンテナを張って情報を集めておこう。ただし，教師が保護者を「褒める」という行為は，時に上から目線で評価していると受け取られかねないので注意しよう。おすすめなのは，「ありがとうございます」「嬉しいです」「助かります」という感謝の気持ちを伝えることである。保護者の貢献感を向上させるような関わり方を心がけたい。

　ところで，子どもが問題の渦中にあるときには，保護者は気まずさや後ろめたさなどから教師との関わりや連絡を避けることがある。これを教師は「この保護者はわかっていない」ととらえて，子どもの問題をいっそう強調しがちである。しかし，このようなやり方が逆効果であることはくり返し説明した通りである。保護者は教師からの連絡に，「ああ，またか……今度は何をしたんだろう」とため息をつきながら，「どうせ，ああしろこうしろと嫌なことを言われるんだろうな」と怯えている。保護者は不安なのである。「ええ，あの保護者のどこが？」と言いたくなる事例もあるかもしれないが，それとて「窮鼠猫を噛む」なのである。必死の防衛反応なのだと理解したい。

　そのようなときほど，子どもの良いところを見つけて，それを保護者に伝えることが大切である。そして，それは保護者のおかげであると感謝を示しつつ，

「お手柄」をしっかりとお返ししよう。例えば、「タケシくん、今週は月曜日からとっても元気な笑顔を見せてくれています。週末にタケシくんの好きな本屋さんへいっしょに出かけてくださったそうですね。あの笑顔はお母さんのおかげですね。ありがとうございます」などと伝えて、「子育ての専門家」としての保護者のリソースに焦点を当てよう。

なお、保護者との間でこうしたやりとりを続けるためには、教師が「子どものリソース」に気づいている必要がある。本章では児童生徒との関わり方については扱わないが、この点は保護者支援の前提として十分に学んでおいてほしい。

■■■ 3. 保護者のリソースを引き出す

保護者のリソースを見つけるのが上手くなってきたら、次はリソースを積極的に引き出すためのコミュニケーションに磨きをかけよう。これに使えるのが「解決志向アプローチ」である。関連文献（Berg, 1994；De Jong & Berg, 2013；黒沢, 2012）を参考にしながら、以下にポイントを整理する。

(1) たどり着きたい未来へ誘う

問題に悩む人は「どうしてこうなったのか？」との問いが頭から離れずに苦しむことが少なくない。しかし、教師が道に迷った人といっしょに「どうして道に迷ったのでしょうね？」とうろうろしていては、その人がたどり着きたい場所へ向かうことはできない。「この人はどこへ向かいたいのだろう？」「この人はどうありたいのだろう？」という素直な好奇心を持って、そのことを知りたい、教えてほしいという謙虚な姿勢で相手と接することが大切である。

相手の悩みや苦しみに丁寧に耳を傾けたあと、穏やかな口調で、次のようにたずねてみよう。「それは大変でしたね……その大変な状況の中で少しでもこうなればよいのになあということについて教えてもらえますか？」「その大変な状況が解決すると、今と何がどんなふうに違ってくるでしょうか？」。

ここで問われていることは「どうしてこんなことに？」との思いが頭から離

れず堂々巡りに陥っていた人にとって「想像もしなかったこと」である。そうであるからこそ，こうした問いかけが大きな意味を持つ。多くの人は戸惑いつつもたどり着きたい未来について語り始める。これはそれまでの堂々巡りとは風向きが変わり始めた証拠である。

　相手から語られる未来の話には，「なるほど，もう少し詳しく教えていただけますか？」などと新鮮な驚きも交えつつ，いっそうの好奇心を持って耳を傾けよう。ともに未来を想像し語り合うことで，「それじゃあ，そのためにこれから何ができるでしょうか？」といった建設的な話もできるようになる。

(2)「例外」を見つける

　私たちは問題に直面するとそのことばかりが気になり，余裕をなくして常に問題が生じているかのように追い詰められる。そして，その状況を何とかしようと焦り，いっそう余裕を失って，さらに問題ばかりが目につくという悪循環に陥る。保護者が余裕を失い，疲れていれば，ついつい子どもを口うるさく叱ってしまうものである。その結果，子どもの態度はかえって頑なになり，保護者はさらに強い口調で叱らざるを得なくなる。そうした悪循環に陥っていれば，「うちの子は私の言うことには絶対に従いません。いつも勝手なことばかりしています。なんとかしてください！」などと訴えたくもなる。そうした「絶対」「いつも」などの極端な表現は余裕を失っているサインである。そうなれば，上手くいっていないことに対して，それまでと同じ対応をくり返してしまい，結果として問題状況は続くことになる。

　上手くいっていないということは，状況が「これまでとは対応を変える必要がある」と教えてくれているのだから，それに従って別の対応を試みればよい。ただし，ゼロから始める必要はない。予想された問題が起きなかったとき，いつもほどはひどくならずに済んだとき，問題に上手く対応できたときはあるはずである。そうした発想を持てば，保護者に「少しでもましだったときのことを教えていただけますか？」「お子さんとの関わりに手応えや満足を感じたときのことを教えてください」などと尋ねることができるだろう。あるいは，先ほどの未来の話のあとで，「その一部でも叶っているときはありませんか？」

と尋ねることもできる。これは「例外を見つける質問」（Berg, 1994）と呼ばれる。問題状況の中では解決につながりそうなことが起きていても，そのほとんどは見過ごされている。しかし，状況に変化がないわけではない。小さな変化なので気づいていないだけである。状況が困難であると見なされているときほど，「例外」を探すように心がけたい。

　こうした質問に答えるうちに，保護者は子どもと上手く関われているときがあることを思い出すだろう。その語りに耳を傾けつつ，さらに「そのときは何か工夫したことがありますか？」「他にもお子さんとの関係で心がけていることはありますか？」などと話を続けることで，保護者のリソースを引き出しつつ，これからどうすればよいのかの手がかりを得ることができる。これは「どうやってうまくやったのか？」を明らかにし，その責任を本人に帰して，またそれを行えるように導く「成功の責任追及」（黒沢, 2012）と呼ばれるやり方である。保護者はそうした枠組みの中で自らのリソースを語ることによって，自分には力があることを実感する。そうなれば，連携協力のパートナーとして，その力を発揮してくれるだろう。

(3) 数字で表現する

　タケシの保護者は「昨日は学校へ行ったのに，今日は行きませんでした。明日は学校へ行くのかどうか，心配でしょうがないです……」と，タケシが学校へ行くか行かないかで一喜一憂する不安な毎日を過ごしている。しかし，登校の有無とは別に，タケシの毎日は変化に満ちているはずである。そうした変化に気づくための工夫として，状況を数字で表現するという方法がある。これは「スケーリング・クエスチョン」（Berg, 1994）と呼ばれる。この例で言えば，次のようなやりとりになる。

　「お母さんのお気持ちをきちんと理解したうえでお話させていただきたいので，ちょっと変わった聞き方になりますが，よろしいですか？　例えば，心配で心配でどうしようもないというのを1，まあなんとか安心して過ごせるようになってきたかなというのを10とすると，今はいくつくらいでしょうか？」「うーん……4くらいでしょうか」「4ですか。その4まで安心できるようになっ

たのは，どんなことからですか？」「そうですね……最近，何げない会話を楽しめるようになったからでしょうか」「それは何かきっかけがあったんですか？」「ええ。以前は口を開けば学校の話ばかりでしたけれど，そうするとかえってタケシは塞ぎ込んでしまうので，少なくとも私といっしょにいるときは楽しく過ごせたらいいかなって……。最近は，あの子の好きな本の話などをするようにしています」「そうですか。お母さんのそうした心配りのおかげで，タケシくんにとって安心できる時間が増えているんですね。他に何か思いつくことはありますか？」「そうですね……。ああ，そう言えば……」。

　このような対話を続けているうちに，この母親はタケシと安心できる時間を過ごせていることを思い出し，また，そこにある自分なりの対処や工夫に気づくことができる。見逃しがちな変化も，数字にすることでとらえやすくなる。数字を取り上げる際には，10のうち6足りないという発想ではなく，何があって4なのかというところに関心を持とう。また，その数字分の良い変化が見つかったら，この例のように，そのお手柄を保護者に返すことを忘れないようにしたい（成功の責任追及）。それは，そこに保護者のリソースがあるからである。

　こうした対話を続けたあとに，「4に1だけ増えて5になったときは，タケシくんとどんなふうに過ごしていると思いますか？」と未来の姿を思い描くことで，これから何をすればよいのかのヒントを得ることができる。その際，「その状況に少しでも近いときはありませんか？」と「例外を見つける質問」を用いて話を広げてもよいだろう。ここでは，数字が1だけ増えた未来の姿を描くのがコツである。そうした小さな変化がさざ波のように大きな変化へとつながっていくのである。

　なお，数字で表現してもらうことがかえって状況の深刻さを際立たせるようなときには，スケーリング・クエスチョンは避けたほうがよい。ただし，そのような配慮をしてもなお，予想に反して低い数字が語られたときには，「そんな大変な状況にもかかわらず，いったいどうやって持ちこたえているんですか？」などと尋ねてみよう。その人のリソースが語られるはずである。これは「コーピング・クエスチョン」（Berg, 1994）と呼ばれる。

■■■■ 4.「問題」との距離を取る

　私たちは問題状況に陥ると，その困難さを過度に大きくとらえ，不安や恐れ，無力感や怒りを抱えて身動きがとれなくなったり，周囲を心配させる行動を起こしてしまったりすることがある。そうした状況にある保護者を支援する際には，その人が「問題」と距離をとれるような関わり方を心がけてほしい。逆に避けてほしいのは，問題＝その人という見方である。「モンスターペアレント」などという表現はその最たるものである。

　まずは，その人のことを「問題に苦しめられている人」と見てほしい。そうすれば，「そんな大変な状況の中でよくここまでやってこれましたね」とねぎらいの言葉をかけることができる。次に，その人のことを「問題に対処してきた人」と見る。そうすれば，「これまでは，どんなふうに対処されてきたんですか？」「ここまでやってこられたのは，何か工夫されたり，心がけてこられたりしたからだと思うのですが，そのことについて教えていただけますか？」などと尋ねることができる（コーピング・クエスチョン）。相手の答えに対しては驚いたり，感心したりしながら，好奇心を持って耳を傾けよう。こうしたやりとりを通じて，「困難な状況であっても対処できる」との見方が両者で共有されるようになれば，「それだけの力があるのだから……」という姿勢で，今後のことについて話し合うことができる。

　ここまでくれば，当人の「問題＝私」という縛りもずいぶん緩んでいるだろうから，さらに「問題」との距離がとれるように，次のような工夫を試みてみよう。その工夫とは「問題」にニックネームをつけることである。例えば，不安や恐れが強く，身動きが取れなくなっている保護者には，「こんなにがんばっているのに，『そいつ』がやってくるせいで身動きがとれなくなってしまうんですね。『そいつ』の名前を教えてください」などとユーモアを交えながらたずねてみる。相手から「『そいつ』は……『コワコワ』でしょうか？」との答えが返ってきたら，「『コワコワ』って言うんですね！ そいつがハマダさんの足を引っ張っているんですね。よし，いっしょに作戦会議をしましょう。次に『コワコワ』がハマダさんの足を引っ張ろうとしたら，どうしますか？」など

と楽しみ交じりに今後の対処について話し合おう。ふざけているようだが，こうして「問題」と距離を取ることによって，人は「問題」に対して上手く対処できるようになるのである。これは「問題の外在化」（White & Epston, 1990）と呼ばれる。

　また，この枠組みの中で，「これまではどうやって『コワコワ』に対処してきたんですか？」（コーピング・クエスチョン），「『コワコワ』に足を引っ張られずに済んだときのことを教えてください」（例外を見つける質問），「それはどうやってうまくやったんですか？」（成功の責任追及）などと質問をくり返すことで，相手のリソースをさらに引き出すことができる。

■■■ 5. 肯定的に意味づける

　教師も人間である。保護者のことをよく思えないときもあるだろう。また，「自分はダメだ」と自己否定する保護者もいる。そうした場合に有用なのが「リフレーミング」である。これは「現象・事象に対する見方や理解の仕方に関する既存のフレーム（枠組み）を変化させること」（東，2013）をいう。その中でもよく知られているのが否定的なフレームを肯定的に意味づける「ポジティブ・リフレーミング」である。

　次のような状況を想像してほしい。面談の最中に，保護者が「いくら言ってもあの子は変わりません。もうどうしたらよいかわからないんです！　つらいんです！」と泣き出してしまった。このとき，教師が「急に泣き出すなんて弱い人だなあ」といった見方をして関われば，その保護者は自分がいかに力のない弱い人間であるのかを教師に示すようになる。教師はその姿を見て「やっぱり弱い人だなあ」と自らの見方を強めていく，という相互作用が生じる。

　その一方で，「この人には力がある」という前提に立てば，教師としてこの保護者に「言いにくいことだったでしょうに，よく話してくださいましたね……ありがとうございます。そんなふうにつらいことを素直に『つらい』と人に伝えることは簡単にできることではありません……それだけお子さんを思う気持ちが強いんですね」などと伝えることができるだろう。

この保護者には力があふれている。つらい状況をつらいと感じることができる力，つらいから助けを求めようと判断できる力，そして実際に動くことができる力，自分のつらさを泣くというわかりやすい形で周囲に知らせることができる力，それを言葉にして伝えることもできる力，そして何よりも子どもを思う気持ちとその力である。

これらすべてを言葉にするわけではないが，このように見ることで，さらに次のような言葉を伝えることができるかもしれない。

「よろしければ教えていただきたいのですが，ハマダさんはそのようなお力をいったいどうやって身につけることができたのですか？」

その後の展開は，これまでの実践例で示してきたように，保護者のリソースが引き出されるようなやりとりを続けていけばよい。

このように，「急に泣き出す弱い保護者」という否定的なフレームは，「子どものために助けを求めることができる保護者」と肯定的に意味づけることが可能である。そうして教師が自らをリフレーミングし保護者と関わることができれば，やがて保護者にもリフレーミングが生じる。リフレーミングとはそうした相互作用の中で生じるものである。単なる言葉の言い換えやプラス思考の押し付けとは異なるので，注意してほしい。

なお，自分の欠点や弱さを強く訴える保護者の中には，教師が良いところを見つけて伝えても，「そんなことはありません」と受け入れず，「そんなふうに考えられない私はやっぱりダメですね」とかえって自己否定を強める人がいる。「ポジティブ」「前向き」「プラス思考」がもてはやされる時代である。特に教師はこうした側面の価値を重視しがちであるが，自分の欠点や弱いところまで全部ひっくるめて認めることができる，そうした意味での自己肯定感を必要とする人がいることを知っておきたい。教師には，保護者の否定的側面もそのまま認め，つき合っていくという懐の深い関わりが求められることがある。

■■■ 6. 保護者のリソースを活かした「提案」をする

教師というのは，こちらにそんなつもりがなくても，人から「偉そうにして

いる」「上から目線で教えようとする」と受け取られやすい立場にある。これを踏まえて，保護者にこちらの考えを伝える際には，「私は……と思うのですが，いかがでしょうか」と「提案する」つもりで話すのがよい。その際，参考になるのが解決志向アプローチの「行動提案」と「観察提案」という整理の仕方（De Jong & Berg, 2013）である。

　行動提案とは，それまでに得られた情報をもとに，相手に何かをするように求めるものである。提案は相手のリソースを活かしたものにする。例えば，「お母さんからいろいろと教えていただいたおかげで，タケシくんに何かを提案するのは，いっしょに本屋さんへ行ったときの帰り道で何気なく伝えるのがよいということがわかりました。タケシくんのことをよくご存知のお母さんならではの工夫だと思います。そこで，またそれを試してみてはどうかと思うのですが，いかがでしょうか」という具合である。そうして日常に好ましい変化を広げていくのである。

　また，観察提案によって，今後の変化に役立つリソースを得るための種まきをしておくこともできる。提案するのは「例外」の観察である。例えば，「少しでもうまく対処できたときのことを覚えておいて，そのときに何をしていたか，いつ，どこで，誰といっしょだったかなど，次に会ったときに教えていただけますか。それがこれからどうすればよいのかのヒントになりますから」とお願いするのである。報告された「例外」に対しては「成功の責任追及」をして，相手のリソースを引き出すように努める。そして，そのリソースを保護者支援に活用するのである。

4　保護者と協力関係を築くことが困難な場合

■■■ 1. 保護者がそもそも関わろうとしてくれない場合

　現場では，協力関係を求めても，そもそも学校や教師と関わろうとしてくれない保護者もいる。ここでは，解決志向アプローチの「関係性の評価」（Berg,

表 12-1　**保護者との関係性**（Berg, 1994 を参考にして作成）

関係①「問題なんてありません」	問題なし	関与なし
関係②「あれが問題です」	問題あり	関与なし
関係③「問題をなんとかしたいです」	問題あり	関与あり

1994）を参考に，「保護者との関係性」を 3 つに整理して考える（表 12-1）。

　これまでに解説してきた実践例は，この中で言えば，関係③を前提としたものであり，保護者がその状況を問題と認識し，「問題をなんとかしたいです」と自ら関与している事例における関わり方について論じたものであった。その一方で，現場の教師が困っているのは関係①や関係②のような事例である。

　関係①「問題なんてありません」は，例えば，不登校の生徒（シズカ）のことを心配して保護者に連絡しても，「まあ，学校は休んでますけど，家では私といっしょにテレビを見て楽しそうに笑ってるし，別に問題ないですよ」などと，その状況を問題とは認識しておらず，そのため関与もしないような事例である。

　また，関係②「あれが問題です」は，「ああ，あの子ねえ，学校休んでるくせに，家ではテレビ見て楽しそうに笑ってて。あれじゃ，先が思いやられるよ。先生，ちょうどよかった。朝起こしに来てもらおうと思ってたの。あの子，学校まで連れてってくれる？」などと，その状況を問題と認識していても，自らは関与しないような事例である。

　関係①のような事例の場合，たいてい教師は保護者が認識を改め（問題なし→問題あり），態度を変える（関与なし→関与あり）ように求める。例えば，「学校がすべてとは言いませんが，シズカさんの将来を考えれば，問題ないでは済まされないのではないですか。今後のことについてきちんとお話させてください」という具合である。しかし，このように相手を否定し（No），こちらに従わせようとするやり方は反発を招くのが必定である。保護者は「問題ないって言ってるでしょ！」（No！）と強調し，教師の言い分を否定するだろう。教師

は内心イラつきながら「ですから，それが問題なんです！ 学校に来ないのに家ではテレビを見て笑ってるなんて，家族そろって危機感がなさすぎます！」（No‼）とさらに否定する。保護者は怒りながら「私らがおかしいっていうの！ だいたいあの子は学校がイヤだって言ってんの！　悪いのはあんたらでしょう！」（No‼‼）といっそう強く否定する。No の応酬である。しかも，両者とも「自分の声が相手に届いていない」との構えで声をどんどん大きくしていく（No → No！→ No‼ → No‼‼）ので，状況は悪化の一途をたどる。残念ながら，これは現場で少なからず生じていることである。

　一方，「傾聴が大切」と学んだ教師は，「ええ，そうですか。お家ではテレビを見て楽しそうにしているんですね」（Yes）と保護者の話を聴こうとする。しかし，教師には果たすべき職務もあるので，「しかし……」「ですが……」「とはいえ……」「ただですね……」（But）と切り返し，「シズカさんの将来についてはきちんと考えていただきたいんです。少しお話しできませんか？」などとやはりこちらへ引っ張ろうとする。教師がまずは「うん，うん」と聴いてくれたので，保護者も「まあ，先生の言うことはわかるよ」（Yes）といったんはうなずくが，「でも……」（But）と返し，教師の言い分は受け入れない。教師もまた「ええ，ええ……」（Yes）と聴くものの，結局は「しかし……」（But）とこちらの言い分を主張する。表面的には対話が成り立っているように見えるが，実際には堂々巡りで状況は進展しないまま，時間だけが過ぎていく。これも現場で多く見られる，Yes-But の構造である。

　教師には児童生徒をよりよい方向へ導く責務があるので，これに保護者の協力を求めるのは当然である。しかし，「それではダメです」（No）と否定したり，「そうですね，でも……」（Yes-But）と切り返したりして，保護者をこちらへ引っ張ろうとするのは得策ではない。保護者と協力関係を築くための近道は，「そうですね，だから……」と "Yes-And" でつなぐコミュニケーションである。

　これに関しては，エリクソン（Erickson, M. H.）由来の利用（utilization）の姿勢が示唆に富む。これは，相手が持ち込んだものや存在するものは何でも（たとえ否定的に評価されそうなものでも）リソースとして活かす姿勢のことである（津川，2003）。ここには，自分のやり方に相手を従わせるのではな

く，まず相手に合わせ（pacing），それから導く（leading）という"pacing & leading"の原則が働いている（津川，2003，2012；津川ら，2011）。

　本事例で言えば，保護者の「いっしょにテレビを見て楽しそうに笑っているから問題ない」という認識を「問題」ではなく，むしろ「リソース」とみなし，それに合わせて，「だからこそ，このように協力してほしい」と導くことが考えられる。具体的には次のようなやりとりになるだろう。

「まあ，学校は休んでますけど，家では私といっしょにテレビを見て楽しそうに笑ってるし，別に問題ないですよ」

「ええ！　お家ではテレビを見て楽しそうに笑ってるんですか？　それは安心しました。私も仕事柄，学校に来ない生徒を何人も見てきましたけど，家でもつらそうにしてる子がほとんどなんですよ……その点，シズカさんはお家では楽しそうにしているんですね。よかったです」

「はあ，そんなもんですか」

「ええ。その楽しい番組って何ですか？」

「ああ，○○とか，□□とか……」（しばらくテレビの話で盛り上がる）

「本当，楽しいですね。ああ……そうか……シズカさんが笑顔でいられるわけがよくわかりました。お家がシズカさんにとって安心できる場所になっているのは，そうしてお母さんが楽しい時間を提供してくださっているからなんですね。ありがとうございます。シズカさんの笑顔はお母さんのおかげですね」

「そんな，先生も上手いこと言うねえ」

「本当のことですよ。私もなんとかシズカさんの力になりたいんですが，残念ながら，今は会えない状況ですから，こうしてお母さんからお話をおうかがいできるのは，本当に助かります。これからもいろいろと教えていただけますか？」

「まあ，今日みたいな話でいいんだったら……」

　このように，pacing & leadingの原則は，保護者との間で生じる悪循環と呼

ばれる相互作用に好ましい変化をつくるための有用な視点をもたらしてくれる。これは関係②として例示した事例でも同様である。「学校に子育てを丸投げするダメな保護者」との見方で関われば，悪循環は必至であるが，例えば，これを「学校を頼りにしてくれている」とリフレーミングすれば，そこにリソースが見つかる。その後は，それを活用しながら，「だから，○○してほしい」という落としどころまでやりとりを重ねていけばよい。具体的なやりとりについては，ここまでの復習を兼ねて，読者に考えてもらいたい。

■■■ 2．保護者自身が大きな困難を抱えている場合

　保護者の中には教師一人の力では抱えきれないほどの「つらさ」や「苦しさ」を訴える人もいる。また，そうした訴えはなくても，連携協力のパートナーとしての役割が期待できないほどの困難を保護者自身が抱えている場合もある。それは心身の不調かもしれないし，経済的・社会的困難かもしれないし，家族間の不和によるものかもしれない。そのような場合は，SC や SSW あるいは学校外の専門機関などと連携して対応することが望ましい。無理な抱え込みは禁物である。

※ 本章は JSPS 科研費 JP20K02839 の助成を受けた研究の知見を含んでいます。

第13章

チーム学校で行う教育相談のあり方

　学校の抱える多様化した生徒指導上の諸課題に対応していくためには，組織的な体制づくりとその強化が欠かせない。しかしながら，多くの子どもたちは関係性のつまずきの中で苦しんでいる。チームで取り組むということは，その関係性をさらに複雑なものにすることにもつながるものである。その危険性にも十分配慮しながら，その苦しみを成長につなげていくチームとしての取り組みが，私たちには求められている。それは言い換えれば，「私たちが如何に有機的に連携・協働できるか」という問いそのものでもある。

1　チームとしての学校ということ

　「チームとしての学校」のあり方を実現するために，中央教育審議会（2015）の答申では3つの視点を提供している。「専門性に基づくチーム体制の構築」「学校のマネジメント機能の強化」「教職員一人一人が力を発揮できる環境の整備」の3点である。本章では，全体を通して特に校長（管理職）による「学校のマネジメント機能の強化」を中心にした教育相談のあり方について述べる。併せて他の2点についてもその中で触れることとする。

■■■ 1. チーム医療とチーム学校

　「チームとしての学校」は中央教育審議会答申「チームとしての学校の在り

方と今後の改善方策について」（2015 年 12 月 21 日）の中で，「校長のリーダーシップの下，カリキュラム，日々の教育活動，学校の資源が一体にマネジメントされ，教職員や学校内の多様な人材が，それぞれの専門性を生かして能力を発揮し，子どもたちに必要な資質・能力を確実に身に付けさせることができる学校」とされている。本章では，ここに出てくるように，「カリキュラム，日々の教育活動，学校の資源が一体にマネジメントとされ」て行われる，特に教育相談に関する内容について論じることとする。

　さて，チーム学校を考えるときに，示唆を与えてくれるのはチーム医療という概念である。チーム医療は，患者の QOL（その人の人生や生活の質）の向上ということにも視点を置いた総合的・包括的な治療・支援のシステムである。QOL の向上を視野に入れるということは，疾患そのものの治療だけを念頭に置くわけではないということである。それに準じてチーム学校を語れば，チーム学校とは児童生徒の抱える諸課題のみに焦点を当てることなく，自立に視点を置いた総合的・包括的な教育システムであるということになろう。もちろん「QOL の向上」に対応するものが「自立」でよいかどうかという問題もあるが，両者にはもっと大きな根本的な違いがある。チーム学校とチーム医療は同じ形式の概念規定では本来語れないということである。

　どういうことかと言えば，チーム医療という言葉は，医療という行為の営みそのもののシステムを論じるものでありチーム病院ではない。つまり一病院における連携・協働システムを述べるにとどまらない。対してチーム学校という言葉は，教育という営為そのものを指す言葉にはなっていない。つまりチーム教育ではないということである。ただ，本章ではチーム学校としての教育相談を考えていくにあたって，学校内の教員，保護者，関係外部専門機関との協働だけにとどまらず，地域との連携さらには学校間の連携までを視野に入れて，チーム医療に準じた形で述べていくこととする。

■まとめ
　①チームとしての学校は「専門性に基づくチーム体制の構築」「学校のマネジメント機能の強化」「教職員一人ひとりが力を発揮できる環境の整備」

の３つの視点から実現を図る。

②チームとしての学校とは，児童生徒の自立に視点を置いた総合的・包括的な学校教育システムである。

③その学校教育システムとは，カリキュラム，日々の教育活動，学校の資源が一体にマネジメントされたものである。

■■■■ **2．学校の管理職とオーケストラの指揮者**

チーム学校として教育相談を推進していくのに，何よりも重要なものは校長を中心とする管理職のリーダーシップである。校長が学校運営のすべてにリーダーシップを発揮し，副校長や複数配置の教頭などが教務や生徒指導（教育相談を含む），進路指導，学校保健などそれぞれの学校の実情に応じて，分担した校務分掌の中心としてリーダーシップを発揮していく体制がしっかりと取れることが最も重要である。いわば管理職はチーム学校にとって，オーケストラにおける指揮者のような存在である。

適切な指揮者を欠くオーケストラはどうなるのであろうか。如何に個々の成員の技術や能力が高くても的確な指揮者なくしては，オーケストラもチーム学校も十分には機能しないのである。反対に的確な指揮者を得れば，個々の力量はそれほど高いと言えなくても，最大限に存在感を発揮することができる。これはオーケストラでも，チーム学校による教育相談でも同じである。

(1) コンサートマスターという役割

それでは，力量高い指揮者が得られれば，チームは有効に機能するのかというと必ずしもそうとは言えない。ここで重要になるのがオーケストラで言うところのコンサートマスターである。つまり，指揮者の意図を構成員に的確に伝え実際の場面に具体化させる，時には構成員の要望を指揮者に伝える「第二の指揮者」としてのコンサートマスターがどうしても必要となるのである。このつなぎ役は非常に重要である。このつなぎ役こそが，オーケストラにおいては音色を決定し，学校における教育相談においては見立てとそれに伴う対応を決

めていくことになるのである。

　チーム学校としての教育相談を進めるときに，このコンサートマスターの役割を担い得るのが，生徒指導主事あるいは保健主事，特別支援教育コーディネーターなどの教育相談に関わる教員である。これらのうちで，その学校の組織体制と実情，さらには個人の教育相談に関する力量などに応じて適切な者が，その役割を担うことになる。

　その場合，「専門性に基づくチーム体制の構築」の要になる教員は，できれば学校心理士（学校心理士認定運営機構認定）あるいはガイダンスカウンセラー（日本スクールカウンセリング推進協議会認定），臨床発達心理士（臨床発達心理士認定運営機構認定）などの教育関係分野に特化した心理関係の資格を有していることが望ましい。これはあくまでも望ましいということであって，そのような資格を有していなくても十分な技量を備えた教員が多数いることは承知している。しかし，チーム学校で行う教育相談を担う体制を構築するにあたっては，それらの技量をできるだけ「見える化」していく必要がある。そのため可能な教員には，できる限り関連資格を取得することが期待される。可視性を高めることが，より有効な「専門性に基づくチーム体制の構築」を可能とすることになるからである。そのうえで，さらに重要となるのが，指揮者である管理職がそのことを十分に理解し，活用できるだけの力量を有しているかどうかということである。

　ともあれ，この考え方に沿ったつなぎ役の公的な制度として，最終的に教育相談コーディネーターあるいは相談教諭の設置を求めるという一連の流れがあるのだと理解される。

(2) ソリストとしてのスクールカウンセラー

　さて，ここまでの話の中にスクールカウンセラー（SC）は登場してこないが，この流れの中に SC はどう関わってくるのか。音楽を背景基盤として専門とする諸氏には，用語の使い方として大いに異論や不満もあるかもしれないが，筆者自身が思うに SC はオーケストラにおけるソリストである。

　多くの SC は，国家資格としての公認心理師，あるいは民間資格の老舗であ

る臨床心理士の資格を有している。これらは心理臨床的専門性の高さを担保するものである。つまり，チーム学校における教育相談に関わる専門性に基づくチームの中で，SCはその心理臨床的力量において他よりも秀でているということが前提になる。その秀でた力量とは何か。それこそが，個別ケースについての心理的側面に関する見立てとそれに基づく対応方針の立案である。SCの心理臨床に関するこの秀でた力量こそが，教育的側面に特化した専門性を有する者の多いチームの中でのコンサルテーションを可能にするのである。

■まとめ

①管理職はチーム学校の要としての指揮者である。

②教育相談に関する専門性に基づくチームを有効に機能させるのは，コンサートマスター的な統合調整（つなぎ）役（職制で言えば，現在のところ生徒指導主事あるいは特別支援教育コーディネーターなど）の存在である。

・将来的には教育相談コーディネーターや相談教諭などの正規配置が望まれる。

・統合調整（つなぎ）役には，学校心理士やガイダンスカウンセラーなどの教育現場に特化した心理関係の資格を有する教員が望ましい。

③SCはソリスト的な存在として，心理支援に関する専門性の高さを担保することでチームに参加し，コンサルテーションを可能にする。

■■■ 3. 複合汚染

かつて筆者が高等学校のホームルーム担任だったときに，『月間 学校教育相談』の誌上事例検討のコーナーに困難事例を提供したことがあった。そのときに，スーパーバイザーとして事例に関わった大野精一先生（現 星槎大学大学院教授，当時は都立高校教諭）が，提出事例に対して使用した言葉がこの「複合汚染」という言葉であった。

複合汚染の本来の言葉の意味は，『広辞苑』によると「2種類以上の汚染物質が相乗的に影響する汚染状態」とある。その本来の意味とは違うということ

を前提に，次のような指摘を受けた。

　一人ひとりが良かれと思って，多くの教員が対応し関わったにもかかわらず，結果として生徒の状態は悪くなっていくことがある。一つひとつは効果のある取り組みであったとしても，それらがトータルとして行われると全体としては悪化させるということがあるということである。これは，効果のある薬を複数服用すること，つまり多剤服用ということが必ずしも相乗的に良い効果をもたらすことにはならず，副作用の危険性を増大させる結果をもたらすことがあるということに似ている。一つひとつはその疾患に対して有効な薬であっても，それらが多種類使用されることで，トータルすると全体としては副作用のほうが大きくなるということだ。

　これに対して，学校教育相談においてはどうかということが，この複合汚染の問題である。学校教育相談における事例対応においても，各自が効果のある取り組みを個々に実施すれば相乗的に良くなるかというと，必ずしもそうとは言えないということである。なぜなら，取り組みの方向性が異なると，支援者間での意思疎通と連携が不十分となり，その結果，被支援者である子どもや保護者が混乱してしまうことが十分に予想されるからである。

　ここで，どうしても必要とされるのが，支援の全体を統合・調整するキーパーソンである。つまりオーケストラでいうところのコンサートマスターである。この存在なくしてチームとしての調和のとれた効果的な支援が達成されるとは考えられない。だからこそ，将来的にこの役を担うものとして，教育相談コーディネーターという役割，あるいは相談教諭という職種の必要性が期待されているのである。

■まとめ

①教育相談において，個々ばらばらな支援の複合は相乗的な効果を生まないばかりか，状態を悪化させることもある。→複合汚染

②チームとしての効果的支援のためには，それらを一括して統合調整する役割（職種）が必要である。

2　専門性に基づくチームとしての学校教育相談

■■■ 1．校務分掌

　学校の教員には，教科の授業の他にも様々な業務があり，それを各教員が役割分担を行って処理している。この学校のシステムを校務分掌という。

　一人ひとりの教員は，このシステムの中で，例えば1年1組の担任あるいは副担任などという形で学年という分掌に所属している。また，その同じ教員が教務部の一員として時間割の作成や朝の10分間読書の準備なども行っている。そして，もちろん各自の専門教科として数学科や国語科といった教科にも所属して授業や試験に対応している。さらには部活動の顧問も各教員は担っている。そのような中で日常業務は行われていく。

　先述の分掌のあり方は，主に公立高等学校を念頭に置いて記述しているが，小学校，中学校，高等学校へと進むにつれて分掌上の役割分担は細分化され複数の教員で担当していくことになる。一人の教員が複数の分掌に所属して役割業務を担当していくことになるわけである。この学年や教務部，進路指導部，数学科，生徒指導部（部活動を管轄している場合が多い）などの分掌は，いわば常設のチームである。つまり，一人の教員がいくつの分掌に属するかは別にして，常設のチームに所属しているということである。

■■■ 2．常設チームとプロジェクトチーム

　さて，教員は専門教科の教員免許状を取得しているが，前述のように現実には，自分の専門教科の授業以外の業務を，各校務分掌に所属して日常的にこなしている。このような分掌組織は，学校の中におけるいわば常設チームである。

　この常設チームの中で教育相談を日常業務の一部として担当しているのは生徒指導部（学校によっては教育相談部とか教育相談委員会などの名称も使われている）であろう。しかし専門性に基づくチームとして教育相談を行うという

ことは，それら複数の常設チームとしての分掌組織の中から，必要な者が人選されて課題に応じた特別チームが編成されるということである。つまり，専門性に基づくチームとは，プロジェクトチームということに他ならない。

例えば，不登校の生徒にチームとして対応するときに編成されるプロジェクトチームの構成員としては，以下のような者が考えられる。

まずは担任，部活関係であれば当該部活動の顧問，養護教諭，スクールカウンセラー（SC），必要であればスクールソーシャルワーカー（SSW），可能ならば保護者といった具合である。まれには外部専門機関（児童相談所とか福祉関係機関，警察など）の関係者や地域の主任児童委員などが関わる場合も考えられる。

■まとめ

①「専門性に基づくチーム」とは，プロジェクトチームである。

②プロジェクトチームにはチームリーダーが必要である。

③チーム学校をオーケストラに例えると以下のようなイメージとなる。

〈指揮者〉校長を中心とする管理職

〈パートリーダー〉常設チームとしての分掌主任

〈コンサートマスター〉チームリーダー（専門性に基づくプロジェクトチームのリーダー，生徒指導主事や学年主任など対応する課題に応じた分掌主任など）

〈ソリスト〉SC や SSW などの専門家（場合によっては巡回相談や外部専門機関）

〈オーディエンス（聴衆）〉地域や保護者

3 チーム学校で行う教育相談の実際

文部科学省（2010）の『生徒指導提要』には，「生徒指導とは，一人一人の児童生徒の人格を尊重し，個性の伸長を図りながら，社会的資質や行動力を高

めることを目指して行われる教育活動のことです。すなわち，生徒指導はすべての児童生徒のそれぞれの人格のよりよき発達を目指すとともに，学校生活がすべての児童生徒にとって有意義で興味深く，充実したものになることを目指しています」と記され，生徒指導の重要性が示されている。さらに「教育相談は，生徒指導の一環として位置付けられるものであり，その中心的な役割を担うもの」とされている。

　この『生徒指導提要』の考え方を前提に，チーム学校として教育相談を行うにあたっては，学校全体で取り組む場合と専門性に基づくチームで臨む場合とが考えられる。以下，学業不振を背景とする不登校への対応を例に，特に学校全体で取り組む場合を中心にできるだけ具体的に述べることとする。

■■■ 1．集団的に登校促進に関わる場合

　チーム学校として，全体的有機的に子どもたちの問題に関わっていくときに，千葉県高等学校教育研究会教育相談部会がまとめた「学校へのつながり」の因子（田邊ら，2015，表13-1）は，その指針として役に立つ。これはアメリカの疾病予防センター（CDC）のスクールコネクティッドネスの概念と小野（2015）の保護因子とリスク因子の考え方をもとに千葉県高等学校教育研究会教育相談部会でまとめたものである。

表13-1　「学校へのつながり」の因子（田邊ら，2015）

保護因子	リスク因子
・良い仲間集団	・低学力
・教員とのかかわり	・対人関係への困難さ
・活躍できる場	・社会性の低さ
・帰属意識	・悪い環境設備
・良い習慣	・悪い仲間集団
・将来への展望	・学校への低い評価

チーム学校として取り組むということは，この保護因子を強化しリスク因子を軽減するということを常に念頭に置いて，様々な教育実践を組み合わせ，カリキュラム・マネジメントして行っていくということに他ならない。

　例えば，野球部を強くして甲子園大会出場（優勝）を目指すという私立学校の取り組みは，この立場から言えば甲子園に出場することで一般の生徒が学校への帰属意識を高め誇れるようになる。これは保護因子の強化ということにつながる。また，それに伴って地域での学校の評判を改善することにつながれば，それは学校への低い評価というリスク因子を低減することにつながるというわけである。

(1)「学びのデザイン」の取り組み事例（高等学校）

　ここに紹介する事例は，筆者が校長として，また県高等学校長協会生徒指導委員会第1分科会主査として取り組んだ事例である。

❶ 学びのグループワーク（対話型ワークショップ）

　校長協会の生徒指導委員会に所属している校長は，概ね教諭時代に生徒指導を担当してきた者が多い。その中で生徒指導の立場からも学力向上の問題に取り組んでみてはどうかという話が出た。それはこの問題が生徒指導上の大きな問題でもあったからだ。

　少し古くなるが，不登校の子どもたちの声を直接拾ったものとして「不登校に関する実態調査：平成18年度不登校生徒に関する追跡調査報告書」（文部科学省，2014）がある。それによれば，不登校のきっかけは表13-2のとおりである。なお，表13-2には上位4つと参考までに2001年の報告書の数値も示しておいた。

　この表からもわかるように，「勉強がわからない」は不登校の大きなきっかけとなるものだ。もちろん「友人との関係」が最大のきっかけであることに変わりはない。これまで教育相談（生徒指導）は，この友人関係の問題に取り組んできた。良好な友人関係を築けるように支援することで，不登校を減らそうとしてきたわけである。「勉強がわからない」は教科指導の問題だからである。

　しかし，この問題に生徒指導の面からもアプローチできないかというのが生徒指導委員会の校長たちからの問題提起であった。その背景には，日々の問題

表 13-2　**不登校のきっかけ**（文部科学省の報告書をもとに筆者が作成）

	2014 年報告書	2001 年報告書
友人との関係	52.9%	44.5%
勉強がわからない	26.2%	27.6%
生活リズムの乱れ	34.7%	‒
先生との関係	26.6%	20.8%

行動に対応する対症療法的な従来型の生徒指導からの脱却を図りたいという思いもあった。さらには，このような対話型のワークショップを，担任を中心とする教員がファシリテートすることで，不登校のもう1つの大きなきっかけである「先生との関係」を，より良好なものにしていけるという副次的な期待も存在していた。

そこで，教務分野の直接的な学習指導ではなく，学習動機を高めるという問題に挑戦することとなった。そして高校生に直接的に「学びとは何か」を問いかける「学びのワークショップ」を行おうと考えたのである。これはベネッセ教育総合研究所が行った「高校生未来プロジェクト」（2015）の主旨をそれぞれの高校単位で，短時間で行える形に設計変更したものである。

大きなテーマは「なぜ学ぶのか」「何のために学ぶのか」「学ぶとは一体何なのか」ということであり，これは高校生に学ぶことの意味を直接的に問いかけた臨床哲学的な思考の試みでもある。

具体的には，まだ学びの意欲の冷めやらぬ新入生の早い段階で対話型ワークショップを総合的な学習の時間とロングホームルーム（LHR）の時間を活用して行った。また，道徳（千葉県独自の実施）の授業も兼ねる形で，基本的に担任と外部講師であるファシリテーターのチームティーチングの形でホームルーム（HR）単位で実施した。これはやがては，担任と副担任などで実施するための事前研修の色合いを持たせたものである。

授業テーマ：「学びとは何か」の設定と問いかけをする。

4つのルールの確認：対話型ワークショップなのでグループ内対話が促進されるためのルール設定をする。4つのルールとは，（a）質より量，（b）批判 NG，（c）ひそひそ話 NG，（d）相づちをしよう，である。

グループづくり：基本4人，場合によっては5人のグループをつくる。

ルール（a）の練習：アイスブレイキングの意味もある。自分の考えを自由にたくさんグループに提供する練習をする。その際に，ルール（b）（c）（d）は不可欠である。

グループ内対話：グループ内で高校で何を学ぶのかについて，自由にたくさんの意見を交わす。さらに，それはどのような学びなのか，全員に共通なのか一部の人に共通なのか，というような分類を行う。

発表：中学生から「高校で学ぶってどういうこと？」と聞かれたら何と答えるかという想定で，グループ内のまとめを HR 全体で共有する。

宣言：今日のグループワークで得たものをもとに，今後の自分自身の生活をどのようにするかについて宣言文にまとめる。

以上が，最初の授業である。しかしながら，ここで高揚した学びへの意欲も日々の生活の中でやがて衰退していく。その思いを再び喚起させるのがフォローアップである。

フォローアップ：常に自分で定めた宣言に立ち戻り忘れない状況をつくり出す。「初心忘るべからず」ということである。例えば，1年生の11月，2年，3年と進級した際の5月連休明けの頃，それぞれ自分の宣言を思い起こさせるような形で，フォローアップの授業を定期的に組む。同時に進路指導部や学年が進路講演会などに関する行事を行う際に，できるだけ対話型の形式にするとか卒業生や地域の人材などの協力を得るといった形で連携をとって進めていく。

もちろんフォローアップの活動は多くの学校でも行われているが，これらを

個々ばらばらに実施するのではなく，有機的にマネジメントしていくというところが核である。先述の「学びのグループワーク」の実践では，生徒各自が入学当初に掲げた宣言文が団子の串のように，各実践をマネジメントするための核となるのである。

❷ 学びをデザインする（学校間連携）

　先述の「学びのグループワーク」は，個人とか有志あるいは単一の学年などの限られた実践ではなく，チーム学校としての取り組みであったがゆえに，その後に2つの広がりを持つことになった。

　この実践の重要かつ特徴的な点の1つは，学校間での連携につなげていけたということである。具体的にはいくつかの学校で同様の取り組みが行われたのである。それは，校長協会の生徒指導委員会という組織の研究実践として，各高校の校長の十分な理解のもとに，関係高校の一般の教員にも公開され，当初の実践が行われたという点が大きい。

　もう1点は，「主体的・対話的で深い学び」が強調される中で，教員がファシリテーターの実際を経験することで，一人ひとりの力量の形成に役立てられたということである。

(2)「お勉強クラブ」の取り組み事例（小学校）

　ここで紹介する事例は，学年を越えて勉強を教え合うシステムである。子どもたち同士で勉強を教え合うという活動は，ピア・サポート活動の一環としてもよく行われるものである。

　ただ，一般的には学級内や学年内で行われると，教える側と教わる側が固定化されやすくなるので，この「お勉強クラブ」の実践では学年を越えて実施された。例えば5，6年生の算数があまり得意でない児童が，1，2年生の算数が得意でない児童の面倒をみるといった具合である。

　そうすると，教えた側は自分の学年相当の算数ができるようになるというわけではないが，自分にも教えられたという自信が算数に対する学ぶ意欲を多少なりとも喚起することになる。学習のための下地づくりとなるわけである。もちろん教わる側は実利を得ることにもなる。

■まとめ

①生徒指導の目的は人格の発達と学校生活の充実である（「生徒指導提要」より）。

②子どもを学校へつなげるには，保護因子を強化しリスク因子を低減することを念頭に置いた教育活動をチーム学校として行うことが重要である。

③具体例としての「学びのグループワーク」や「お勉強クラブ」などを実践する。

■■■ 2. 個別臨床的に関わる場合

個別臨床的に関わる具体的事例については，他章でも述べられているので，ここでは概観するのみにとどめる。学業不振からの不登校を例に，個別臨床的に関わる場合のチームについて以下に述べる。

チームの構成については，先にプロジェクトチームのところで述べた。この学業不振からの不登校という内容を鑑みると，チームリーダーは学年主任あるいは教務主任ということになろう。その下での基本的な構成員は，学校における日常生活はどうか，発達の問題を考慮しなければならないか，学習方法に関する心理学的支援が必要か，図書室が活用できるか，授業以外で直接的な学習支援は誰が行うのかなど，状況に応じて様々なメンバー構成を考えることになる。

そのメンバーで，まず最初にやるべきことは，①学業不振以外のいじめなどの外部要因はなかったか，②本人に心身の重大な疾患はないかの確認である。特に②については，健康診断の必要性の中で病院での胸部 X 線の実施などを考慮し医師とつなげるなどの工夫が考えられる。また既に不登校が進んでいて，ゲーム依存的な傾向などがみられる場合も（例えば，エコノミークラス症候群の可能性の心配などを理由に）医師につなげるなど，要所要所での医師との連携は必須である。

4 チームの一員としての保護者

　教育相談をチーム学校で行うときに，保護者はチームの重要な一員となり得る。それは本来，保護者でなければできない，保護者だからこそできる重要な役割を担い得る立場にあるからである。

　不登校を例にとると，その重要な役割とは何か。それこそが「様子をみる」ということである。往々にして「様子をみる」という重要な営みは，何もせずしばらくそっとしておくということと混同されてきた。しかしながら，「様子をみる」ということは，しばらくそっとしておくことはいいとしても，決して何もしないということではない。本来文字通り「様子をみる」のである。つまり詳細に観察するということである。そして，その観察結果をチームに提供し，対応に活かすという重要な行為なのである。それこそが「様子をみる」ということの本質である。

　学校からの電話の前後で，あるいは家庭訪問の前後での子どもの状態はどうだったか，前回と比較するとどうかといったことについての些細な変化の観察である。これは教員をはじめとする他のメンバーにはできないことである。保護者だからこそできることなのである。この些細な変化をどうとらえどう対応するかが非常に重要となる。

　その意味で，できるだけ保護者がチームの一員となることは重要である。

第14章

専門機関との連携

1 専門機関との連携とは

　学校で何か問題が起こったとき，クラス担任などをしていると「まずは自分で何とかしなければ」「学校の中で問題を収束させなければ」と考えてしまう場合も多いだろう。しかし，実際にはその問題に費やせる時間はわずかの場合も多く，学級経営，校務分掌，教科指導，そして保護者対応などに追われていると，問題の原因を自分一人で考え，解決する時間の確保は難しい状況にあるのではないだろうか。

　そんなとき，専門機関を利用してほしいというのが本章の大きなメッセージである。「私たちのほうが子どもたちと毎日接していて，彼らのこともわかっているし，こんなことでわざわざ専門機関へお世話にならなくてもよいのでは」や「専門機関を探したり，行って相談している時間のほうがもったいない」という声も聞こえてきそうではあるし，その気持ちは十分に理解ができる。しかし，本章ではそれでも利用をすすめたい。

　実際，学校保健安全法第十条には「学校においては，救急処置，健康相談又は保健指導を行うにあたっては，必要に応じ，当該学校の所在する地域の医療機関その他の関係機関との連携を図るように努めるものとする」とある。学校側がその領域に特化した知識を持つ専門機関と連携すれば，今まで以上に子どもたちを見守る力が大きくなるだろう。さらに言えば，適切な利用は結果として教師の負担軽減にもつながると考えられる。

2　各専門機関について

　専門機関と一言に言っても，様々な機関があり，サポートの内容も教育，福祉，矯正・司法，そして医療・保健機関など多岐にわたる。そのため，ここで紹介するのは一部になる。詳細は表 14-1 に示すとおりである。ただし，児童相談所は都道府県，政令指定都市に設置義務があるものや，少年サポートセンターのように全都道府県警察に設置しているものもあれば，NPO やボランティア団体のように，地域によっては限られたものとなる専門機関もある。また，専門機関としては同じ種別であっても地域により各機関の詳細な取り組み内容などは異なるため，普段から「顔の見える関係」をつくり，各機関の支援内容について把握しておくことが大切だろう（文部科学省，2014）。

3　専門機関の利用について

　連携を行うにあたり，まずは校内で専門機関との連携や調整役を担うコーディネーター役を決めておくことが望ましい。コーディネーターが管理職，生徒指導主事，養護教諭などとの連携を強め，並行して各機関と日頃から連携を密にしておくことが大切である（嶋﨑，2019）。なお，校内にいる専門的な知識を持つ職種としては養護教諭，スクールカウンセラー（SC），スクールソーシャルワーカー（SSW），そして校医などがあげられる。彼らのそれぞれが持つつながりを十分に活かすと，各機関と，より「顔の見える関係」をつくることができる。

　次に，各専門機関について，連絡先などを校内で共有することも大切である。例えば，学校と関係機関との行動連携に関する研究会（文部科学省，2004）にも例示されているように，専門機関の連絡先をまとめた一覧表を作成するなどの方途が考えられる。なお，表 14-2 にあげた各機関はあくまで例となる。各地域や学校に応じた専門機関を把握し，一覧表を作成しておくことが推奨される。

表 14-1　学校が連携を行う可能性のある専門機関（一部職種も含む）
（上松，2018 が藤野，2017 をもとに作成した表を改変して引用）

教育機関	学内	養護教諭	学校全体の保健，環境衛生の実態を把握，管理を行っている。
		スクールカウンセラー	児童・生徒に対する相談・助言，および保護者や教師に対する相談を行う。
		スクールソーシャルワーカー	学校，家庭，地域など児童・生徒を取り巻く環境に働きかけることで，問題の改善を図る。
	学外	適応指導教室	不登校になっている児童・生徒への集団適応指導，気持ちの安定，基礎学力の補填，生活習慣の改善などを中心にして不登校児童・生徒を支援。
		教育センター	教職員の研修の他，教育相談に関する事業も行っている。様々な児童・生徒の問題に関する相談を受け付けており，教師からだけではなく，保護者からの相談も受け付ける。
福祉機関		児童相談所	都道府県，政令指定都市に設置義務がある。児童・生徒の問題全体の相談を受け付けている。児童福祉施設への入所の窓口となっている。
		市町村福祉事務所	様々な福祉施策を提供する窓口。生活保護，障害児・者への福祉サービスの提供，手当の給付などを行う。
		児童福祉施設	様々な理由で家庭で生活ができない児童・生徒が生活を行う場所。種類として児童養護施設，児童自立支援施設，障害児施設，児童心理治療施設などがある。
		母子生活支援施設	経済的困窮，DV など様々な理由で母子が生活を行う施設。
		民生委員・児童委員	それぞれの地域において，住民の立場から相談に応じ，必要な援助を提供。見回りや登下校の児童・生徒の見守りなども行っている。
矯正・司法機関		警察	児童・生徒が犯罪に巻き込まれないよう，パトロールを行い，必要に応じて児童・生徒への指導，補導なども行っている。
		少年サポートセンター	全都道府県警察に設置しており，児童・生徒を非行や犯罪被害から守り，非行少年の立ち直り支援の活動を行っている。
		家庭裁判所	家庭の紛争や児童・生徒の問題を扱う機関。犯罪少年の審判の開催，離婚訴訟における児童・生徒の親権問題などの判断，養子縁組の手続きなどを行う。
		少年鑑別所	非行児童で，事件の審判を行う前に入所する施設。おおむね1ヶ月程度の入所期間で，児童・生徒の特性を把握し，家庭裁判所の審判に必要な情報を収集する。

表 14-1（続き）

医療・保健機関	医療機関（小児科・児童精神科）	児童・生徒の心身の発達や健康などを維持するために医療を提供する機関。児童精神科では発達障害の疑いをもつ児童・生徒の受診が非常に多くなっている状況である。
	保健所・保健センター	都道府県や市町村などに設置。健康，保健，医療，福祉など幅広い相談を行っている。
	精神保健福祉センター	心の健康相談，精神科医療に関する相談，依存症などの相談，思春期・青年期の問題相談，認知症高齢者の相談など精神保健福祉全般の相談を行う。
障害者福祉機関	発達障害者支援センター	発達障害児・者の発達支援，相談支援，就労支援，普及啓発などを行っている。
政府機関	公共職業安定所（ハローワーク）	国の機関。職業紹介事業を行う機関で，職業紹介や就職支援サービスを行う。その他，雇用保険に関する各種手当てや助成金の支給，公共職業訓練の斡旋を行う。
その他機関	大学附属心理センター	臨床心理士や公認心理師を養成する大学などに設置されているカウンセリング機関。比較的安価でカウンセリングが受けられる。
	NPO法人・ボランティア団体	フリースクールなど，不登校児童・生徒の居場所プログラムを提供している団体や，経済的困窮家庭の児童・生徒に食事を配給する団体などがある。

表 14-2　関係機関等連絡一覧（例）（文部科学省，2004 より改変引用）

	関係機関等	所　属	担　当	連絡先
警察関係	市町村教育委員会			
	警察署少年係			
	交番・駐在所			
	少年サポートセンター			
	少年警察ボランティア			
福祉関係	児童相談所			
	福祉事務所			
	主任児童委員			
	民生・児童委員			
保健関係	保健所・保健センター			
更正保護関係	保護観察所			
	保護司			
裁判所関係	家庭裁判所			
	少年補導センター			

また，上記以外に連携を開始する前の取り組みとして重要なことは，子どもや保護者が学校に見放されてしまったという思いを抱かないように配慮をすることである。もちろん，このような配慮は連携が開始された後にも大切なこととなる。なお，図 14-1 は心のケアに的を絞り，文部科学省が専門機関との連携の留意点をまとめたものである。各留意点については，例えば連携開始時の

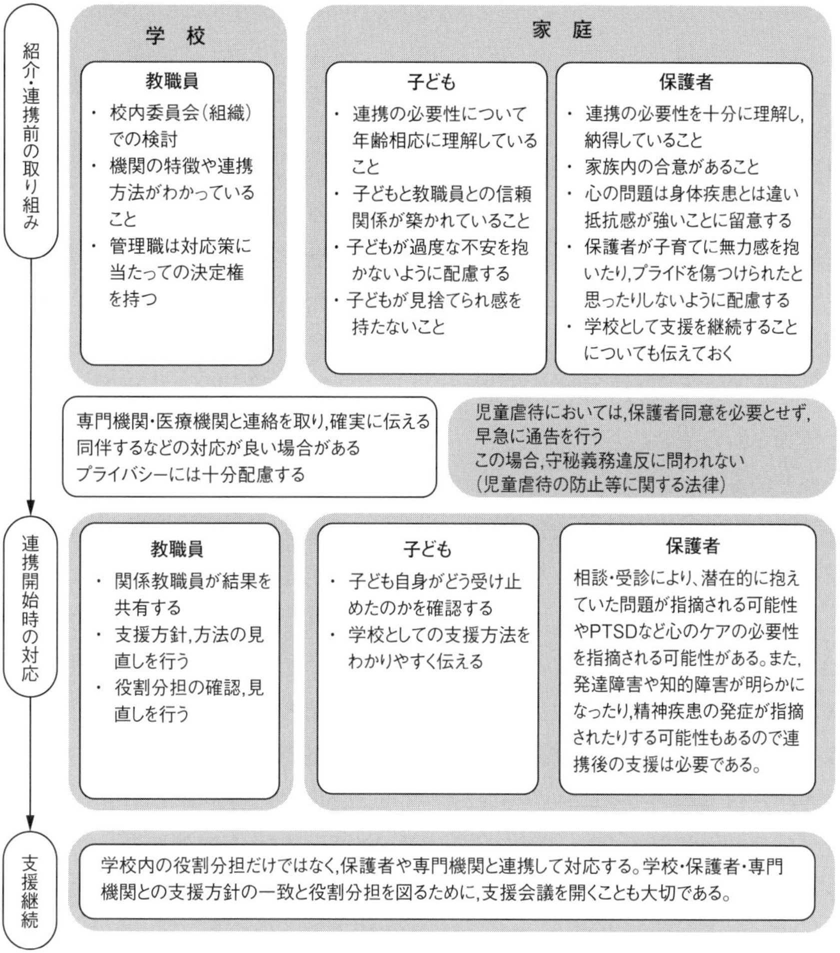

図 14-1　専門機関との連携の留意点（文部科学省，2014 より改変引用）

対応として，子どもに「学校としての支援方法をわかりやすく伝えるなど」心のケア以外にも応用できる事柄が複数ある。子どもや保護者には連携の必要性と同時に，関係機関からの助言を受けながら学校として適切に対処していくことを，丁寧に伝えることが大切である（文部科学省，2014）。

4　問題が起こる前の利用を目指す

■■■ 1. 子どもたちへの予防的アプローチ

(1) 個別そしてクラス全体に向けて

　本章では新たな取り組みとして，問題が起こる前からの専門機関の利用もすすめたい。例えば，小林・嶋﨑（2018）では，子どもの症状別に相談する機関を紹介している。「人とふれあうのがこわい，緊張する」といった「こころ」の側面，「あたまがいたい」といった「からだ」の側面，そして「校内での感情のコントロールがうまくいかない」といった「学校不適応」の側面など，様々な観点からの症状に対し，どのような原因が考えられ，どこに相談するとよいのかという点が示されている。このうち，「校内での感情のコントロールがうまくいかない」場合の相談先としては，スクールカウンセラーや都道府県・区市町村の教育相談所（室）などの相談機関を，発達障害が疑われる場合や，パニック時に解離症状を示しているときは，小児科や児童精神科などを受診するとよい旨が示唆されている。問題にするほどではないかもしれないと感じている場合でも，普段の学校生活におけるアプローチ方法のヒントを得られる可能性もあるため，まずは気軽に聞いてみるといった姿勢が大切である。

　また，個別へのアプローチの他に，クラス全体に対してアプローチを行うことが効果的な場合も多い。筆者は，いじめや不登校などの問題を未然に防ぐ，予防教育プログラムの開発や実践を行い，その母体となる鳴門教育大学予防教育科学センターを兼担している。現場と専門機関に携わる立場から，以下では実際の連携について述べていく。

　センター利用のニーズとして，例えば他のクラスに比べて自信のない子ども
たちが多い，イライラした気持ちを持つ子どもが多いように見える，といった
子どもたちのちょっとした不安定さや気になる事柄を抱えて相談に来られる方
もいれば，とにかく学校全体として子どもたちへ心の教育を行いたい，道徳の
授業の一貫として心の教育を行いたいが，何をしたらよいのかわからない，と
いった心の教育方法の相談，果ては研究授業などの担当や当番校になっている
ため，これを機に心の教育を実施したい，などの相談もある。いずれにせよ，
問題が起こってからのアプローチというよりは，気になっている段階や大きな
問題となる前になんとかしたいという段階で利用されている。

　なお，予防的アプローチには様々な視点や段階がある（図 14-2）。例えば，
一次予防から三次予防という分け方がある（Caplan, 1964）。一次予防（primary
prevention）はすべての人が不健康になる可能性があると考えて，健康なうち
に行われる予防のことを，二次予防（secondary prevention）は健康問題の早
期発見や治療を，そして三次予防（tertiary prevention）はすでに病気になっ
た人の障害を最低限にするための予防を指す。その他，類似した分類にユニバー
サル予防（universal prevention），選択的予防（selective prevention），指示
的予防（indicated prevention）がある（Mrazek & Haggerty, 1994）。

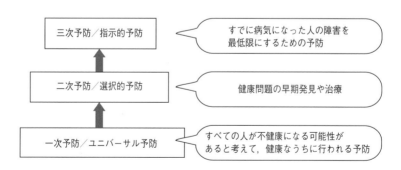

図 14-2　予防的アプローチ（Caplan, 1964；Mrazek & Haggerty, 1994 より作成）

注）たとえば一次予防とユニバーサル予防を並列で併記しているが，ほぼ同様の概念を持つという意味で
あり，完全に一致する概念ではない。

このうち，私たちが目指すのは一次予防やユニバーサル予防の観点である。すべての子どもたちへアプローチを行うことで，問題をあらかじめ予防できるだけではなく，普段から心の教育に取り組むことで，各機関との「顔の見える関係」をつくりやすくする利点がある。例えば，教育を実施する際に養護教諭やスクールカウンセラーにティーチング・アシスタントの立場で参加してもらうことで，問題の早期発見につながる場合がある。また，この種の教育はいわゆる「こたえ」がない。よほど，相手を傷つけるなどの発言でない限りはクラスのメンバーに自分の気持ちや考えが受容される。そのため，子どもたちは教師へ面と向かっては相談しにくいことも，授業の中で自分の気持ちを気軽に発言できる。その結果，教師は普段の教科教育ではわからない彼らの内面に気がつきやすくなる。

なお，教育相談を予防の視点からとらえた場合，開発的教育相談や予防的教育相談をあげることができる。前者は子どもたちの心身の健康や適応を促進し，たとえ将来的に問題が起こっても，自ら解決できる力を養うことを目的としたものである。後者は個々の子どもが抱える様々な問題を把握し，例えばいじめや不登校などの問題が起こりそうな，あるいは起こしかけている子どもへ前もって働きかけ，自分の力で解決できるように支援するものである（内田，2014）。問題が起こる前に連携を開始することは，なかなか骨の折れる作業のように感じられるかもしれない。しかし，子どもたちの状態が普段のクラス運営に大きく関わることは言うまでもない。子どもたちが自ら問題に立ち向かう力を日頃から身につけておくことは，子どもにとっても教師にとっても良いスパイラルを生み出す要因となるだろう。

(2) 連携の手順例

ここで，センターではどのような手順で連携を進めていくのか，大まかな流れを紹介することで，連携のイメージを持っていただきたい。まず，私たちが開発や実践を進めている教育をトップ・セルフ（TOP SELF: Trial Of Prevention School Education for Life and Friendship）と呼ぶ。トップ・セルフは，いのちと友情の学校予防教育で，「最高の自分」という意味を持つ。教

育は大きくベース総合教育とオプショナル教育から成り立ち，前者は健康や適
応を総合的に予防する教育，後者はいじめや不登校，生活習慣病やうつ病など，
特定の問題に特化した教育内容となる。連絡は学校や教育委員会からの場合も
あれば，教師個人から連絡を受ける場合もある。いずれにしても，まずは学校
やクラスの現状を聴いたうえで，実施を希望する学年や教育内容をうかがう。
そのうえで，こちらから適した教育内容を案内する。例えば，発達の様子やク
ラスの状況から，4 年生に対して当該学年より 3 年生用のほうが適している場
合には，1 学年下の教育内容をおすすめすることもある。また，ソーシャルス
キル・トレーニングを希望される場合でも，それ以外の教育内容が適している
と判断する場合，例えば自己肯定感を高めるような教育をおすすめすることも
ある。

　その後は，センターの教育内容や実際の授業の様子を撮影したビデオなどを
視聴してもらい，ある程度のイメージを持っていただいたうえで最終的な連
携を決定する。その際，実施する授業の指導案，板書計画，台本（授業細案），
そして教材ファイルがすべて収められた授業 DVD を無料で提供している。な
お，現場での教材準備が過負荷の場合には，大学の施設を利用して作成ができ
るようなシステムを整えている。予約をしてもらうと，センターのスタッフや
訓練を積んだ大学院生とともに一日で教材の作成が完了する。県外からのオ
ファーも多く，毎年のように来学される学校もある（図 14-3）。

(3) 実施例と教育効果

　ここでは現場からのニーズも高く，かつプログラムの改良が最も進んでいる
「本当の自己肯定感の育成プログラム（自律的 SE の育成プログラム）」の実践
例と教育効果を紹介する。セルフ・エスティーム（SE: Self-Esteem）は自己
肯定感，自尊感情，または自尊心などと訳されることが多い。学校では子ども
たちのセルフ・エスティームの低さがしばしば問題視され，これを高める教育
が求められている。また，学校で起こる問題の多くも，このセルフ・エスティー
ムの低さが原因と考えている教師も多いだろう。しかし，近年の研究では，た
だやみくもに高めることの危険性が問われている（山崎，2017）。

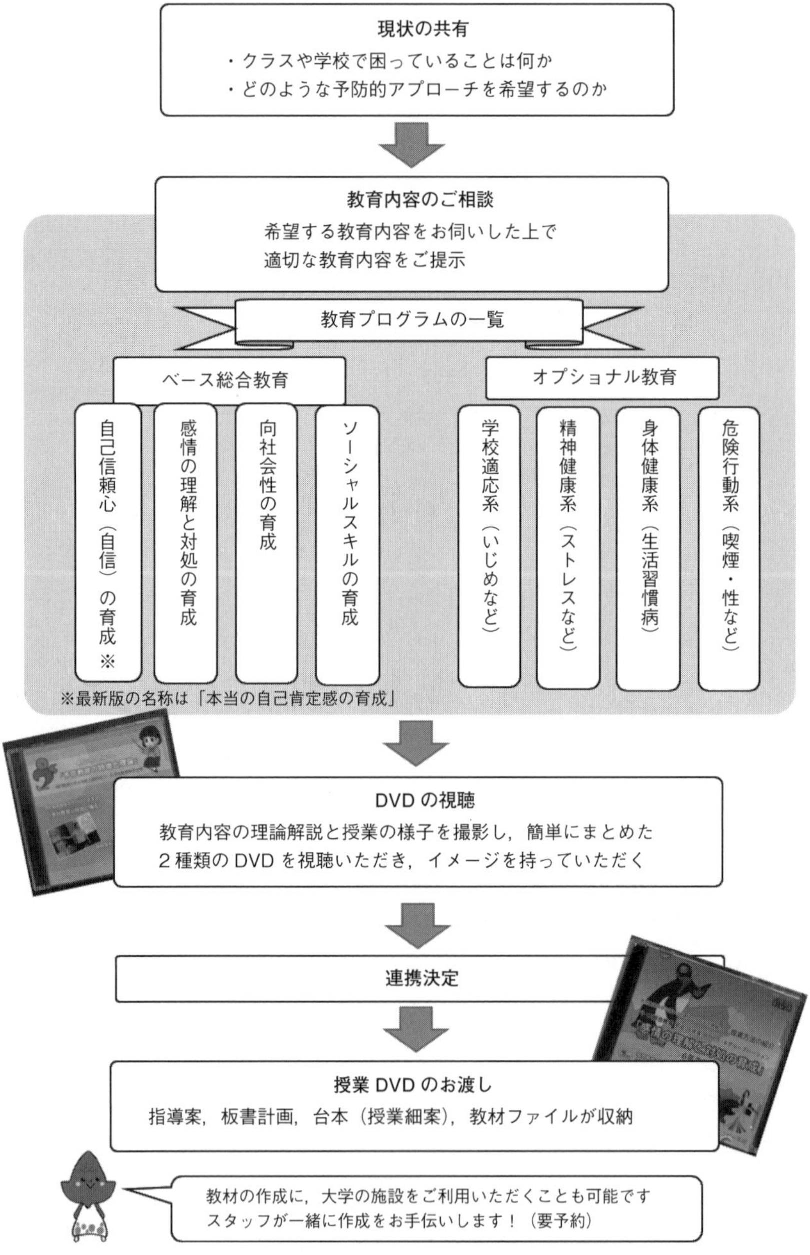

現状の共有

・クラスや学校で困っていることは何か
・どのような予防的アプローチを希望するのか

教育内容のご相談

希望する教育内容をお伺いした上で
適切な教育内容をご提示

教育プログラムの一覧

ベース総合教育

自己信頼心（自信）の育成 ※	感情の理解と対処の育成	向社会性の育成	ソーシャルスキルの育成

オプショナル教育

学校適応系（いじめなど）	精神健康系（ストレスなど）	身体健康系（生活習慣病）	危険行動系（喫煙・性など）

※最新版の名称は「本当の自己肯定感の育成」

DVD の視聴

教育内容の理論解説と授業の様子を撮影し，簡単にまとめた
2 種類の DVD を視聴いただき，イメージを持っていただく

連携決定

授業 DVD のお渡し

指導案，板書計画，台本（授業細案），教材ファイルが収納

教材の作成に，大学の施設をご利用いただくことも可能です
スタッフが一緒に作成をお手伝いします！（要予約）

図 14-3　教育実施前までの連携の手順（鳴門教育大学 予防教育科学センターの例）

　例えば，心理学でよく使われている質問紙に，ローゼンバーグ博士が作成したセルフ・エスティームの質問紙（Rosenberg, 1965）がある。彼は，本当にセルフ・エスティームが高いときとは，自分にはある程度満足し，かつこれから改善し，成長することも視野に入れている状態であり，つまり自分のことを「まあ，良い（good enough）」ととらえている状態であると述べている。そして，これと対比されるのが「非常に良い（very good）」とされる他者と比較することで自分のセルフ・エスティームを判断するものであった。しかし，彼が作成した実際の質問内容を見てみると，他者と比較するものが多いことに気がつく。例えば，「自分は少なくとも他の人と同じくらい価値のある人間だと感じている」（Mimuta & Griffiths, 2007；内田・上埜, 2010 を参照）などの項目があげられる。

　学校から依頼を受けた際や関連する講演で，この話をすると，「気づけば他者比較の中で子どもたちのセルフ・エスティームを高めてしまっています」という感想をよく耳にする。研究は日々進んでおり，各専門機関は常に最新の情報にアンテナを張っている。このような危険性に気づくきっかけも，専門機関との連携によるものであろう。

　さて，上記のような点を踏まえ，センターでは本当の自己肯定感（セルフ・エスティーム）を高めるためのプログラムを開発し，連携実施している。例えば横嶋ら（2020）では，小学校 5 年生を対象にプログラムを実施している。学校では教育を実施するコーディネーター（教師）を決め，わからない点があればセンターと連携を取りながら実施を進めている。

　なお，このような専門的なアプローチを行う際に「実施が難しそうなイメージがある」という声をよく聞く。そのことが連携の障壁となっている場合も少なくない。この点を考慮し，今回実施されたプログラムは改訂されている。例えば図 14-4 のように，教育内容はスライドがすべてガイドしてくれる。そのため，教材さえ準備できていれば，事前の予習はほとんど必要のない形となっている（賀屋ら, 2020）。

　教育の効果も先に述べた問題をできる限り排除したセルフ・エスティームの高さを測定できるテスト（児童用紙筆版 SE 潜在連合テスト；横嶋ら, 2017）

図 14-4　音声による説明スライド画面の例（賀屋ら，2020 より改変引用）

を用いて，検討をしている。その結果，教育した群（3 クラス）において，教育実施前よりあとのほうがその教育効果は高くなることを確認している（横嶋ら，2020）。なお，教育効果まで見ることは難しそうだといった場合には，まず，教育のみ実施する学校も数多くある。また，いきなり教育を実施するのは抵抗がある場合でも，まずは資料を送ってほしい，他の学校での様子を参観したい，施設へ見学に行きたい，講演をしてほしいなどといった，学校の事情や要望にお応えする形で対応している。

■■■ 2. 教師を中心としたアプローチ

また，大学や公的機関以外にも利用できる専門機関があることは表 14-1 の通りである。例えば，NPO 法人やボランティア団体もその 1 つである。筆者も NPO 法人（2020 年 9 月設立予定）の中で，学校における支援に携わっている。ここでは先に触れた学校予防教育への支援の他，学級経営や不登校などの問題に悩む教職員への支援事業，家庭での子育てや幼保関連施設での保育・教育支援事業，さらには研究者や教職員，保育者の育成などに携わっている。構

成メンバーは乳幼児，小・中学校，さらには大学生や社会人など，各発達段階を専門とする複数の研究者や，小・中学生の子どもを専門とする研究者の他に，現役を引退された校長などの管理職，少年サポートセンター所長を務めた経歴を持つ者など，様々な専門性を持つメンバーが参集し，結成されている。特に，教職員は自らのことを後回しにして，子どもたちのことのみへ対応しがちであるが，教職員自身の心身の健康維持や研鑽を高める意味でも，ぜひこのような専門機関も利用していただきたい。

5　まとめ

　専門機関に所属する筆者が心がけていること，それは現場との共通言語をできるだけ増やし，現場のニーズを把握できればという思いにつきる。筆者も研究活動を進めながらも，小・中・高等学校の教壇に立つ，あるいは現場でのサポートを行う形で多くの連携に携わってきた。その際，お互いに共通言語を増やそうという気持ちがあれば連携はスムーズに進むが，一方がその扉を閉ざしてしまうと，やはり連携は滞ってしまう場合も多い。何かを始める場合は労力がかかる場合も多い。しかし，始めてしまうと想定以上に新しい気づきもまた多い。その気づきから得るものは学校現場，そして専門機関，双方にあると感じる。

　多くの時間を学校で過ごす子どもたちへアプローチできる教育の力は無限である。子どもたちが自分で問題に立ち向かう力を手に入れた瞬間の澄んだ眼差しは，前向きな未来への可能性を感じると述べるのは言い過ぎであろうか。現場と専門機関との連携により，今まで以上に子どもたちを守り育てる環境が高まることを切に願う。

第15章

教師のメンタルヘルス

1 はじめに

2018（平成30）年度公立学校教職員の人事行政状況調査（文部科学省，2019）によると，平成30年度の学校教職員920,034人のうち，病気休職者は7,949人，うち精神疾患を理由とする休職者は5,212人（65.57％）であった。教職員の精神疾患による休職者数は，1992（平成4）年度（1,111人）から2009（平成21）年度（5,458人）にかけて17年連続して増加しており，その数は実に5倍近くにもなっている。それ以降3年間，精神疾患による休職者数は若干減少傾向にあったが，2013（平成25）年度に再び増加に転じ，以後3年間は病気休職者数全体が減少しているにもかかわらず，精神疾患による休職者数の占める割合は年々増加している。平成30年度には，精神疾患による休職者数，病気休職者数，精神疾患による休職者数の占める割合のいずれもが前年度よりも多くなっている。とりわけ，精神疾患による休職者数の占める割合は，過去最高を記録しており，教師のメンタルヘルスは依然として深刻な状況にあるといえる（図15-1）。

こうした状況は，教師のバーンアウト（燃え尽き症候群）として，以前から問題視されてきた（伊藤，2000）。バーンアウトとは，長い間，人を援助する仕事に対して，過度に精魂を傾け続けてきた結果，心身が極度に疲労して，感情が枯渇したような状態（情緒的消耗感）になり，さらには，他人に対する関心や思いやりを持てなくなり（脱人格化），自分自身や仕事がいやになる（個

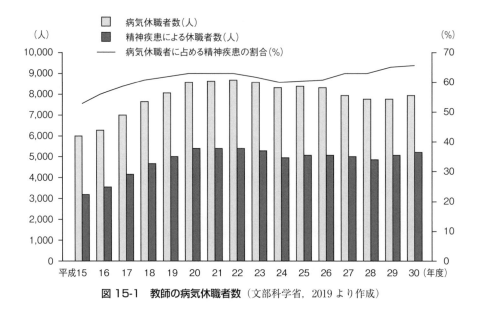

図 15-1　教師の病気休職者数（文部科学省，2019 より作成）

人的達成感の低下）ことである（Maslach & Jackson, 1981）。その背景要因としては，児童生徒に対する指導の困難性，多忙や労働条件の悪さ，職場の対人関係など様々なストレスフルな出来事（以下，ストレッサー）が指摘されている（杉若・伊藤，2004；高木・田中，2003；田中・高木，2008）。教師のバーンアウトを軽減するためには，そうしたストレッサーに対して，教師自身がいかに効果的に対処（以下，コーピング）できるかが重要な鍵となる。そこで，本章では，教師が経験するストレッサー，コーピング，バーンアウトの関連について詳細に解説する。

2　教師が経験するストレッサー

■■■■ 1．教師のストレッサーの測定と種類

　海外では，1980年頃から，教師のストレス研究が行われるようになり，これまでに，様々な教師用ストレッサー尺度が開発されてきた（Borg & Riding, 1993；Boyle et al., 1995；Dunham, 1980；Fimian, 1984；Kyriacou & Sutcliffe, 1978）。1990年以降，我が国においても，小学校（兵藤，1992；清水ら，2007），中学校（斉藤，1999；清水ら，2008），小・中学校（杉若・伊藤，2004；高木・田中，2003；田中ら，2003），高等学校（清水・大宮，2002；山崎・藤，1992；八並・新井，2001），幼稚園から高等学校（荒木・小原，1990；竹田ら，2011）の教師を対象としたストレッサー尺度が作成されている。

❶ 小学校教師のストレッサー

　小学校教師のストレッサーについて，兵藤（1992）は，35項目から構成されるストレッサー尺度を作成し，以下の7つのストレッサーを見出している。

①教師としての仕事上の悩みである「教職」（教材研究をする時間がない，雑用が多いなど）

②指導技術に関連した悩みである「スキル」（児童としっくりいかない，クラスが思うようにまとまらないなど）

③職場での自分を取り巻く環境に起因する「職場環境」（同僚とうまくいかない，給食がまずいなど）

④家庭の中の問題を指す「家庭」（住居に不満がある，家事労働が負担であるなど）

⑤保護者との関係によって生じる問題を表す「保護者」（保護者が無理解である，保護者がうるさいなど）

⑥職場組織における他人から自分への評価に対するこだわりに起因する「組織」（仲間から認められない，上司とうまくいかないなど）

⑦自己の存在感の不確かさによって生じる問題を意味する「曖昧さ」（発言力が弱い，教師の仕事範囲がはっきりしないなど）

　同様に，清水ら（2007）は，高校教師用ストレス評価尺度（清水・大宮，2002）をもとに小学校教師用ストレッサー尺度（35項目）を作成し，「管理職」（管理職が教師の努力を理解しないなど），「同僚」（同僚が自分の足を引っ張るなど），「保護者」（保護者の家庭でのしつけが不十分であるなど），「生徒指導」（授業が成立しないなど），「校務」（雑業が多すぎるなど）の5つのストレッサーを抽出している。彼らはさらに，「保護者」と「生徒指導」が「生徒保護者関係」に，「管理職」と「同僚」が「職員室対人関係」にそれぞれ集約されることを見出している。

❷ 中学校教師のストレッサー

　中学校教師のストレッサーについては，斉藤（1999）によって，「対生徒・教職不適応」（生徒を可愛いと思えないなど），「同僚関係」（職員室に何でも言える自由な雰囲気がないなど），「管理職」（管理職が生徒や教師の気持ちを考えないなど），「教育界の問題」（優秀と落ちこぼれの両方を満足させる授業ができないなど），「心的忙殺」（学校の仕事で忙しく，ホッとする時間がないなど），「家庭」（家庭にやすらぎを感じられないなど），「敵愾心」（我の強い同僚がいるなど）の7種類のストレッサーが見出されている。「対生徒・教職不適応」と「教育界の問題」の2つのストレッサーについては現在の勤務校の生徒指導上の問題が多いと認識している教師ほどそれぞれのストレッサー得点が高いことも明らかになっている。

　清水ら（2008）と藤原ら（2011）では，「生徒支援」「生徒態度」「授業」「同僚」「管理職」「保護者」「雑務」の7つのストレッサーが確認されている。

　さらに，田中（2008）と宮下（2012）は，「上司・同僚との葛藤」（職員間で意志の疎通が図れないなど），「生徒との関わりにおける不全感」（生徒が心を開いてくれないと感じるなど），「労働過多」（自分の時間〔趣味などをする時間〕が持てないなど），「多様な業務への煩雑感」（研修会や会議への出張など），「問題行動や保護者への対応」（保護者の協力が得られないなど）の5つのストレッ

サーを抽出している。

　また，森脇・松田（2011）では，「管理職」（自分に対する管理職の言動や態度など），「同僚」（他の教師の仕事ぶりなど），「生徒」（礼儀を知らない生徒と関わるなど），「指導」（学習指導の成果が上がらないなど），「多忙」（学校の中で心の余裕を持てないなど），「職場環境」（教員免許更新制の導入など）の 6 つのストレッサーが見出されている。

❸ 高校教師のストレッサー

　高校教師のストレッサーに関しては，「教職不適性」（教職に対する適性感の低下），「指導困難性」（生徒の援助・指導に対する自己効力感の低下）の 2 種類のストレッサーから構成される「教職専門性ストレッサー」と，「管理職との葛藤性」（管理職との共通理解の不足や管理職との意見の対立），「多忙性」（生徒に対する援助・指導以外の業務負担感），「孤立性」（教師集団における共通理解や心理的支持の不足），「非協働性」（教師集団における同僚性や協働性の不足）の 4 種類のストレッサーから構成される「組織特性ストレッサー」があることが指摘されている（八並・新井，2001）。

　また，山﨑・藤（1992）では，「対生徒との関係」「職場環境」「対教師との関係」「家庭生活との関係」の 4 つのストレッサーが確認されており，前 2 つのストレッサーは，中堅校の教師よりも，困難校の教師によってより多く経験されていることが明らかとなっている。

　さらに，清水・大宮（2002）は，「生徒」「指導」「授業」「管理職」「保護者」「校務」の 6 つのストレッサーを見出している。

■■■ **2.　教師のストレッサーにおける個人的属性による差異**

　小・中学校教師を対象とした小橋（2012, 2013）では，表 15-1 に示す「指導困難性」「学校・学習不適応感」「職場環境」「保護者との人間関係」の 4 つのストレッサーのうち，「学校・学習不適応感」「職場環境」「保護者との人間関係」において，女性教師のほうが男性教師よりも得点が高いという性差（図 15-2），「学校・学習不適応感」「保護者との人間関係」において，小学校教師のほうが

表 15-1　小・中学校教師のストレッサー（小橋，2012 より引用）

「指導困難性」
・注意してもきかない子どもがいる
・授業を妨害する子どもがいる
・反抗的な子どもがいる
・子どもとうまくいかない
・規則や約束事が守れない子どもがいる

「学校・学習不適応感」
・忘れ物をしたり，宿題を忘れる子どもがいる
・子どもに学習意欲がない
・何をする気力もない子どもがいる
・不登校の子どもがいる

「職場環境」
・学校で忙しすぎるので，やり残した仕事を家に持ち帰らなければならない（多忙感）
・休日も部活動の指導なので働かなければならない（部活動指導）
・いろいろな仕事を任される（負担感）
・教師同士が相互にあまり協力的でない（非協力的）

「保護者との人間関係」
・保護者が自分のことを批判する
・保護者が学校に無関心だったり，文句が多すぎたりする

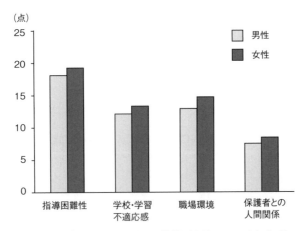

図 15-2　教師のストレッサーの性差（小橋，2012 より作成）

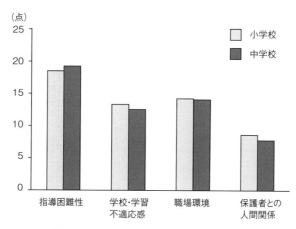

図 15-3　教師のストレッサーの校種差（小橋，2012 より作成）

中学校教師よりも得点が高いという校種差（図 15-3）が確認された。

　また，田中ら（2003）の研究では，「職員との関係」（教師間で意志の疎通がはかれないなど），「煩雑な仕事」（清掃指導など），「多忙」（教材研究の時間がないなど），「児童生徒との関係」（児童・生徒が心を開いてくれないなど），「教師からの評価」（研究授業の準備と実施など），「部活動指導」（部活動のための勤務時間外の指導など），「校務分掌」（校務分掌の仕事の偏りなど），「保護者からの評価」（保護者からの批評など），「個別指導」（不登校の児童・生徒に対する指導など）の 9 つのストレッサーにおいて，以下の経験をしていることが見出された。

①女性教師が「多忙」「教師からの評価」ストレッサーを多く経験し，さらには中学校の女性教師が「児童生徒との関係」ストレッサーを多く経験していること

②小学校教師が「教師からの評価」「校務分掌」ストレッサーを多く経験している一方で，中学校教師は「職員との関係」「部活動指導」「個別指導」ストレッサーを多く経験していること

③中堅・ベテラン教師が「職員との関係」「部活動指導」「保護者からの評価」

ストレッサーを多く経験していること

　こうした研究結果以外にも，「指導困難性」（例：生徒に反抗的な態度をとら
れる）のストレッサーでは男性・中学校教師，「多忙・労働条件の悪さ」（例：
残業や仕事の持ち帰りがある）のストレッサーでは女性・小学校・ベテラン教
師の経験頻度がそれぞれ高いこと（杉若・伊藤，2004），女性教師は男性教師
よりも「仕事」（例：仕事をやり遂げるために時間を管理することが下手）の
ストレッサーを経験することが多く，小学校教師は中学校教師よりも「子ども」
（例：子どもたちが何を考えているかわからないことがある）のストレッサー
を経験することが多いこと（金子・針田，1993）などが確認されている。

　小・中・高校（県立学校）教師を比較した北城（2008）では，田中ら（2003）
と同様の「多様な業務への煩雑感」「多忙」「児童生徒との関係」「職員との関
係」「教員としての評価懸念」「管理職との関係」「校務分掌」「部活動の指導」
「問題行動への指導」の９つのストレッサーにおいて，①女性教師のほうが「児
童生徒との関係」「校務分掌」「部活動の指導」ストレッサーの経験頻度が高く，
とりわけ県立学校の女性教師が「校務分掌」「部活動の指導」ストレッサーを
多く経験していること，②県立学校教師のほうが「児童生徒との関係」「管理
職との関係」「校務分掌」「問題行動への指導」ストレッサーの経験頻度が高く，
その一方で「教員としての評価懸念」ストレッサーを経験することが少ないこ
と，③若年や中堅層の教師のほうが「児童生徒との関係」「教員としての評価
懸念」「部活動の指導」ストレッサーの経験頻度が高いことがそれぞれ示された。

　また，山下・若本（2011）では，①女性教師のほうが男性教師よりも「個人・
家庭の問題」ストレッサーを多く経験していること，②中・高校教師のほうが
小学校教師よりも「職務をめぐる対人葛藤」ストレッサーを多く経験している
こと，③中堅・ベテラン教師のほうが若手教師よりも「個人・家庭の問題」ス
トレッサーを多く経験していることが明らかとなった。

　それぞれの研究において，取り上げられているストレッサーの種類が異なる
ため，結果の統一的解釈を行うことは難しいが，総じて，女性教師のほうが男
性教師よりもストレッサーを多く経験していることがうかがえる。

■■■ 3．教師のストレッサーとバーンアウトの関連

　小橋（2013）は，小・中学校教師を対象として，「指導困難性」「学校・学習不適応感」「職場環境」「保護者との人間関係」の4つのストレッサーとバーンアウトとの関連を検討し，「職場環境」ストレッサーがバーンアウトを促進することを見出した。さらに，「職場環境」ストレッサーを構成する4つの下位項目（多忙感，部活指導，負担感，非協力的）とバーンアウトの3つの下位次元（情緒的消耗感，個人的達成感の低下，脱人格化）との関連を詳細に検討したところ，4つすべての下位項目ストレッサーが情緒的消耗感と脱人格化を高めること，負担感と部活動の2つの下位項目ストレッサーが個人的達成感の低下を促進することが確認された。

　同様に，八並・新井（2001）は，高校教師を対象として，教師の性格特性（タイプA，神経質，自己抑制），教職専門性（教職不適性，指導困難性），組織特性（管理職との葛藤，多忙性，孤立性，非協調性）の3つの要因を取り上げ，各要因のバーンアウトに対する独自効果を検討した。その結果，組織特性，性格特性，教職専門性の順でバーンアウトに対する独自効果が高くなっており，教師の個人的な性格特性以上に，多忙性や校内の教師間の人間関係がバーンアウトに対して強い影響力を持っていることが明らかとなった。

　中学校教師を対象とした宮下（2012）は，「上司・同僚との葛藤」「生徒との関わりにおける不全感」「労働過多」「多様な業務への煩雑感」「問題行動や保護者への対応」の5つのストレッサーとバーンアウトの3つの下位次元（情緒的消耗感，個人的達成感の低下，脱人格化）との関連を検討し，「多様な業務への煩雑感」を除く4つのストレッサーが情緒的消耗感を高め，「生徒との関わりにおける不全感」が個人的達成感の低下と脱人格化を促進し，「問題行動や保護者への対応」が脱人格化を高めることを見出した。

　加えて，当初の予測とは異なる結果ではあったが，「上司・同僚との葛藤」「労働過多」が個人的達成感の低下を抑制するという結果，すなわち，上司や同僚との関係に疑問を感じ葛藤している人ほど，そして，自分の時間を持てないぐらい忙しい人ほど，仕事のやり甲斐を持ち続けているという結果が得られ

た。松井・野口（2006）においても，「多忙感」ストレッサーが個人的達成感の低下と脱人格化を抑制することが確認されており，「労働過多」や「多忙感」は，精神的健康に対してポジティブとネガティブの2つの側面を併せ持つことが示唆されている。

「生徒との問題」「孤立感」「組織との軋轢」「多忙感」の4つのストレッサーとバーンアウトの3つの下位次元との関連を検討した平岡（2001）では，「孤立感」「多忙感」が情緒的消耗感を高め，「生徒との問題」「孤立感」「組織との軋轢」が脱人格化を増大し，「生徒との問題」が個人的達成感の低下を促進していた。「多忙感」は「孤立感」「生徒との問題」とは異なり，情緒的消耗感に対してのみ関連を示すにとどまっていた。教師のバーンアウトは，「多忙感」のような業務関連ストレッサーよりも，同僚・生徒・管理職といった対人関係ストレッサーにより強い影響を受けることがうかがえる。同様の結果は，小・中学校教師を対象とした貝川（2009）でも確認されており，そこでは，「管理職との葛藤」「孤立性」「非協調性」といった対人関係ストレッサーが，「多忙性」よりもバーンアウトに対して強い影響力を持っていた。

3　教師のコーピング

■■■ 1. 教師のコーピングの測定と種類

教師のストレスコーピングについては，海外では，1990年に教師用コーピング尺度が開発され（Schonfeld, 1990），既存のコーピング尺度（Carver, 1997；Cooper et al., 1988；Folkman & Lazarus, 1988；Osipow & Spokane, 1987）とともに，教師のストレス研究において幅広く使用されている（Austin et al., 2005；Carmona et al., 2006；Foley & Murphy, 2015；Laugaa et al., 2008；Pithers & Fogarty, 1995）。我が国では，2000年代に入って，小学校（松尾・清水，2008），中学校（五十嵐ら，2003；宮下，2012），高校（Shimizu, 2020）の各教師を対象としたストレスコーピング尺度が開発されている。また，既存

のストレスコーピング尺度（神村ら，1995；小杉，2000；島津・小杉，1997；田尾・久保，1996）を用いて，小・中学校教師のストレスコーピングを測定した研究も存在する（平岡，2001；関山，2008；関山・園屋，2004；立元ら，2012）。これらのストレスコーピング尺度は，教師用であるか否かにかかわらず，いずれも，様々な種類のストレッサーに対応した「汎用的」コーピング尺度である。

❶ 小学校教師のコーピング尺度

　小学校教師を対象としたコーピング尺度（松尾・清水，2008）は，16項目から構成され，「共感的コーピング」（相手の視点に立ってみる，相手の気持ちになって考えるなど），「回避的コーピング」（問題の相手を忘れるようにする，問題の相手と関わりを持たないようにするなど），「援助希求コーピング」（他の児童・生徒に援助を頼む，他の児童・生徒に相談するなど），「楽観的コーピング」（そのようなものだと割り切る，自然の成り行きに任せるなど）の4種類のコーピングを測定する下位尺度を持つ。なお，「共感的コーピング」と「援助希求コーピング」は「問題焦点型コーピング」（問題の明確化，情報収集，解決策の考案・実行）に，「回避的コーピング」と「楽観的コーピング」は「情動焦点型コーピング」（回避，静観，気晴らし）にそれぞれまとまることが明らかになっている。

❷ 中学校教師のコーピング尺度

　五十嵐ら（2003）によって作成された22項目からなる中学校教師のコーピング尺度は，以下の5種類のコーピングを測定するものである。第一は「問題直視型コーピング」であり，問題点をはじめから見直したり，勉強し直したりして，問題を直視し，努力・工夫を行う対処行動である。第二は「認知操作型コーピング」であり，くよくよしないようにしたり，物事をよい方向に考えたりすることで，自らの認識や認知を変え，感情を調整する対処行動である。第三は「気分転換型コーピング」であり，食べたいものを食べ，たくさん眠り，旅行やショッピングに出かけることで，心身をリフレッシュさせ，苦痛を和らげる対処行動である。第四は「対人依存型コーピング」であり，管理職や同僚など他者に相談し，協力してもらうことで，情報収集や問題解決を図る対処行

動である。最後は「問題回避型コーピング」であり，問題を忘れるようにしたり，あとまわしにしたりすることで，心身の安定を図る対処行動である。宮下（2012）も，五十嵐ら（2003）と同様の5つの下位次元を持つ中学校教師のコーピング尺度を作成している（表15-2）。

❸ 高校教師のコーピング尺度

　高校教師のコーピング尺度（Shimizu, 2020）は，22項目から構成されており，2種類のコーピング下位尺度を持つ。1つは，学校現場の問題を積極的に解決する「積極的対処（positive approach）」（問題を抱えた生徒の気持ちを理解し

表 15-2　中学校教師のコーピング（宮下，2012 より引用）

「問題直視型」
- 問題点をはじめから見直す
- 他にやり方がないか，自分で工夫する
- もう一度，一生懸命やり直す
- 過去の経験に照らしてみる
- 話し合って，妥協できるところを探す

「認知操作型」
- くよくよしないよう心がける
- 物事をよい方向に考えるようにする

「気分転換型」
- 食べたいものをたくさん食べる
- ショッピングに出かける
- たくさん眠るようにする

「対人依存型」
- 管理職や同僚に，個人的に相談する
- 誰かに頼んで，問題解決に協力してもらう
- 誰かに話を聞いてもらう
- 職員会議などで検討してもらう

「問題回避型」
- その問題を避け，忘れるようにする
- 難しい問題をあとまわしにする
- じっと我慢する
- 仕方がなかったと割り切る
- 別の楽しいことを考える

ようとする，問題を抱えた生徒の良い面を探そうとするなど）であり，もう1つは，問題を無視したり，問題になりそうなことから距離を置いたりする「回避的対処（avoidance）」（解決すべき問題を避けようとする，問題を起こす人から逃れようとするなど）である。

■■■ 2. 教師のコーピングにおける個人的属性による差異

　谷島（2012）は，小・中学校教師を対象にして，五十嵐ら（2003）のコーピング尺度を用いて，コーピングと個人的属性（性別，年齢，校種，コンサルテーションを受けた経験）との関連を検討した。その結果，「気分転換型コーピング」において，女性が男性よりも得点が高いという性差，さらには，20歳代が40，50歳代よりも得点が高いという年齢差が認められた。

　また，立元ら（2012）は，「計画・立案」（原因を検討し，どのようにしていくべきか考える），「情報収集」（既に経験した人から話を聞いて参考にする），「放棄・諦め」（自分では手に負えないと考え，放棄する），「責任転嫁」（自分は悪くないと言いのがれする），「肯定的解釈」（悪いことばかりではないと，楽観的に考える），「カタルシス」（誰かに話を聞いてもらい，気を静めようとする），「回避的思考」（いやなことを頭に浮かべないようにする），「気晴らし」（買い物や賭けごと，おしゃべりなどで時間をつぶす）の8種類のコーピングをどのように使い分けているかに基づいて，小・中学校教師を5つのタイプに分類し，

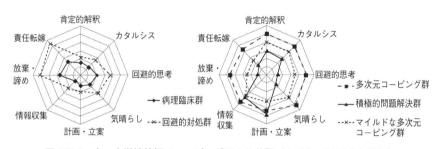

図15-4　小・中学校教師のコーピングによる分類（立元ら，2012より引用）

校種間の差異を検討した。5つのタイプとは、「病理臨床群」（積極的にコーピングを行わず、ただ事態を受け入れる）、「多次元コーピング群」（あらゆる種類のコーピングを行う）、「積極的問題解決群」（計画立案や情報収集といった積極的なコーピングを行う）、「回避的対処群」（放棄・諦め、責任転嫁といった回避的なコーピングを行う）、「マイルドな多次元コーピング群」（多くの種類のコーピングを行うが、そのいずれも使用頻度が少ない）である（図15-4）。これら5つのタイプのうち、「多次元コーピング群」において校種間の差異が認められ、小学校教師のほうが中学校教師よりも、様々な種類のコーピングを行う教師が多いことが明らかとなった。さらに、高校教師を対象とした清水（Shimizu, 2020）では、ベテラン教師ほど、積極的対処を行うことが少なく、回避的対処を行うことが多いことが示された。

■■■ 3. 教師のコーピングとバーンアウトの関連

平岡（2001）は、中学校教師を対象として、「問題直視型」「他人依存型」「認知操作型」「問題回避型」「発散逃避型」「嗜好依存型」の6つのコーピングとバーンアウトの関連を検討し、「問題回避型コーピング」が情緒的消耗感と脱人格化を高め、「発散回避型コーピング」が情緒的消耗感と個人的達成感の低下を促進することを明らかにした。

同様に、中学校教師を対象とした宮下（2012）では、先にあげた「問題直視型」「認知操作型」「気分転換型」「対人依存型」「問題回避型」の5つのコーピングのうち、「問題直視型コーピング」が個人的達成感の低下と脱人格化を抑制し、「認知操作型コーピング」が情緒的消耗感を抑制し、「気分転換型コーピング」が情緒的消耗感を促進し、「問題回避型コーピング」が情緒的消耗感と脱人格化を促進することが確認された。

さらに、松井・野口（2006）は、中学校教師を対象にして、「問題中心型」「情動中心型」「自己統制型」の3つのコーピングとバーンアウトの関連を検討した。「問題中心型」は、工夫や努力をして、積極的に問題の解決に取り組むコーピングである。「情動中心型」は、問題から距離を置き、怒りなどのネガティ

ブな感情を発散させることで，心の安定を図ろうとするコーピングである。「自
己統制型」は，自分の考え方や価値観を変化させることで，問題を別の角度か
ら見ようとするコーピングである。これら３つのコーピングのうち，自己統制
型コーピングが，バーンアウトならびにその下位尺度である個人的達成感の低
下を抑制することが確認された。

■■■ **4．教師のソーシャルサポートとバーンアウトの関連**

　「援助希求コーピング」や「対人依存型コーピング」は，管理職や同僚など
身近な他者に相談したり，援助を受けたりすることであるが，社会心理学の領
域では，そうした重要な他者からの心理的・物質的援助のことをソーシャルサ
ポートと呼ぶ（福岡，2006）。教師が職場の上司・同僚，あるいは家族から受
け取るサポートは，バーンアウトに対して好ましい影響を与えることが多くの
研究によって確認されている。

　例えば，ラッセルら（Russell et al., 1987）は，公立小・中学校教師を対象
にして，バーンアウトに対する仕事関連ストレッサーとソーシャルサポートの
効果を検討した。上司・同僚・配偶者・友人（または親戚）の４名のサポート
のうち，上司からのサポートがバーンアウトと有意な関連を持つことが確認さ
れ，上司からサポートを多く受け取っている教師ほど，バーンアウトが低いこ
とが示された。

　横断的研究であったラッセルらに対して，グリーングラスら（Greenglass
et al., 1994）は，小・中・高校教師を対象にして，約１年間にわたる縦断的調
査を行った。その結果，職場環境ストレス（能力に対する不安，生徒との問題，
刺激や満足感の欠如，教育委員会の干渉，同僚の協力の欠如）が多くなるにし
たがって，教師のバーンアウトも高くなるが，そのような関連は，上司・同僚・
家族・友人からのサポート期待が低い教師ほど，顕著になっていた。これらの
研究結果は，職場の上司・同僚からのサポートが教師のバーンアウトに対して，
直接的な影響を与える（あるいは緩衝効果を持つ）ことを示したものである。

　この他にも，上司・同僚からのサポートが，教師自身の自己効力感を経由して，

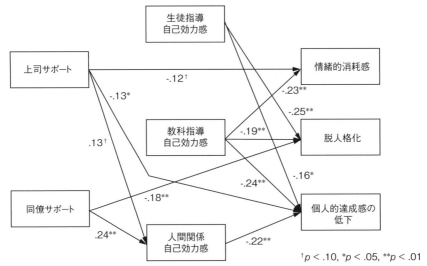

図 15-5　サポート，自己効力感，バーンアウトの関係（Taniguchi & Tanaka, 2010 より引用）

バーンアウトに間接的な影響を与えることを示した研究が存在する（Brouwers et al., 2001；谷口，2018；Taniguchi & Tanaka, 2010）。例えば，谷口・田中（Taniguchi & Tanaka, 2010）は，小・中・高校の教師を対象として，上司・同僚から受け取るサポート，教師自身の自己効力感，バーンアウト（情緒的消耗感，脱人格化，個人的達成感の低下）の関連について検討を行い，以下のような結果を見出している（図 15-5）。①上司・同僚からサポートを多く受け取っている教師ほど，職場の人間関係における自己効力感が高い，②上司からサポートを多く受け取っている教師ほど，情緒的消耗感ならびに個人的達成感の低下が少ない，③同僚からサポートを多く受け取っている教師ほど，脱人格化が少ない，④上司・同僚から受け取るサポートが，職場の人間関係における自己効力感を高め，次いで，その自己効力感は，個人的達成感の低下を抑制する。これらの結果は，上司・同僚から受け取るサポートが，バーンアウトに対して直接的な影響を与えると同時に，教師自身の自己効力感を経由して間接的な影響を与えることを示している。

4　おわりに

　これまで述べてきたとおり，教師が経験するストレッサーには様々な種類が
あるが，それらのストレッサーを大別すると，「多忙感・煩雑感」と「職場内
外の対人関係」の２種類に分類される（森，2007）。後者の「職場内外の対人
関係」，すなわち，上司・同僚，児童生徒，保護者などとの対人関係ストレッサー
は，教師が経験するストレス全体の実に７割を占めることが確認されている（真
金，2012；中島，2006）。加えて，先に解説したとおり，対人関係ストレッサー
は，「多忙感・煩雑感」に代表される業務関連ストレッサーよりも，教師のバー
ンアウトに対して強い影響力を持つことが複数の研究で示されている（平岡，
2001；貝川，2009；松井・野口，2006）。

　こうした状況からも明らかなとおり，教師が職場環境にうまく適応し精神的
健康を維持していくためには，とりわけ職場内外の対人関係ストレッサーに対
して適切に対処する必要がある。教師のメンタルヘルス対策の一例としては，
例えば，対人関係ストレッサーに対するコーピング（以下，対人ストレスコー
ピング）の研究知見に基づき，適切な対人ストレスコーピングを促す実践的介
入（加藤，2005）を行うことがあげられる。

　加藤（2005）は，看護専門学校の新入生を対象にして，解決先送りコーピン
グの獲得訓練を行い，その使用頻度を増加させることで，ストレス反応の低下
を図る対人ストレスコーピング獲得訓練を行った。

　対人ストレスコーピングは，ポジティブ関係コーピング，ネガティブ関係コー
ピング，解決先送りコーピングの３つに分類される（加藤，2007，2008）。ポジ
ティブ関係コーピングは，ストレスフルな対人関係に対して，積極的にその関
係を改善し，よりよい関係を築こうと努力するコーピングである。ネガティブ
関係コーピングは，ストレスフルな対人関係から意図的に距離を置いたり，そ
うした関係を放棄・崩壊したりするコーピングである。解決先送りコーピング
は，ストレスフルな対人関係に対して，やみくもに解決を焦るのではなく，一
旦，ありのままに受け止めたあと，ある程度時間をかけて問題を多角的視点か

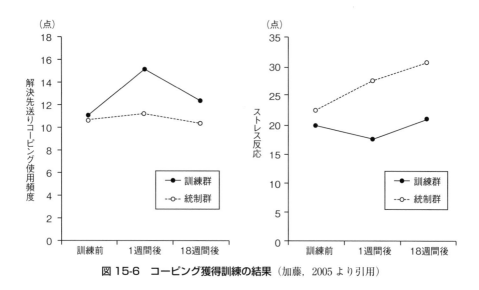

図 15-6　コーピング獲得訓練の結果（加藤，2005 より引用）

ら再検討したうえで，適切な解決策を導き出すコーピングである。一般的には3つのコーピングのうち，解決先送りコーピングが精神的健康に対して最もよい効果を持つことが明らかとなっている（加藤，2007, 2008；Taniguchi & Tanaka, 2020）。

　コーピング日誌による3週間の訓練を行った結果，訓練群において，解決先送りコーピングの使用頻度が増加し，ストレス反応の増加が抑制された（図15-6）。このような実践的介入は，教師のストレス反応の低減，ひいては職場不適応や精神疾患の予防にも効果があると考えられる。

■■■ 引用・参考文献 ■■■

【第1章】

Anderson, A. R., Christenson, S. L., Sinclair, M. F., & Lehr, C. A.（2004）Check & connect: The importance of relationships for promoting engagement with school. *Journal of School Psychology, 42*, 95-113.

坂西友秀（1995）いじめが被害者に及ぼす長期的な影響および被害者の自己認知と他の被害者認知の差　社会心理学研究，11, 105-115.

中央教育審議会（1996）「21世紀を展望した我が国の教育の在り方について」Retrieved from https://www.mext.go.jp/b_menu/shingi/chuuou/toushin/960701.htm（2020年4月5日閲覧）

中央教育審議会（2004）「子どもを取り巻く環境の変化を踏まえた今後の幼児教育の在り方について（中間報告）（案）」Retrieved from https://www.mext.go.jp/b_menu/shingi/chukyo/chukyo3/siryo/attach/1395399.htm（2020年3月23日閲覧）

中央教育審議会（2015a）「チームとしての学校の在り方と今後の改善方策について（答申）」Retrieved from https://www.mext.go.jp/b_menu/shingi/chukyo/ chukyo0/toushin/1365657.htm（2020年4月5日閲覧）

中央教育審議会（2015b）「これからの学校教育を担う教員の資質能力の向上について：学び合い，高め合う教員育成コミュニティの構築に向けて（答申）」Retrieved from http://www.mext.go.jp/b_menu/shingi/chukyo/chukyo0/toushin/1365665.htm（2020年4月5日閲覧）

国立教育政策研究所生徒指導研究センター（2009）「生徒指導資料第1集（改訂版）生徒指導上の諸問題の推移とこれからの生徒指導：データに見る生徒指導の課題と展望」Retrieved from https://www.nier.go.jp/shido/centerhp/1syu-kaitei/1syu-kaitei090330/1syu-kaitei.zembun.pdf（2020年3月13日閲覧）

三島浩路（2008）小学校高学年で親しい友人から受けた「いじめ」の長期的な影響：高校生を対象にした調査から　実験社会心理学研究，47, 91-104.

水谷聡秀・雨宮俊彦（2015）小中高時代のいじめ経験が大学生の自尊感情とWell-Beingに与える影響　教育心理学研究，63, 102-110.

文部科学省（2007）「児童生徒の教育相談の充実について：生き生きとした子どもを育てる相談体制づくり（報告）」Retrieved from https://www.mext. go.jp/b_menu/shingi/chousa/shotou/066/gaiyou/1369810.htm（2020年3月24日閲覧）

文部科学省（2010）「生徒指導提要」Retrieved from https://www.mext.go.jp/a_menu/shotou/seitoshidou/1404008.htm（2020年3月24日閲覧）

文部科学省（2015）「学校現場における業務改善のためのガイドライン」Retrieved from http://www.mext.go.jp/component/a_menu/education/detail/__icsFiles/afieldfile/2017/04/05/1297093_4.pdf（2020年4月22日閲覧）

文部科学省（2017a）「教育相談等に関する調査研究協力者会議 児童生徒の教育相談の充実について：学校の教育力を高める組織的な教育相談体制づくり（報告）」Retrieved from https://www.mext.go.jp/b_menu/shingi/ chousa/shotou/066/gaiyou/1381049.htm（2020 年 3 月 13 日閲覧）

文部科学省（2017b）「小学校学習指導要領総則」Retrieved from https://www. mext.go.jp/component/a_menu/education/micro_detail/__icsFiles/afieldfile/2019/03/18/1387017_001.pdf（2020 年 3 月 10 日閲覧）

文部科学省（2017c）「中学校学習指導要領総則」Retrieved from https://www. mext.go.jp/component/a_menu/education/micro_detail/__icsFiles/afieldfile/2019/03/18/1387018_001.pdf（2020 年 3 月 10 日閲覧）

文部科学省（2017d）「小学校学習指導要領解説 特別活動編」Retrieved from https://www.mext.go.jp/component/a_menu/education/micro_detail/__icsFiles/afieldfile/2019/03/13/1387017_014.pdf（2020 年 3 月 10 日閲覧）

文部科学省（2017e）「教職課程コアカリキュラム」Retrieved from https://www. mext.go.jp/b_menu/shingi/chousa/shotou/126/houkoku/1398442.htm（2020 年 2 月 25 日閲覧）

文部科学省（2019）「平成 30 年度児童生徒の問題行動・不登校等生徒指導上の諸課題に関する調査結果について」Retrieved from https://www.mext. go.jp/b_menu/houdou/31/10/1422020.htm（2020 年 4 月 3 日閲覧）

Osterman, K.（2000）Students' needs for belonging in the school community. *Review of Educational Research, 70*, 323-367.

佐藤修策（2007）学校カウンセリングの今日的意義と課題 佐藤修策（監）池島徳大・長島明純・花井正樹・相馬誠一・荒堀浩文・中内みさ・栗原慎二（編）学校カウンセリングの理論と実践 ナカニシヤ出版 pp.1-12.

【第 2 章】

Beck, A.（1964）Thinking and depression II: Theory and therapy. *Archives of General Psychiatry, 10*, 561-571.

Beck, J. S.（1995）*Cognitive therapy: Basics and beyond.* Guilford Press. 伊藤絵美・神村栄一・藤澤大介（訳）（2004）認知療法実践ガイド・基礎から応用まで：ジュディス・ベックの認知療法テキスト 星和書店

藤原健志（2018）問題行動と心理的支援 濱口佳和（編）教育心理学 ミネルヴァ書房 pp.179-193.

神村栄一（2019）不登校・引きこもりのための行動活性化：子どもと若者の"心のエネルギー"がみるみる溜まる認知行動療法 金剛出版

前田重治（1985）図説臨床精神分析学 誠信書房

奥野雅子（2005）森田療法 岡堂哲雄（監）現代のエスプリ別冊 臨床心理学入門辞典 至文堂 pp.202-203.

佐治守夫・飯長喜一郎（2011）ロジャーズ クライエント中心療法〈新版〉 有斐閣

内山喜久雄（1988）行動療法 内山喜久雄・高野清純（監）講座サイコセラピー〈第 2 巻〉 日本文化科学社

Wampold, B. E.（2019）*The basics of psychotherapy: An introduction to theory and practice* (2nd. ed).

Washington, DC: American Psychological Association.

【第 3 章】
ベネッセ教育総合研究所（2010）「第 2 回子ども生活実態基本調査報告書」Retrieved from https://berd.benesse.jp/berd/center/open/report/kodomoseikatu_data/2009/pdf/data_05.pdf（2020 年 6 月 22 日閲覧）
本田真大（2015a）援助要請のカウンセリング：「助けて」と言えない子どもと親への援助　金子書房
本田真大（2015b）特別支援教育における教師とスクールカウンセラーとの協働　指導と評価　5 月号　pp.36-38.
本田真大（2017）生徒理解のための心理学　藤田哲也（監）水野治久・本田真大・串崎真志（編著）絶対役立つ教育相談　ミネルヴァ書房　pp.11-22.
本田真大（2018a）アセスメント　渡辺弥生・西山久子（編著）必携　生徒指導と教育相談：生徒理解，キャリア教育，そして学校危機予防まで　北樹出版　pp. 103-107.
本田真大（2018b）教師が使える，教師が知っておきたいアセスメントの方法　渡辺弥生・西山久子（編著）必携　生徒指導と教育相談：生徒理解，キャリア教育，そして学校危機予防まで　北樹出版　pp.107-111.
本田真大（印刷中）Q 5 教育相談の進め方について，子どもの援助ニーズの視点から説明しなさい　飯田順子（編）新・教職課程演習〈第 9 巻〉学校教育相談　協同出版
石隈利紀（1999）学校心理学　誠信書房
石隈利紀・田村節子（2003）石隈・田村式援助シートによるチーム援助入門：学校心理学・実践編　図書文化社
文部科学省（2010）生徒指導提要　教育図書
西田裕紀子・武藤（松尾）久枝（2008）調査的面接法の概要　松浦　均・西口利文（編）心理学基礎演習 Vol.3　観察法・調査的面接法の進め方　ナカニシヤ出版　pp.49-53.
下山晴彦（2003）アセスメントとは何か　下山晴彦（編）よくわかる臨床心理学　ミネルヴァ書房　pp.34-35.

【第 4 章】
中央教育審議会（2015）「チームとしての学校の在り方と今後の改善方策について（答申）」Retrieved from https://www.mext.go.jp/b_menu/shingi/chukyo/chukyo0/toushin/__icsFiles/afieldfile/2016/02/05/1365657_00.pdf（2020 年 4 月 20 日閲覧）
大六一志（2019）知能検査　津川律子・遠藤裕乃（編）心理的アセスメント　遠見書房　pp.109-120.
遠城寺宗徳（2009）遠城寺式・乳幼児分析的発達検査法：九州大学小児科改訂新装版　慶應義塾大学出版会
藤田和弘・青山真二・熊谷恵子（1998）長所活用型指導で子どもが変わる：認知処理様式を生かす国語・算数・作業学習の指導方略　図書文化社
黒田美保（2015）支援につながる包括的アセスメント　黒田美保（編著）これからの発達障害アセスメント：支援の一歩となるために　金子書房　pp.2-10.

文部科学省（2010）生徒指導提要　教育図書

永田雅子（2014）その他の知能検査・発達検査　松本かおり・染木史緒・伊藤大幸（編）発達障害者支援とアセスメントのガイドライン　金子書房　pp.107-113.

中村淳子・野原理恵・大川一郎・芹澤奈菜美（2003）田中ビネー知能検査V　田研出版

日本版 KABC-Ⅱ制作委員会（編）（2013）日本版 KABC-Ⅱマニュアル　丸善出版

日本版 WISC-Ⅳ刊行委員会（2010）日本版 WISC-Ⅳ理論・解釈マニュアル　日本文化科学社

小笠原昭彦・松本真理子（2003）心理テスト査定論　岡堂哲雄（編）臨床心理学査定学　誠信書房　pp.203-290.

新版 K 式発達検査研究会（編）（2008）新版 K 式発達検査法2001年版：標準化資料と実施法　ナカニシヤ出版

梅田真里・惠良美津子（2018）アセスメントの総合的解釈　上野一彦・室橋春光・花熊　暁（編）特別支援教育の理論と実践：Ⅰ概論・アセスメント　金剛出版　pp.157-180.

VandenBos, G. R. (Ed.)（2006）*APA Dictionary of Psychology*. Washington, D.C: American Psychological Association.

【第5章】

Rogers, C. R.（1957）The necessary and sufficient conditions of therapeutic personality change. *Journal of Consulting Psychology, 21*, 95-103. In H. Kirschenbaum & V. L. Henderson (Eds.)（1989）*The Carl Rogers reader*. Boston: Houghton Mifflin. pp.219-235. 伊藤　博（訳）（2001）セラピーによるパーソナリティ変化の必要にして十分な条件　伊東　博・村山正治（監訳）ロジャーズ選集〈上〉　誠信書房　pp.265-285.

【第6章】

Baltes, P. B.（1987）Theoretical propositions of life-span developmental psychology: On the dynamics between growth and decline. *Developmental Psychology, 23*, 611-626.

Bierman, K. L., Torres, M. M., & Schofield, H. L. T.（2010）Developmental factors related to the assessment of social skills. In D. W. Nangle, D. J. Hansen, C. A. Erdley & P. J. Norton (Eds.), *Practitioner's guide to empirically based measures of social skills.* New York: Springer. pp.119-134.

深谷達史（2016）メタ認知の促進と育成：概念理解のメカニズムと支援　北大路書房

Havighurst, R. J.（1948）*Developmental tasks and education.* University of Chicago Press.

Heckman, J. J.（2013）*Giving kids a fair chance.* MIT Press. 古草秀子（訳）（2015）幼児教育の経済学　東洋経済新報社

今林俊一（2010）15章　発達心理学の基礎　櫻井茂男・大川一郎（編）しっかり学べる発達心理学〈改訂版〉　福村出版　pp.219-234.

木村吉彦（2011）幼児教育と小学校教育をつなぐ生活科の教科特性とスタートカリキュラム：特集　新学習指導要領スタート！　子どもの学びをつなぐ「スタートカリキュラム」　教育創造, 6-13.

高知県教育委員会（2018）「高知県保幼小接続期実践プラン」Retrieved from https://www.pref.kochi.lg.jp/soshiki/311601/2017121200132.html（2020年6月15日閲覧）

高知市教育委員会（2019）アプローチカリキュラム・スタートカリキュラム事例集〈改訂版V〉

文部科学省（2009）「幼児教育の無償化の論点」Retrieved from https://www.mext.go.jp/b_menu/shingi/chousa/shotou/049/shiryo/__icsFiles/afieldfile/2009/05/27/1267501_1.pdf（2020年6月15日閲覧）

文部科学省（2017）「小学校学習指導要領解説〈生活編〉」Retrieved from https://www.mext.go.jp/component/a_menu/education/micro_detail/__icsFiles/afieldfile/2019/03/18/1387017_006.pdf（2020年6月15日閲覧）

文部科学省（2018a）幼稚園教育要領解説　フレーベル館

文部科学省（2018b）「幼児教育・高等教育無償化の制度の具体化に向けた方針」（平成30年12月28日関係閣僚合意）Retrieved from https://www.mext.go.jp/component/a_menu/education/detail/__icsFiles/afieldfile/2019/03/20/1414592_002_1.pdf（2020年6月15日閲覧）

村上達也（2018）思春期の対人関係とアタッチメント　教育と医学の会（編）教育と医学　慶応義塾大学出版会　pp.127-144.

村上達也・櫻井茂男（2014）児童期中・後期におけるアタッチメント・ネットワークを構成する成員の検討　教育心理学研究，62, 24-37.

内閣府・文部科学省・厚生労働省（2018）幼保連携型認定こども園教育・保育要領解説　フレーベル館

Parten, M. B.（1932）Social participation among pre-school children. *The Journal of Abnormal and Social Psychology, 27*, 243.

鈴木亜由美（2011）第8章　社会性　中澤　潤（監）中道圭人・榎本淳子（編）幼児・児童の発達心理学　ナカニシヤ出版　pp.127-144.

辰野千壽（1997）学習方略の心理学　賢い学習者の育て方　図書文化社

渡辺弥生（2011）子どもの「10歳の壁」とは何か？　乗りこえるための発達心理学　光文社

Weinstein, C. E., & Mayer, R. E.（1986）The technology of learning strategies. In M. C. Wittrock (Ed.), *Handbook of research on teaching* (3rd ed.). Macmillan. pp.315-329.

【第7章】

Bierman, K. L., Torres, M. M., & Schofield, H. L. T.（2010）Developmental factors related to the assessment of social skills. In D. W. Nangle, D. J. Hansen, C. A. Erdley & P. J. Norton (Eds.), *Practitioner's guide to empirically based measures of social skills*. New York: Springer. pp.119-134.

Casey, B. J.（2015）Beyond simple models of self-control to circuit-based accounts of adolescent behavior. *Annual Review of Psychology, 66,* 295-319.

Consoki, A., Peyre, H., Speranza, M., Hassler, C., Falissard, B., Touchette, E., Cohen, D., Moro, M., & Révah-Lévy, A.（2013）Sucidal behaviors in depressed adolescents: Role of perceived relationships in the family. *Child and Adolescent Psychiatry and Mental Health, 7*, Article number 8.

石原　暢・篠原　翠・苫米地伸泰・村田浩美・王　文媚・水野眞佐夫（2016）青年期における運動習慣および日常的な身体活動が遂行機能とメンタルヘルスに与える効果　日本生理人類学会誌，21, 87-95.

上長　然（2007）思春期の身体発育のタイミングと抑うつ傾向　教育心理学研究，55, 370-381.

河村茂雄（2000）心のライフライン：気づかなかった自分を発見する　誠信書房

国立教育政策研究所（2007）キャリア教育への招待　東洋館出版社

高坂康雅（2008）自己の重要領域からみた青年期における劣等感の発達的変化　教育心理学研究，56, 218-229.

高坂康雅・池田幸恭・三好昭子（2017）レクチャー　青年心理学：学んでほしい・教えてほしい青年心理学の15のテーマ　風間書房

厚生労働省（2018）「自殺対策白書」Retrieved from https://www.mhlw.go.jp/wp/hakusyo/jisatsu/16/index.html（2020年6月28日閲覧）

Mihara, S., & Higuchi, S.（2017）Cross-sectional and longitudinal epidemiological studies of Internet gaming disorder: A systematic review of the literature. *Psychiatry and Clinical Neurosciences, 71*, 425-444.

村上達也・櫻井茂男（2014）児童期中・後期におけるアタッチメント・ネットワークを構成する成員の検討：児童用アタッチメント機能尺度を作成して　教育心理学研究，62, 24-37.

Myers, D.（著）／村上郁也（訳）（2015）カラー版マイヤーズ心理学　西村書店

難波久美子（2005）青年にとって仲間とは何か：対人関係における位置づけと友だち・親友との比較から　発達心理学研究，16, 276-285.

西村多久磨・村上達也・櫻井茂男（2018）向社会性のバウンスバック：児童期中期から青年期前期を対象として　心理学研究，89, 345-355.

Nishimura, T., & Sakurai, S.（2017）Longitudinal changes in academic motivation in Japan: Self-determination theory and East Asian cultures. *Journal of Applied Developmental Psychology, 48*, 42-48.

落合良行・佐藤有耕（1996a）青年期における友達とのつきあい方の発達的変化　教育心理学研究，44, 55-65.

落合良行・佐藤有耕（1996b）親子関係の変化からみた心理的離乳への過程の分析　教育心理学研究，44, 11-22.

鑪幹八郎（2002）アイデンティティとライフサイクル論　ナカニシヤ出版

World Health Organization（2006）Orientation programme on adolescent health for health care providers. World Health Organization.

【第8章】

坂西友秀（1995）いじめが被害者に及ぼす長期的な影響および被害者の自己認知と他の被害者認知の差　社会心理学研究，11, 105-115.

Erikson, E. H.（1959）*Identity and life cycle*. New York: International Universities Press. 西平直・中島由恵（訳）（2011）アイデンティティとライフサイクル　誠信書房

Hirigoyen, M. F.（1998）*Le Harcélement Moral*. Paris: Syros. 高野優（訳）（1999）モラルハラスメント：人を傷つけずにはいられない　紀伊國屋書店

伊藤美奈子（2017）いじめる・いじめられる経験の背景要因に関する基礎的研究：自尊感情に着目して　教育心理学研究，65, 26-36.

亀田秀子・相良順子（2011）過去のいじめられた体験の影響と自己成長感をもたらす要因の検討：いじめられた体験から自己成長感に至るプロセスの検討　カウンセリング研究，44, 277-287.

河村茂雄（2007）データが語る①学校の課題　図書文化社

河村茂雄（2010）日本の学級集団と学級経営：集団の教育力を生かす学校システムの原理と展望　図書文化社

Kohut, H.（1972）Thoughts on narcissism and narcissistic raage. *The Psychoanalytic Study of the Child, 27*, 1, 360-400.

水谷聡秀・雨宮俊彦（2015）小中高時代のいじめ経験が大学生の自尊感情と Well-Being に与える影響　教育心理学研究，63, 102-110.

文部科学省（2006）いじめの問題への取組の徹底について（通知）Retrieved from https://www.mext.go.jp/a_menu/shotou/seitoshidou/06102402/001.htm（2020 年 7 月 7 日閲覧）

文部科学省（2010）生徒指導提要　教育図書

文部科学省（2013）いじめ防止等のための基本的な方針

文部科学省（2017）いじめ防止等のための基本的な方針（最終改定平成 29 年 3 月 14 日）

文部科学省（2019）平成 30 年度児童生徒の問題行動・不登校等生徒指導上の諸課題に関する調査結果の概要

森田洋司（1985）「いじめ」集団の構造に関する社会学的研究（文部省科学研究費補助金研究成果報告書）大阪市立大学社会学研究室

森田洋司（2001）いじめの国際比較研究　金子書房

森田洋司（2010）いじめとは何か　中央公論新社

重松　清（2007）青い鳥　新潮社

衆議院（2013）衆議院第 183 回国会文部科学委員会第 7 回議事録

竹川郁夫（1993）いじめと不登校の社会学　法律文化社

山折哲雄（2013）「いじめ」の構造　生野照子・山岡昌之・鈴木眞理（編）人はなぜいじめるのか：その病理とケアを考える　シービーアール　p.15.

【第 9 章】

堀越　勝・野村俊明（2012）精神療法の基本：支持から認知行動療法まで　医学書院

岩壁　茂・金沢吉展・村瀬嘉代子（2018）Ⅰ　公認心理師の職責　日本心理研修センター（監）公認心理師現認者講習会テキスト　pp.4-42.

実森正子（2013）6 章　オペラント条件付け 1：基礎　実森正子・中島定彦（共著）学習の心理：行動のメカニズムを探る　サイエンス社　pp.83-108.

神村栄一（2019）不登校・ひきこもりのための行動活性化：子どもと若者の“心のエネルギー”がみるみるたまる認知行動療法　金剛出版

金原俊輔（2015）カウンセリング・マインドという概念が日本の生徒指導や教育相談へ与えた影響：主に問題点に関して　地域総研紀要，13, 1-12.

金城辰夫（2019）第 7 章　情動・動機づけ　鹿取廣人・杉本敏夫・鳥居修晃（編）心理学〈第 5 版〉東京大学出版会　pp.209-234.

前田重治（2016）新図説 精神分析的面接入門　誠信書房

Miller, W. R., & Rollnick, S.（2002）*Motivational interviewing: Preparing people for change* (2nd ed.). The Guilford Press. 松島義博・後藤　恵（訳）（2012）動機づけ面接法　基礎・実践編　星和書店

文部科学省（2006-2018）学校基本調査報告書

文部科学省（2019）「不登校児童生徒への支援の在り方について（通知）」令和元年 10 月 25 日
　　Retrieved from https://www.mext.go.jp/a_menu/shotou/seitoshidou/1422155.htm（2020 年 3 月 31
　　日閲覧）

文部科学省（2006-2015）児童生徒の問題行動・不登校等生徒指導上の諸問題に関する調査

文部科学省（2016-2018）児童生徒の問題行動・不登校等生徒指導上の諸課題に関する調査

文部科学省 国立教育政策研究所 生徒指導進路指導研究センター（2018）「生徒指導リーフ」
　　Retrieved from https://www.nier.go.jp/shido/leaf/leaf22.pdf（2020 年 3 月 31 日閲覧）

森崎　晃（2019）実践報告　ICT 教材を活用した不登校児童生徒の学習支援の検証結果：学びに
　　向かう姿勢と学習行動について　コンピュータ＆エデュケーション，46, 88-91.

日本財団（2018）「不登校傾向にある子どもの実態調査　2018/12/12　メディア向け説明会」
　　Retrieved from https://www.nippon-foundation.or.jp/app/uploads/2019/01/new_inf_201811212_01.
　　pdf（2020 年 3 月 25 日閲覧）

奥田健次（2012）メリットの法則：行動分析学・実践編　集英社

小野浩一（2009）行動の基礎：豊かな人間理解のために　培風館

大谷　彰（2006）カウンセリングテクニック入門　二瓶社

Rosengren, D. B.（2009）*Building motivational interview skills a practitioner workbook*. The Guilford
　　Press. 原井弘明（監訳）岡島美代・山田英治・望月美智子（訳）（2017）動機づけ面接を身
　　に着ける：一人でもできるエクササイズ集　星和書店

齋藤万比古（2009）II 章　本書における「不登校」の定義　齋藤万比古（編）不登校対応ガイド
　　ブック　中山書店　pp.12-15.

齋藤万比古（2011）不登校の児童・思春期精神医学　金剛出版

山蔦圭輔（2018）15 章　心理的アセスメント　1. アセスメントに有用な情報（成育歴や家族
　　の状況など）とその把握の手法　福島哲夫（責任編集）公認心理師必携テキスト　学研
　　pp.296-303.

【第 10 章】

Becker, H. S.（1963）*Outsiders: Studies in the sociology of deviance*. New York: Free Press.

Bowlby, J.（1969）*Attachment and loss. Vol. 1. Attachment*. New York: Basic Books.

Cicchetti, D., Rogosch, F. A., & Toth, S. T.（2006）Fostering secure attachment in infants in maltreating
　　families through preventive interventions. *Development and Psychopathology, 18*, 623-649.

Cicchetti, D., & Toth, S. L.（2000）Child maltreatment and attachment organization. In S. Goldberg, R.
　　Muir, & J. Kerr (Eds.), *Attachment theory: Social developmental, and clinical perspectives*. Hillsdale,
　　NJ: Analytic Press. pp.279-308.

Farrington, D. P.（2003）Key results from the first forty years of the Cambridge Study in delinquent
　　development. In T. P. Thornberry & M. D. Krohn (Eds.), *Taking stock of delinquency: An overview of
　　findings from contemporary longitudinal studies*. New York: Kluwer/Plenum. pp.137-183.

Farrington, D. P.（2005）Childhood origins of antisocial behavior. *Clinical Psychology & Psychotherapy,
　　12*, 177-190.

Goldberg, S., Grusec, J., & Jenkins, J.（1999）Confidence in protection: Arguments for a narrow definition of attachment. *Journal of Family Psychology, 13*, 475-483.

Gottfredson, M. R., & Hirschi, T.（1990）*A general theory of crime*. Stanford, CA: Stanford University Press.

Hidi, S.（2001）Interest, reading, and learning: Theoretical and practical considerations. *Educational Psychology Review, 13*, 191-209.

Hirschi, T.（1969）*Cause of delinquency*. Berkeley: University of California Press.

法務省（2019）「令和元年版 犯罪白書 第2章 非行少年の処遇」Retrieved from http://hakusyo1.moj.go.jp/jp/66/nfm/n66_2_3_2_1_0.html（2020年6月29日閲覧）

井上公大（1980）非行臨床：実践のための基礎理論 創元社

Ishii, R., Tamai, R., & Kera, M.（2019）The interaction effect of time beliefs and interests in learning on academic performance among Japanese junior high school students. *Time & Society, 28*, 50-59.

苅谷剛彦（1995）大衆教育社会のゆくえ：学歴主義と平等神話の戦後史 中央公論新社

加藤弘通・大久保智生（2009）学校の荒れの収束過程と生徒指導の変化：二者関係から三者関係に基づく指導へ 教育心理学研究, 57, 466-477.

数井みゆき（2007）第3章 子ども虐待とアタッチメント 数井みゆき・遠藤利彦（編）アタッチメントと臨床領域 ミネルヴァ書房 pp.79-101.

警察庁（2019）「平成30年中における少年の補導及び保護の概況」Retrieved from https://www.npa.go.jp/safetylife/syonen/hodouhogo_gaikyou/H30.pdf（2020年6月15日閲覧）

北川 恵（2012）親子の関係性に焦点づけた評価と支援を提供するプログラム：The circle of security プログラムの特徴と実践 子どもの虐待とネグレクト, 14, 153-161.

北川 恵（2013）アタッチメント理論に基づく親子関係支援の基礎と臨床の橋渡し 発達心理学研究, 24, 439-448.

Kondo, K.（2010）*Health inequalities in Japan: An empirical study of older people*. Melbourne, Australia: Trans Pacific Press.

厚生労働省（2016）「平成28年国民生活基礎調査の概況」Retrieved from http://www.mhlw.go.jp/toukei/saikin/hw/k-tyosa/k-tyosa16/dl/03.pdf（2020年3月26日閲覧）

厚生労働省（2018）「保育所等関連状況取りまとめ（平成30年4月1日）」Retrieved from https://www.mhlw.go.jp/content/11907000/000350592.pdf（2020年6月15日閲覧）

厚生労働省（2019）「平成30年度児童相談所での児童虐待相談対応件数〈速報値〉」Retrieved from https://www.mhlw.go.jp/content/11901000/000533886.pdf（2020年6月15日閲覧）

Krapp, A., Schiefele, U., & Winteler, A.（1992）Interest as a predictor of academic achievement: A meta-analysis of research. In K. A. Renninger, S. Hidi, & A. Krapp (Eds.), *The role of interest in learning and development*. Hillsdale: Lawrence. pp.183-196.

Lens, W., Paixão, M. P., Herrera, D., & Grobler, A.（2012）Future time perspective as a motivational variable: Content and extension of future goals affect the quantity and quality of motivation. *Japanese Psychological Research, 54*, 321-333.

Lorant, V., Deliège1, D., Eaton, W., Robert, A., Philippot, P., & Ansseau, M.（2003）Socioeconomic inequalities in depression: A meta-analysis. *American Journal of Epidemiology, 157*, 98-112.

Merton, R. K.（1957）*Social theory and social structure*. Glencoe, IL: Free Press.

Miller, J. D., Lynam, D., & Leukefeld, C.（2003）Examining antisocial behavior through the lens of the Five Factor Model of Personality. *Aggressive Behavior, 29*, 497-514.

Moffitt, T. E.（1993）Adolescence-limited and life-course-persistent antisocial behavior: A developmental taxonomy. *Psychological Review, 100*, 674-701.

文部科学省（2018）「学校基本調査：平成 30 年度結果の概要」Retrieved from https://www.mext. go.jp/component/b_menu/other/__icsFiles/afieldfile/2018/12/25/1407449_2.pdf（2020 年 6 月 15 日 閲覧）

文部科学省（2019）「学校・教育委員会等向け虐待対応の手引き」Retrieved from https://www. mext.go.jp/a_menu/shotou/seitoshidou/__icsFiles/afieldfile/2019/07/16/1416474_003.pdf（2020 年 6 月 15 日閲覧）

村上達也・櫻井茂男（2014）児童期中・後期におけるアタッチメント・ネットワークを構成する 成員の検討：児童用アタッチメント機能尺度を作成して　教育心理学研究, 62, 24-37.

村松　励（1978）「被害者意識」について：対象者理解の方法概念として　調研紀要, 33, 45-55.

村尾泰弘（2012）非行臨床の理論と実践：被害者意識のパラドックス　金子書房

明和政子（2019）ヒトの発達の謎を解く：胎児期から人類の未来まで　筑摩書房

緒方康介（2009）児童相談所における被虐待児の P- F スタディ反応の分析　犯罪心理学研究, 47, 37-45.

緒方康介（2013）被虐待児における Big Five パーソナリティ特性の分析　パーソナリティ研究, 22, 84-86.

大渕憲一（2006）犯罪心理学：犯罪の原因をどこに求めるのか　培風館

大橋靖史・鈴木明人（1988）非行少年の時間的展望に関する研究　犯罪心理学研究, 26, 4-5.

大阪府教育委員会（2014）「5 つのレベルに応じた問題行動への対応チャート」Retrieved from http://www.pref.osaka.lg.jp/attach/21096/00133734/taioutyatohpsaisyu.pdf（2020 年 6 月 15 日閲覧）

大迫秀樹（1998）非行小学生の特徴とその背景：教護院入所児童を対象に　犯罪心理学研究, 36, 37-48.

Powell, B., Cooper, G., Hoffman, K.T., & Marvin, B.（2009）The circle of security. In C. H. Zeanah (Ed.), *Handbook of infant mental health* (3rd ed.). New York: Guilford Press. pp.450-467.

Putnam, F. W.（1997）Dissociation in Children and Adolescents: A Developmental Perspective. New York: Guilford Press.

Roisman, G. I., Padrón, E., Sronfe, L. A., & Egeland, B.（2002）Earned-secure attachment status in retrospect and prospect. *Child Development, 73*, 1204-1219.

齋藤嘉孝（2009）親になれない親たち：子ども時代の原体験と，親発達の準備教育　新曜社

生島　浩（1999）悩みを抱えられない少年たち　日本評論社

Siponmaa, L., Kristiansson, M., Jonson, C., Nydén, A., & Gillberg, C.（2001）Juvenile and young adults mentally disordered offenders: The role of child neuropsychiatric disorders. *Journal of the American Academy of Psychiatry and the Law, 29*, 420-426.

Sirin, S. R.（2005）Socioeconomic status and academic achievement: A meta-analytic review of research. *Review of Educational Research, 75*, 417-453.

菅原ますみ・北村俊則・戸田まり・島　悟・佐藤達哉・向井隆代（1999）子どもの問題行動の発達： Externalizing な問題傾向に関する生後 11 年間の縦断研究から　発達心理学研究, 10, 32-45.

Sutherland, E. H., & Cressy, D. R.（1956）*Principles of criminology*. Philadelphia: Lippincott.

田辺　肇（1994）解離性体験と心的外傷体験との関連：日本版 DES（Dissociative Experience Scale）の構成概念妥当性の検討　催眠学研究，39, 1-10.

Teahan, J. E.（1958）Future time perspective, optimism, and academic achievement. *Journal of Abnormal and Social Psychology, 57*, 379-380.

Unicef（2012）*Measuring child poverty: New league tables of child poverty in the world's rich countries*. Unicef.

van IJzendoorn, M. H.（1995）Adult attachment representations, parental responsiveness, and infant attachment: A meta-analysis on the predictive validity of the Adult Attachment Interview. *Psychological Bulletin, 117*, 387-403.

Wright B. R., Caspi, A., Moffitt, T. E., & Silva, P. A.（2001）The effects of social ties on crime vary by criminal propensity: A life-course model of interdependence. *Criminology, 39*, 321-351.

【第 11 章】

American Psychiatric Association（2013）*Diagnostic and statistical manual of mental disorders* (5th ed.). Washington. D.C.: Own. 高橋三郎・大野　裕（監訳）（2014）DSM-5：精神疾患の診断・統計マニュアル　医学書院

傳田健三（2002）子どものうつ病：見逃されてきた重大な疾患　金剛出版

石隈利紀（1999）学校心理学　誠信書房

小貫　悟・桂　聖（2014）授業のユニバーサルデザイン入門　東洋館出版社

厚生労働省（2008）「政策レポート　発達障害の理解のために」Retrieved from https://www.mhlw.go.jp/seisaku/17.html（2020 年 6 月 15 日閲覧）

熊谷恵子（2005）学校に何が求められているか　児童心理，59（9），20-29.

文部科学省（2010）生徒指導提要　教育図書

文部科学省（2012）「共生社会の形成に向けたインクルーシブ教育システム構築のための特別支援教育の推進（報告）」Retrieved from https://www.mext.go.jp/b_menu/shingi/chukyo/chukyo3/044/attach/1321669.htm（2020 年 6 月 15 日閲覧）

文部科学省（2016）「チームとしての学校の在り方と今後の改善方策について（答申〈素案〉）」Retrieved from https://www.mext.go.jp/b_menu/shingi/chukyo/chukyo3/siryo/attach/1365185.htm（2020 年 6 月 15 日閲覧）

森　稚葉（2011）第 X 章　児童期の子どものメンタルヘルス　伊藤亜矢子（編）シリーズ生涯発達心理学③　エピソードでつかむ児童心理学　ミネルヴァ書房　pp.188-195.

内閣府（2018）「平成 30 年度版　障害者白書」Retrieved from https://www8.cao.go.jp/shougai/whitepaper/h30hakusho/zenbun/index-pdf.html（2020 年 6 月 15 日閲覧）

奥野誠一（2009）学校ができる二次障害への支援　齊藤万比古（編著）発達障害が引き起こす二次障害へのケアとサポート　学研プラス　pp.188-195.

大石幸二（2011）学校現場で展開する行動コンサルテーションの特徴　加藤哲文・大石幸二（編著）学校支援に活かす行動コンサルテーション実践ハンドブック　学苑社　pp.24-40.

Renée, M. T., & Alvin, E. H.（2016）*DSM-5 Diagnosis in the Schools* (Authorized translation of the original English language edition). The Guilford Pless. 高橋祥友（訳）（2017）学校関係者のための DSM-5　医学書院

齊藤万比古（2009）発達障害が引き起こす二次障害へのケアとサポート　学研教育出版

米田衆介・糸井岳史（2005）誌上シンポジウム「発達障害への支援の可能性を探る」「各分野の支援の最前線を語る」「医学的な支援の実際とその課題」児童心理，59（9），56-62.

渡部匡隆（2019）ASD　梅永雄二・島田博祐・森下由規子（編著）みんなで考える特別支援教育　北樹出版　pp.141-151.

World Health Organization（2018）ICD-11 https://icd.who.int

【第 12 章】

青木みのり（2014）ブリーフセラピー：「問題と解決」の理論とコンサルテーション　ナカニシヤ出版

Berg, I. K.（1994）*Family-based services: A solution-focused approach.* New York: W. W. Norton. 磯貝希久子（監訳）（1997）家族支援ハンドブック：ソリューション・フォーカスト・アプローチ　金剛出版

De Jong, P., & Berg, I. K.（2013）*Interviewing for solutions* (4th ed.). California: Brooks/Cole. 桐田弘江・住谷祐子・玉真慎子（訳）（2016）解決のための面接技法：ソリューション・フォーカストアプローチの手引き〈第 4 版〉　金剛出版

東　豊（2013）リフレーミングの秘訣：東ゼミで学ぶ家族面接のエッセンス　日本評論社

黒沢幸子（2012）1 時間で理解するブリーフセラピーの基礎・基本　黒沢幸子（編）ワークシートでブリーフセラピー：学校ですぐに使える解決志向＆外在化の発想と技法　ほんの森出版　pp.8-24.

津川秀夫（2003）エリクソンのメガネ　ブリーフサイコセラピー研究，12, 67-71.

津川秀夫（2012）観察／合わせとずらし／リソース　臨床心理学，12, 596-598.

津川秀夫・谷　英俊・寺田和永（2011）「困難」事例への心理検査：合わせとずらしの観点から　ブリーフサイコセラピー研究，20, 6-14.

White, M., & Epston, D.（1990）*Narrative means to therapeutic ends.* New York: W. W. Norton. 小森康永（訳）（2017）物語としての家族〈新訳版〉金剛出版

【第 13 章】

会沢信彦・田邊昭雄（編著）（2016）学級経営力を高める教育相談のワザ⑬　学事出版

ベネッセ教育総合研究所「高校生未来プロジェクト」（2015）学校での対話型ワークショップによる学ぶ意欲の向上に関する実証実験報告書

千葉県高等学校長協会生徒指導委員会（2016）「学力向上への生徒指導からのアプローチ」平成 28 年度第 1 分科会報告書

千葉県教育委員会（2018）千葉県版不登校対策指導資料集

中央教育審議会（2015）「チームとしての学校の在り方と今後の改善方策について（答申）」　Retrieved from https://www.mext.go.jp/b_menu/shingi/chukyo/chukyo0/toushin/__icsFiles/afieldfi

le/2016/02/05/1365657_00.pdf（2020 年 7 月 7 日閲覧）

学校心理士認定運営機構（2020）学校心理士ガイドブック〈第 4 版〉 風間書房

春日井敏之・伊藤美奈子（編）（2011）よくわかる教育相談 ミネルヴァ書房

文部科学省（2010）生徒指導提要 教育図書

文部科学省（2014）不登校生徒に関する追跡調査研究会 不登校に関する事態調査 平成 18 年度
不登校生徒に関する追跡調査報告書

小野善郎（2015）いじめと精神保健 田邊昭雄・富樫春人・髙橋閑子（編著）いじめ予防と取り
組む：精神保健の視点から 千葉県高等学校教育研究会教育相談部会

小野善郎・保坂 亨（編著）（2016）続 移行支援としての高校教育：大人への移行に向けた「学び」
のプロセス 福村出版

大野精一（2013）生徒指導における関係機関との連携：生徒指導主事と「教育相談コーディネー
ター」の役割 平成 24 年度生徒指導委員会第 1 分科会研究報告書 千葉県高等学校長協会

大野精一・藤原忠雄（編著）（2018）学校教育相談の理論と実践 あいり出版

下山晴彦・中嶋義文（編）（2016）精神医療・臨床心理の知識と技法 医学書院

田邊昭雄（2013）豊かな人格・社会性を育てるガイダンスカウンセリング：学校におけるあらゆ
る教育活動をコーディネートした実践 スクールカウンセリング推進協議会（編著）ガイダ
ンスカウンセラー実践事例集 学事出版

田邊昭雄（2012）ユーザーから見た学校心理学の研究成果の活用：学校におけるピア・サポート
に関する研究を中心に 教育心理学年報第 51 集 日本教育心理学会

田邊昭雄（2017）学びをデザインするカリキュラム・マネジメント：台湾における輔導教育をて
がかりに 東京情報大学教職課程「東京情報大学教職課程年報」第 3 号

田邊昭雄・原田恵理子・森山賢一（2018）教員の在り方と資質の向上 大学教育出版

田邊昭雄・富樫春人・髙橋閑子 編著（2015）いじめ予防と取り組む 千葉県高等学校教育研究
会教育相談部会

【第 14 章】

Caplan, G.（1964）*Principles of preventive psychiatry*. New York: Basic Books.

藤野陽生（2017）他職種，他機関との連携と支援のあり方 小野田正利・藤川信夫（監修）大前
玲子（編著）体験型ワークで学ぶ教育相談〈第 2 版〉 大阪大学出版 pp.229-242.

賀屋育子・道下直矢・横嶋敬行・内田香奈子・山崎勝之（2020）「自律的セルフ・エスティーム」
を育成するユニバーサル予防教育の開発 鳴門教育大学学校教育研究紀要，34, 47-54.

小林正幸・嶋﨑政男（2018）〈三訂版〉もうひとりで悩まないで！ 教師・親のための子ども相
談機関利用ガイド ぎょうせい

Mimuta, C., & Griffiths, P.（2007）A Japanese version of the Rosenberg Self-Esteem Scale: Translation
and equivalence assessment. *Journal of Psychosomatic Research, 62*, 589-594.

文部科学省 学校と関係機関との行動連携に関する研究会（2004）「学校と関係機関等との行動
連携を一層推進するために」Retrieved from https://www.mext.go.jp/a_menu/shotou/renkei/index.
htm（2020 年 4 月 20 日閲覧）

文部科学省（2014）「学校における子供の心のケア：サインを見逃さないために」Retrieved from

https://www.mext.go.jp/a_menu/kenko/hoken/__icsFiles/afieldfile/2014/05/23/1347830_01.pdf（2020 年 4 月 20 日閲覧）

Mrazek, E. J., & Haggerty, R. J. (Eds.)（1994）*Reducing risks for mental disorders: Frontiers for preventive intervention research.* Washington DC: National Academy Press.

Rosenberg, M.（1965）*Society and the adolescent self-image.* Princeton, NJ: Princeton University Press.

嶋﨑政男（2019）〈新訂版〉教育相談基礎の基礎　学事出版

内田香奈子（2014）予防的・開発的な援助：不適応を防ぎ，強いこころを育てる　黒田祐二（編著）実践につながる教育相談　北樹出版

内田知宏・上埜高志（2010）Rosenberg 自尊感情尺度の信頼性と妥当性の検討：Mimuta & Griffiths 訳の日本語版を用いて　東北大学大学院教育学研究年報，58, 257-266.

上松幸一（2018）専門機関との連携・校内や他機関との連携　森田健宏・吉田佐治子（編著）教育相談　ミネルヴァ書房

山崎勝之（2017）自尊感情革命：なぜ，学校や社会は「自尊感情」がそんなに好きなのか？　福村出版

横嶋敬行・影山明日香・賀屋育子・内田香奈子・山崎勝之（2020）ユニバーサル予防教育「自律的セルフ・エスティームの育成」プログラムの効果：小学校 5 年生を対象とした教育効果の検証　鳴門教育大学学校教育研究紀要，34, 77-84.

横嶋敬行・内山有美・内田香奈子・山崎勝之（2017）児童用の紙筆版自尊感情潜在連合テストの開発：信頼性ならびに Rosenberg 自尊感情尺度と教師による児童評定を用いた妥当性の検討　教育実践学論集，18, 1-13.

【第 15 章】

荒木紀幸・小原政秀（1990）教師ストレスに関する基礎的研究：教師ストレス検査の開発　学校教育学研究，2, 1-18.

Austin, V., Shah, S., & Muncer, S.（2005）Teacher stress and coping strategies used to reduce stress. *Occupational Therapy International, 12*, 63-80.

Borg, M. G., & Riding, R. J.（1993）Teacher stress and cognitive style. *British Journal of Educational Psychology, 63*, 271-286.

Boyle, G. J., Borg, M. J., Falzon, J. M., & Baglioni, A. J., Jr.（1995）A structural model of the dimension of teacher stress. *British Journal of Educational Psychology, 65*, 49-67.

Brouwers, A., Evers, W. J. G., & Tomic, W.（2001）Self-efficacy in eliciting social support and burnout among secondary-school teachers. *Journal of Applied Social Psychology, 31*, 1474-1491.

Carmona, C., Buunk, A. P., Peiró, J. M., Rodríguez, I., & Bravo, M. J.（2006）Do social comparison and coping styles play a role in the development of burnout? Cross-sectional and longitudinal findings. *Journal of Occupational and Organizational Psychology, 79*, 85-99.

Carver, C. S.（1997）You want to measure coping but your protocol's too long: Consider the brief COPE. *International Journal of Behavioral Medicine, 4*, 92-100.

Cooper, C. L., Sloan, S. J., & Williams, S.（1988）*Occupational stress indicator management guide.* Windsor: NFER-Nelson.

Dunham, J.（1980）An exploratory comparative study of staff stress in English and German comprehensive schools. *Educational Review, 32*, 11-20.

Fimian, M.（1984）The development of an instrument to measure occupational stress in teachers: The teacher stress inventory. *Journal of Occupational Psychology, 57*, 277-293.

Foley, C., & Murphy, M.（2015）Burnout in Irish teachers: Investigating the role of individual differences, work environment and coping factors. *Teaching and Teacher Education, 50*, 46-55.

Folkman S., & Lazarus, R. S.（1988）*Manual for the ways of coping questionnaire.* Palo Alto, CA: Consulting Psychologists Press.

藤原忠雄・古市裕一・松岡洋一（2011）中学校教師におけるストレス反応及びバーンアウトに関連する諸要因：ストレッサー，コーピング特性，ソーシャルサポート及び自己効力感　学校メンタルヘルス，14, 169-180.

福岡欣治（2006）ソーシャル・サポート研究の基礎と応用：よりよい対人関係を求めて　谷口弘一・福岡欣治（編）対人関係と適応の心理学：ストレス対処の理論と実践　北大路書房　pp.97-115.

Greenglass, E. R., Fiksenbaum, L., & Burke, R. J.（1994）The relationship between social support and burnout over time in teachers. *Journal of Social Behavior and Personality, 9*, 219-230.

平岡永子（2001）教師バーンアウトモデルの一考察　臨床教育心理学研究，27, 17-25.

兵藤啓子（1992）小学校教師のストレスとカウンセリング　カウンセリング研究，25, 72-84.

五十嵐守男・宮下敏恵・田中輝美（2003）中学校教師におけるコーピング尺度の作成　上越教育大学心理教育相談研究，2, 25-34.

伊藤美奈子（2000）教師のバーンアウト傾向を規定する諸要因に関する探索的研究：経験年数・教育観タイプに注目して　教育心理学研究，48, 12-20.

貝川直己（2009）学校組織特性とソーシャルサポートが教師バーンアウトに与える影響　パーソナリティ研究，17, 270-279.

神村栄一・海老原由香・佐藤健二・戸ヶ崎泰子・坂野雄二（1995）対処方略の三次元モデルの検討と新しい尺度（TAC-24）の作成　教育相談研究，33, 41-47.

金子劭栄・針田愛子（1993）小・中学校教師の職場ストレスに関する分析　金沢大学教育学部紀要（教育科学編），42, 1-10.

加藤　司（2005）ストレス反応の低減に及ぼす対人ストレスコーピングの訓練の効果に関する研究：看護学生を対象に　心理学研究，75, 495-502.

加藤　司（2007）対人ストレス過程における対人ストレスコーピング　ナカニシヤ出版

加藤　司（2008）対人ストレスコーピングハンドブック：人間関係のストレスにどう立ち向かうか　ナカニシヤ出版

北城高広（2008）「教師のストレッサーと心身の健康に関する調査研究（1）：教師用ストレッサー尺度の検討と個人の属性の関連について　青森県総学校教育センター研究紀要」Retrieved from http://kenkyu.edu-c.pref.aomori.jp/?action=cabinet_action_main_download&block_id=1102&room_id=1&cabinet_id=3&file_id=424&upload_id=790（2020年3月15日閲覧）

小橋繁男（2012）異なるストレス状況で教師が用いる対処行動とメンタルヘルスとの関連　メンタルヘルスの社会学：日本精神保健社会学会年報，18, 3-14.

小橋繁男（2013）小中学校教師のストレスとバーンアウト，離職意思との関係　日本保健科学学

会誌，15, 240-259.

小杉正太郎（2000）ストレススケールの一斉実施による職場メンタルヘルス活動の実際：心理学的アプローチによる職場メンタルヘルス活動　産業ストレス研究，7, 141-150.

Kyriacou, C., & Sutcliffe, J.（1978）Teacher stress: Prevalence, sources, and symptoms. *British Journal of Educational Psychology, 48*, 159-167.

Laugaa, D., Rascle, N., & Bruchon-Schweitzer, M.（2008）Stress and burnout among French elementary school teachers: A transactional approach. *European Review of Applied Psychology, 58*, 241-251.

真金薫子（2012）教師のうつとメンタルヘルスケア　日本医事新報，4591, 81-85.

Maslach, C., & Jackson, S. E.（1981）The measurement of experienced burnout. *Journal of Occupational Behaviour, 2*, 99-113.

松井　仁・野口富美子（2006）教師のバーンアウトと諸要因：ストレッサー，効力感，対処行動をめぐって　京都教育大学紀要，108, 9-17.

松尾一絵・清水安夫（2008）小学校教師特有のストレスコーピングに関する研究：尺度開発と尺度モデルの検討　パーソナリティ研究，16, 435-437.

宮下敏恵（2012）中学校教師のバーンアウト傾向に関連する要因の検討　学校メンタルヘルス，15, 101-118.

文部科学省（2019）「平成 30 年度公立学校教職員の人事行政状況調査について」Retrieved from https://www.mext.go.jp/a_menu/shotou/jinji/1411820_00001.htm（2020 年 3 月 30 日閲覧）

森　慶輔（2007）学校内サポートが中学校教員の心理的ストレスに及ぼす影響（2）：サポートのずれに焦点を当てて　学校メンタルヘルス，10, 65-74.

森脇由梨子・松田　修（2011）中学校教師用ストレッサー尺度の開発と検討　東京学芸大学紀要（総合教育科学系），62, 189-196.

中島一憲（2006）教師のうつ：臨床統計からみた現状と課題　発達，27（106），2-10.

Osipow, S. H., & Spokane, A. R.（1987）*Manual for the occupational stress inventory*. Odessa, FL: Psychological Assessment Resources.

Pithers, R. T., & Fogarty, G. J.（1995）Occupational stress among vocational teachers. *British Journal of Educational Psychology, 65*, 3-14.

Russell, D. W., Altmaier, E., & Van Velzen, D.（1987）Job-related stress, social support, and Burnout among classroom teachers. *Journal of Applied Psychology, 72*, 269-274.

斉藤浩一（1999）中学校教師の心理社会的ストレッサー尺度の開発　カウンセリング研究，32, 254-263.

関山　徹（2008）小学校教師における心理的ストレス過程　鹿児島大学教育学部研究紀要（人文・社会科学編），60, 309-319.

関山　徹・園屋高志（2004）小学校教師におけるサポート資源の利用と心理的ストレスとの関連　鹿児島大学教育学部研究紀要（教育科学編），56, 207-218.

島津明人・小杉正太郎（1997）従業員を対象としたストレス調査票作成の試み（2）：コーピング尺度の作成　早稲田心理学年報，30, 19-28.

Shimizu, Y.（2020）Development of a teacher-specific school stress model: Examination of relationships between stressors, coping, self-efficacy and stress reactions in Japanese high school teachers. *Journal of Health Psychology Research*. Advance online publication. doi: 10.11560/jhpr. 17035091

清水安夫・尼崎光洋・煙山千尋（2008）中学校教師特有のストレッサー評価尺度の開発　日本学校保健学会第 55 回日本学校保健学会講演，405.

清水安夫・煙山千尋・尼崎光洋（2007）小学校教師の職業性ストレスモデルの開発　ストレスマネジメント研究，4, 19-27.

清水安夫・大宮美智枝（2002）高校教師のストレスに関する研究：ストレス評価尺度　日本学校メンタルヘルス学会第 6 回大会プログラム抄録集，34.

Schonfeld, I. S.（1990）Coping with job-related stress: The case of teachers. *Journal of Occupational Psychology, 63*, 141-149.

杉若弘子・伊藤佳代子（2004）小・中学校教員のストレス経験：尺度の開発と現状分析　奈良教育大学紀要（人文・社会科学），53, 55-62.

高木　亮・田中宏二（2003）教師の職業ストレッサーに関する研究：教師の職業ストレッサーとバーンアウトの関係を中心に　教育心理学研究，51, 165-174.

竹田眞理子・坂田真穂・菅　千索・菅　眞佐子・山本　岳・菅　佐和子（2011）教師のストレスについて（1）：質問紙調査の分析から　和歌山大学教育学部紀要（教育科学），61, 119-126.

田中宏二・高木　亮（2008）教師の職業ストレッサーの類型化に関する研究：職場環境・職務自体・個人的ストレッサー要因に基づいた類型化とバーンアウトの関連　岡山大学教育学部研究集録，137, 133-141.

田中輝美（2008）中学校教師の精神的健康に関する研究：日本版 GHQ 精神健康調査票を用いて　筑波大学学校教育論集，30, 1-6.

田中輝美・杉江　征・勝倉孝治（2003）教師用ストレッサー尺度の開発　筑波大学心理学研究，25, 141-148.

谷口弘一（2018）上司・同僚からのサポート，教師効力感，バーンアウトの関連：年齢，性別，学校種による検討　長崎大学教育学部教育実践研究紀要，17, 155-162.

Taniguchi, H., & Tanaka, K（2010）Social support, self-efficacy, and burnout among teachers in Japan. *Doshisha Psychological Review, 56*, 62-70.

Taniguchi, H., & Tanaka, K.（2020）The influences of interpersonal stressors and interpersonal stress coping on depression among teachers. *Japanese Journal of Personality, 28*, 243-246.

田尾雅夫・久保真人（1996）バーンアウトの理論と実際：心理学的アプローチ　誠信書房

立元　真・柿田雅彦・坂邊夕子（2012）小学校教師のストレス対処とストレス症状　宮崎大学教育文化学部附属教育実践総合センター研究紀要，20, 101-109.

谷島弘仁（2012）教師が学校コンサルタントに求める援助特性とストレスコーピングの関係　生活科学研究，34, 107-116.

山下みどり・若本純子（2011）教師独自のストレッサー，児童生徒へのかかわりを含むストレス反応と教師観・教育観を規定する要因：教師の属性による差の検討　鹿児島純心女子大学大学院人間科学研究科紀要，6, 33-40.

山崎洋史・藤　興城（1992）教師のストレスに関する研究：高校教師におけるストレスの学校間差　日本教育心理学会総会発表論文集，254.

八並光俊・新　肇（2001）教師バーンアウトの規定要因と軽減方法に関する研究　カウンセリング研究，34, 249-260.

人名索引

事項索引

あとがき

　2015年に，中央教育審議会答申「これからの学校教育を担う教員の資質能力の向上について」において，「大学が教職課程を編成するに当たって，参考となる指針（教職課程コアカリキュラム）を関係者が共同で作成することで，教員育成における全国的な水準の確保を行っていくことが必要」との提言がなされた。この答申を受け，「教職課程コアカリキュラムの在り方に関する検討会」が発足し検討が行われた結果，2017年に，大学の教職課程で共通的に修得すべき資質能力を示すものとして，「教職課程コアカリキュラム」が公表された。そして，2019年より，教育職員免許法及び同法施行規則の改正が施行され，全国の大学では，「教職課程コアカリキュラム」に則った新たな教職課程が実施されることとなった。

　教育相談のコアカリキュラムについては，第1章でも解説されているとおり，全体目標（修得すべき資質・能力）として，「幼児，児童及び生徒の発達の状況に即しつつ，個々の心理的特質や教育的課題を適切にとらえ，支援するために必要な基礎的知識を身に付ける」ことが掲げられている。また，全体目標を細分化した一般目標として，①教育相談の意義と理論を理解すること，②教育相談を進める際に必要な基礎的知識を理解すること，③教育相談の具体的な進め方やそのポイント，組織的な取り組みや連携の必要性を理解することの3つが挙げられている。さらには，それぞれの一般目標に到達するための達成基準として，9つの到達目標が明示されている。具体的には，(1) 学校における教育相談の意義と課題を理解していること，(2) 教育相談に関わる心理学の基礎的な理論・概念を理解していること，(3) 幼児，児童及び生徒の不適応や問題行動の意味並びに幼児，児童及び生徒の発するシグナルに気づき把握する方法を理解していること，(4) 学校教育におけるカウンセリングマインドの必要性を理解していること，(5) 受容・傾聴・共感的理解等のカウンセリングの基礎的な姿勢や技法を理解していること，(6) 職種や校務分掌に応じて，幼児，児

童及び生徒並びに保護者に対する教育相談を行う際の目標の立て方や進め方を例示することができること，（7）いじめ，不登校・不登園，虐待，非行等の課題に対する，幼児，児童及び生徒の発達段階や発達課題に応じた教育相談の進め方を理解していること，（8）教育相談の計画の作成や必要な校内体制の整備など，組織的な取組みの必要性を理解していること，（9）地域の医療・福祉・心理等の専門機関との連携の意義や必要性を理解していることである。

　本書は，これら9つの到達目標を網羅しており，教育相談のコアカリキュラムに準拠した内容となっている。現在，教職課程を履修している学生の方はもちろんのこと，教育相談の理論と実践について学び直したいと考えている現職の先生方，さらには，心理的な問題を抱えた子どもに対する対応について興味・関心を持つ一般の方々に，ぜひお手にとってご覧いただけると幸いである。

　本書の企画の端緒は，今から遡ること8年前の2012年晩秋である。その間，北大路書房編集部の若森乾也氏とは頻繁にブレインストーミングを行ってきた。冒頭にも述べたとおり，「教職課程コアカリキュラム」に則った新たな教職課程が実施されることになったこと，そして，共同編者である新進気鋭の藤原和政先生に出会えたことを契機に，こうして一気に企画が実現する運びとなった。藤原先生には，執筆者の選定に当たって，教育相談の理論と実践に精通した多くの先生方をご紹介いただいた。各執筆者の先生方には，非常にタイトなスケジュールの中，期限通りに原稿を仕上げていただき，心より感謝を申し上げたい。最後に，企画・執筆・編集作業を通して，数多くの貴重なアドバイスをいただいた編集部の若森乾也氏，さらには，研究者生活の初期から，ご一緒に仕事をさせていただき，いつも温かいご支援をいただいている代表取締役の奥野浩之氏に心より御礼を申し上げる。

　2020年　半田山の中腹，七夕の日に

編者を代表して　谷口弘一

■ 執筆者一覧（執筆順）　　　　　　　　　　　　　　　　　　　　　　　　　　　　＊は編者

藤原和政＊　（長崎外国語大学外国語学部）……………… まえがき，第1章

藤原健志　　（新潟県立大学人間生活学部）…………… 第2章

本田真大　　（北海道教育大学教育学部）……………… 第3章

村上達也　　（高知工科大学共通教育教室）…………… 第4章

桝本俊哉　　（宇部フロンティア大学心理学部）……… 第5章

福住紀明　　（高知大学教育学部）……………………… 第6章

西村多久磨　（高知工科大学共通教育教室）…………… 第7章

粕谷貴志　　（奈良教育大学大学院教職開発講座）…… 第8章

山田圭介　　（東都大学幕張ヒューマンケア学部）…… 第9章

石井　僚　　（奈良教育大学学校教育講座）…………… 第10章

川俣理恵　　（名城大学非常勤講師）…………………… 第11章

金山元春　　（天理大学人間学部）……………………… 第12章

田邊昭雄　　（東京情報大学総合情報学部）…………… 第13章

内田香奈子　（鳴門教育大学大学院学校教育研究科）… 第14章

谷口弘一＊　（岡山理科大学教育学部）………………… 第15章，あとがき

■ 編者紹介

藤原和政（ふじわら・かずまさ）

2015 年　早稲田大学大学院教育学研究科教育基礎学専攻（博士後期課程）修了

現　在　長崎外国語大学外国語学部准教授　博士（教育学）

〈主著・論文〉

視点取得はソーシャルスキルの変化を予測するか―親和動機の調整効果―（共著）心
　　理学研究，89，562-570．2019 年

中学生用スクールエンゲージメント尺度の作成　心理学研究，91，125-132．2020 年

谷口弘一（たにぐち・ひろかず）

2001 年　広島大学大学院生物圏科学研究科博士課程後期修了　博士（学術）

現　在　岡山理科大学教育学部教授

〈主著〉

対人関係と適応の心理学―ストレス対処の理論と実践―（共編）北大路書房　2006 年

対人関係のダークサイド（共編）北大路書房　2008 年

児童・生徒のサポートの互恵性と精神的健康　晃洋書房　2013 年

教育・学校心理学―子どもの学びを支え，学校の課題に向きあう―（共著）ミネルヴァ
　　書房　2019 年

学校現場で役立つ

教育相談
教師をめざす人のために

2020 年 9 月 10 日　初版第 1 刷印刷	定価はカバーに表示
2020 年 9 月 20 日　初版第 1 刷発行	してあります。

編著者　　藤 原 和 政

　　　　　　谷 口 弘 一

発行所　　㈱北 大 路 書 房
〒 603-8303　京都市北区紫野十二坊町 12-8
電　話　(075) 431-0361㈹
F A X　(075) 431-9393
振　替　01050-4-2083

編集・製作　本づくり工房　T.M.H.
装　幀　　　野田和浩
印刷・製本　亜細亜印刷　(株)

ISBN 978-4-7628-3125-6　C3037　Printed in Japan© 2020
検印省略　落丁・乱丁本はお取替えいたします。